Glaub' ich, glaub' ich nicht

Ein Hilfe Suchender sagte einmal zu Jesus: **Ich glaube, hilf meinem Unglauben!**

Unter dieser zwiespältigen Geisteshaltung leiden viele Menschen in den Gemeinden. Glaubensaussagen wie Jungfrauengeburt, Himmelfahrt, Allmacht Gottes, Hölle und Paradies, Dreieinigkeit können nicht mehr widerspruchslos nachgesprochen werden. Sie halten sogar Menschen ab, das Christentum als Lebensweise in heutiger Zeit ernst zu nehmen. Es gibt so viele Fragen. In diesem Buch versucht ein Glaubender im Rückblick auf ein langes »Glaubensleben« Antworten zu geben. Auch schwierige Themen wie Leid – Tod-Auferstehung – Sex – Liebe – Erbsünde – Gewaltlosigkeit – Selbstliebe werden nicht ausgespart. 36 Berufsjahre als Pfarrer und 82 Jahre Lebenserfahrung als bewusster Genussmensch durchziehen die Texte.

Christian Wossidlo, 1937 geboren, lebte bis zum Abitur »auf dem Lande« am Rande des Harzes, studierte Theologie in Göttingen und Heidelberg, war fünf Jahre lang Dorfpfarrer im Landkreis Helmstedt, dann dreißig Jahre Pfarrer in Berlin in der Ev. Kirchengemeinde Neutempelhof

Er lebt seit seiner Pensionierung im Jahr 2000 am Schnittpunkt von Berlin Mitte-Kreuzberg-Friedrichshain. Er ist ehrenamtlich aktiv als freier Schriftsteller, als Mitglied des Guttemplerordens (IOGT) und in der Friedens- und Trauerarbeit.

CHRISTIAN WOSSIDLO

Glaub' ich, glaub' ich nicht

Christ sein heute:

Muss ich alles glauben?

Bibliografische Information der Deutschen Nationalbibliothek:
Die Deutsche Nationalbibliothek verzeichnet diese Publikation in der
Deutschen Bibliografie; detaillierte bibliografische Angaben sind im
internet abrufbar über dnb.dnb.

© 2020 Christian Wossidlo
Coverfoto: istockphoto.com-Koldunov
Umschlaggestaltung: Henning Wossidlo
Autorenfoto: Rainer Hofmann
Satz, Herstellung und Verlag:
BoD – Books on Demand, Norderstedt

ISBN: 978-3-7504-1041-1

Inhalt

Dieses Buch widme ich allen Freundinnen und Freunden,
die mich angeregt haben, dieses Buch zu schreiben,
die mich begleitet haben, als ich es schrieb,
die mir geholfen haben, es in den Druck zu bringen.
Es ist ein großes Glück, all diese Menschen zu haben.
Ich freue mich und danke ihnen

im Februar 2020
Christian Wossidlo

Vorwort

Dieses Buch ist das Ergebnis von immer wieder geführten Gesprächen über Glauben und Zweifel, über Gott und die Welt und über die Bedeutung des Christentums für Menschen, die heute und jetzt leben Auf die vielen Fragen kann ich immer nur die Antworten geben, die mit meinem Glauben übereinstimmten.

Ich stelle in diesem Buch meinen Glauben dar. Wie weit meine Darstellungen, Behauptungen, Zweifel und Glaubensaussagen die Fragen der Leserinnen und Leser beantworten, kann ich nicht wissen, hoffe aber, dass es so sein wird.

Rückblickend auf etwas über 80 Jahre Lebenszeit, auf 36 Jahre Arbeit als Gemeindepfarrer und fast 20 Jahren Ruheständler mit etlichen theologischen Herausforderungen kann ich als Fazit drei Erkenntnisse formulieren.

Die **erste** ist: ich bin in den Glauben an einen lieben Gott hineingewachsen. Ein Stück Kinderglauben, wie er sich bildet durch Gute-Nacht-Gebete, Kinderbibel (bei uns zu Hause war die Bilderbibel von Schnorr zu Carolsfeld jederzeit zugänglich und sah, als mein Bruder und ich das Haus verließen, entsprechend gerupft aus) und Lieder wie »Weißt du wieviel Sternlein stehen«, wurde verfestigt in der Jungendarbeit der Kirchengemeinde in Bad Harzburg. Er ist mir bis heute erhalten geblieben. Das empfinde ich als Glück und als Hilfe. Dafür bin ich dankbar.

Die **zweite** Erfahrung ist: Glaube ist nicht gleich Glaube. Er ist nichts Statisches, er verändert sich, er passt sich an, er wird angegriffen von innen und von außen, er ist mal groß, mal klein. Allerdings, so sehr er sich auch jeweils ändern kann, er erzeugt ein schönes, Mut machendes Gefühl. Es tut gut, an Gott glauben zu können. Mir hat es jedenfalls immer gut getan.

Die **dritte** Erkenntnis ist vielleicht die wichtigste. Der Glaube hat einen Bruder oder eine Schwester, wie man es nennen will. Es ist da eine zweite Seite, untrennbar von der ersten, wie bei einer Medaille. Martin Luther nennt diese andere Seite Anfechtung, ich nenne sie Zweifel. Kritische Geister sagen uns: »glaube nicht alles, was du hörst oder liest!« Ich füge hinzu: »Du musst auch nicht alles glauben«. Für uns Menschen gilt immer: Zweifel sind erlaubt. Wo stünden die Naturwissenschaften, wenn nicht immer wieder Menschen die geltenden Regeln, Gesetze und Erkenntnisse angezweifelt hätten und Neues entdeckten? Zweifel machen kreativ, auch in Glaubensdingen. Sie haben mir geholfen, eigene Wege zu finden und auch leer gewordenen Formeln, von denen einige in der Kirche als Dogmen gelten, nicht als Sperrung des Weges zu Gott zu sehen, sondern nur als Hindernis, das überwunden werden kann.

Die entscheidende Frage bei allem erlaubten und manchmal auch gebotenen Zweifel ist: was ist das Ziel? Zweifle ich, weil ich Gründe suche, um nicht mehr glauben zu müssen, oder zweifele ich, weil ich glauben will. Zu Letzterem will ich mit diesem Buch einladen.

Darüber hinaus will ich deutlich machen, dass das Wesen aller Theologie, aller Lehre von Gott, aller Gebote, also auch allen Glaubens ist zu begreifen: Gott ist die Liebe. Paulus schrieb: »Es bleibt Glaube, Hoffnung, Liebe, diese drei. Aber die Liebe ist die größte unter ihnen.«

Zum Buch:
Dies ist keine wissenschaftliche Abhandlung. Es gibt keine Fußnoten oder Querverweise. Es ist eine Beschreibung wie ich meinen Glauben an Gott und Jesus lebe. Die Texte bilden keine fortlaufende Geschichte, sie sind zu verschiedenen Zeiten, zu verschiedenen Gelegenheiten und Zielgruppen geschrieben worden, für dieses Buch gesammelt und möglichst schlüssig eingearbeitet worden. Formal reichen sie von der Glosse über Erzählung, Predigt, Brief, Aufsatz, Essay bis zum Glaubensbekenntnis. Das bedingt Brüche in dem Buch, die ich zu Pausen und zum nachdenklichen Innehalten zu nutzen empfehle. Niemand muss mit allem einverstanden sei. Niemand kann auf alle Fragen eine schlüssige Antwort geben, schon gar nicht auf die Fragen, die er nicht kennt. Das kann ich also auch nicht. Das Buch soll eine Hilfe sein, christliche Lehre besser zu verstehen und glauben zu können, wenn man glauben will.

Zu meiner Person:

Meine Taufe und meine Konfirmation liegen schon lange zurück. Vom Konfirmandenunterricht ist die Erinnerung an das Auswendiglernen von Gesangbuchliedern geblieben. Allerdings auch erstaunlich viele Lieder im Kopf. Mit dem Wechsel zur Oberschule in Bad Harzburg kam ich zur Jungschar in der Kirchengemeinde. Da fühlte ich mich so wohl, dass ich, als ich 14 war und konfirmiert, dort als Teamer (ehrenamtlicher Helfer) weitermachte bis zum Abitur. In dieser Zeit keimte und reifte der Entschluss, Pfarrer zu werden. Genauer muss ich schreiben: Pfarrer zu werden, um Jugendarbeit zu machen.

Das Studium der Theologie absolvierte ich in Göttingen (drei Semester) und in Heidelberg (neun Semester). Dazwischen war ich für und mit der Aktion Sühnezeichen/Friedensdienste ein Jahr lang unterwegs in den Niederlanden, in Israel und in Norwegen. Meinen Vikarsdienst leistete ich in Königslutter und Braunschweig und wurde im Juni 1966 im Braunschweiger Dom ordiniert. In der ersten Pfarrstelle in Glentorf mit den Filialen Boimstorf, Scheppau und Rotenkamp im Landkreis Helmstedt lief die Arbeit mit Jugendlichen so nebenher. In Neutempelhof in Berlin wurde ich dann »hauptberuflich« und offiziell 1971 als Jugendpfarrer eingestellt. Mit meinem fünfzigsten Geburtstag habe ich mich dann zurückgezogen, um mich um andere Schwerpunkte zu kümmern. Nur den Kindergarten habe ich bis zur Pensionierung betreut. Das kann man noch gut als »Opa« machen. Zeltlager, Fußball und Disco werden jenseits der 50 beschwerlich oder peinlich. Ein komischer Alter wollte ich nicht werden.

Ich war gerne Gemeindepfarrer und habe die dreißig Jahre in Neutempelhof genossen, und zwar die Arbeit und das übrige Leben auch. Ich war seit 1964 mit der Ärztin Dr. Marianne Ruhbach verheiratet, wir haben zwei Söhne, Joachim und Henning. Ein Jahr nach der Goldenen Hochzeit starb meine Frau.

Als ein Pfarrer, der in Braunschweig ordiniert worden ist, war ich Lutheraner. Ich habe aber auf die konfessionellen Unterschiede in den Protestantischen Kirchen nie großen Wert gelegt. Dogmatische Enge empfand ich als hinderlich für den Glauben, die Gemeinschaft und das Leben.

Inzwischen habe ich den 80. Geburtstag hinter mir und versuche hier zusammenzufassen, was mir christlicher Glaube und christliches Leben bedeutet haben. Ich hoffe noch auf ein paar gute Jahre und danke schon einmal im Voraus Gott, wenn er sie mir denn gewährt.

Martin Luther stimme ich aus vollem Herzen zu, wenn er behauptet:

»Wenn Gott keinen Spaß verstünde, möchte ich nicht im Himmel sein!«

Ich füge hinzu: es gilt, was wir immer wieder mit einem der Neuen Lieder gesungen haben: *»... Lachen oder Weinen wird gesegnet sein«*. *So* hat mir mein Beruf dauerhaft viel Freude bereitet.

Christian Wossidlo im März 2020

I Glauben und Bekennen

*»Die Katholische Kirche droht zu einem folkloristischen Museum orts-
gebundener Eremiten zu werden, die gebetsmühlenartig wiederholen,
was seit Jahrhunderten überholt ist.«*
Zitat aus einem Schriftstück, das angeblich von Papst Franziskus
stammt.

*»Im Mittelalter war der Mensch dazu angehalten, sich in ein fest ge-
fügtes, gottgegebenes System gehorsam einzufügen. Die Reformatoren
vertraten die Auffassung, dass Glaube und Gewissen grundsätzlich frei
sind und ein mündiger Mensch nicht blind dogmatischen Vorgaben
folgen, sondern eine eigene Ethik entwickeln solle. Luthers Berufung
auf das moralische Gewissen gegen staatliche und kirchliche Autoritäten
auf dem Wormser Reichstag 1521 ist eine Kernszene der Reformation
mit großer Wirkung. Indem sie die Eigenverantwortlichkeit und die
Gewissensentscheidung des Einzelnen in den Mittelpunkt rückt, läutet
die Reformation das Ende der uneingeschränkten Macht der Autoritäten ein.«*
(aus dem offiziellen Programmheft der Evangelischen Kirche
Deutschlands zur Eröffnung des Reformationsjubiläums am 31.10.
2016 im Konzerthaus in Berlin).

1 Fragen und Ziele

Mit dem Nachdenken über die zwei Zitate auf der vorigen Seite und einigen spontan zusammengestellten Fragen möchte ich alle Leserinnen und Leser auf dieses Buch einstimmen:

- Glauben wir, was wir glauben sollen?
- Sagen wir in der Kirche, was wir meinen?
- Singen wir, was wir gerne singen?
- Hören wir tatsächlich, was gesagt wird oder nur das, was wir hören wollen?
- Warum gehen so wenige Christen in den Gottesdienst?
- Wie oft gehe ich?
- Welche Lieder aus dem Gesangbuch kann ich auswendig mit-singen?
- Wie wichtig ist mir die Gemeinschaft der Gemeinde?
- Die Bibel ist das meist gedruckte Buch bis heute. Ist es auch das meist gelesene?
- Wer kann die Zehn Gebote auswendig aufsagen?
- Wer hat schon einmal eines der vier Evangelien im Neuen Testa-ment ganz durch – gelesen, oder einen Brief des Paulus?
- Kann ich unbefangen vom Glauben reden und auch von meinen Zweifeln?
- Glauben wir wirklich an Gott oder tun wir nur so?
- Ist Gott tot oder ist es der Glaube, der tot ist?

Die Fragen sind eine spontane Sammlung. Mit den ehrlichen Ant-worten kann man in etwa seinen Ort bestimmen, wo man in dem weiten Feld der Frömmigkeit und des Glaubens steht. Man be-kommt, bei ehrlichen Antworten, auch eine Antwort auf die Frage: kümmere ich mich eigentlich um die Grundlagen meines Glaubens und des Christentums?

Genau darum geht es mir: Hindernisse wegzuräumen, die den Zugang zum Glauben versperren, Mut zu machen, sich auf Glauben einzulassen, Mut zu machen, Zweifel zuzulassen und ihnen nachzu-gehen und das Wissen über Grundlagen, Entstehung, Werdegang, Verirrungen und Entgleisungen des Christentums zu vergrößern.

Mit anderen Worten: ich möchte einen Ausgangspunkt fixieren, von dem aus man ehrlich und frei entscheiden kann: will ich glauben oder will ich nicht glauben. Dabei muss die dann getroffene Entscheidung nicht für alle Zeit bindend sein. Neuanfänge sind immer möglich, allerdings leider in beide Richtungen.

Zu den Fragen am Anfang gesellt sich die Frage des nächsten Kapitels.

2 Brauchen wir eine neue Reformation?

Die umwälzenden theologischen Erkenntnisse Luthers wie das »dreifache solus«, das Luther festschrieb, gelten unangefochten weiter: **Allein das Wort** der Bibel gilt und nicht die Tradition, **allein die Gnade Gottes** befreit uns von den Sünden und nicht die auch noch so guten Werke, **allein der Glaube** macht selig und nicht die frommen Übungen und schon gar nicht das Geld, das die Ablasshändler im Namen des Papstes und Gottes eintrieben. Luther hat nachhaltig klargemacht: Theologie und Aussagen über den Glauben müssen sich an der Bibel messen lassen. Genauer muss ich sagen: am Neuen Testament, also an Jesus Christus. Er hat die Kirche neu begründet und auf den Anfang gesetzt.

In diesen Anfängen, nämlich in den ersten drei Jahrhunderten des sich schnell entwickelnden Christentums, sind so gut wie alle wichtigen Glaubensaussagen formuliert und aufgeschrieben worden. Ebenso, wie im Laufe der Geschichte die Bibeltexte nicht verändert wurden, außer, dass durch Forschungen gerade in den letzten hundert Jahren, viele Fehler ausgebügelt und Lücken geschlossen wurden, – blieben auch die Bekenntnisse, gottesdienstliche Formeln und wichtige Texte der Kirche unverändert.

Aber sonst hat sich viel verändert. Aus der Antike wurde das Mittelalter, aus dem Mittelalter die Neuzeit. Welche Veränderungen verbergen sich hinter diesen nüchternen den Bezeichnungen! Am Anfang war die Erde noch eine Scheibe, der Himmel ein Ort, in dem Gott wohnte. Es gab unter der Erde ein Totenreich, es gab Gott und Götter und Göttinnen und Göttersöhne. Die Sonne kreiste um die Erde, der Mond auch, viele Sterne hatten göttliche Eigenschaften. Der Buchdruck war noch nicht erfunden, das Schießpulver auch nicht. Wir sind inzwischen an einem Punkt der Weiterentwicklung angekommen, dass Eisenbahnen uns schon alt vorkommen und Autos mit Verbrennungsmotor bald auch. Aus der digitalen Welt sieht die Gegenwart fast schon wie ein Altertum aus.

Das alles ist an der Kirche, am Christentum, an der Art zu glauben nicht spurlos vorübergegangen. Oder doch?

Was Luther nicht getan hat, taten spätere Reformer auch nicht: an den Grundlagen des Christentums zu rütteln. Die alten Texte blieben nicht nur bewahrt, sondern in Kraft. Wir sprechen in unseren Gottesdiensten meistens immer noch das Glaubensbekenntnis, das aus dem dritten Jahrhundert stammt. Es heißt Apostolicum oder Apostolisches Glaubensbekenntnis und erweckt so den Anschein, es sei von den Aposteln gleich nach dem Tode Jesu aufgeschrieben worden.

In einer Notiz im Tagesspiegel konnten wir im Jahr 2018 dazu lesen: »*65 bis 90 Prozent aller amtierenden Pfarrerinnen und Pfarrer in der Evangelischen Kirche glauben nicht das, bzw. nicht alles, was sie predigen und im Glaubensbekenntnis aussprechen.*«.

Ich weiß nicht, ob das stimmt, aber ich weiß von dem Unbehagen vieler Gemeindemitglieder bei diesem Bekenntnis und auch anderen Aussagen, Sprachbildern und Texten. Mir geht es auch. so. Und es ist nicht nur das Glaubensbekenntnis, es sind auch die Einsetzungsworte beim Abendmahl, die unterstellen, dass wir mit dem Brot und mit dem Kelch den Leib und das Blut Jesu zu uns nehmen. Ist das nicht symbolischer Kannibalismus?

Auch das Kreuz als das Symbol der Christenheit gerät in die Kritik. Einmal wegen der Grausamkeit, die sich vor allem in den Kreuzdarstellungen mit dem Corpus Jesu zeigt, und weil sich immer mehr Glaubende innerlich gegen die Vorstellung wehren, Gott habe Jesus für uns geopfert, er habe für unsere Sünden sterben müssen. Gott lässt ein Menschenopfer zu? Das kann doch nicht sein.

Wir beachten nicht die unterschiedlichen Denkweisen von den Christen der Antike zu uns, den Menschen der Neuzeit. Für die Christen damals war die Welt geprägt durch das Alte Testament, durch die hellenistischen Mysterienreligionen, durch einen blühenden, aus Ägypten kommenden Isiskult, durch die Philosophen der Griechen wie Platon und Aristoteles und der Römer wie Cicero und Marc Aurel. Dazu kamen der römische Kaiserkult und viele lokale Göttinnen und Götter. Eine Welt ohne sie war einfach nicht vorstellbar. Begriffe wie »Jungfrauengeburt« und »Göttersöhne« und sogar »Auferstehung« waren geläufig und wiesen auf die Nähe einer Gottheit hin. Die Kirchenväter, also die Theologen aus der Zeit bis etwa 1000 n. Chr., entwickelten keine eigene Welt des Denkens, sondern entwickelten die Antike weiter mit den Gedanken des Christentums. Niemand, auch später in der Reformation Luther nicht, dachte daran, die alten Texte einer neuen Zeit anzupassen. Die Tradition wurde zu einer konstanten Macht in der Überlieferung.

Die »Revolution des Denkens« kam von anderer Seite. Mit der Reformation und der damit einhergehenden Befreiung von den einengenden Fesseln des Katholizismus dieser Zeit gab es einen mächtigen Schub für die Naturwissenschaften, unterstützt noch von der Erfindung des Buchdrucks.

Die Erde stand plötzlich nicht mehr im Mittelpunkt der Welt, sondern die Sonne. Es gab kein »Ende der Welt« mehr, weil man nun erkannte, dass die Erde eine Kugel ist. Immer wichtiger wurde, dass es neben religiösen Gesetzen auch Gesetze der Natur gab, wie die Schwerkraft zum Beispiel. Die Schöpfungsgeschichte war nicht mehr die einzige Erklärung für die Entstehung der Erde. Nach Galilei und Kopernikus und Newton kam Darwin und entthronte den Menschen mit seiner Theorie der Evolution. Freud zeigte auf, dass der Mensch gar nicht so frei ist, wie er es gerne möchte, sondern gefangen ist in seinen Trieben und Träumen.

Das Denken der Menschen heute ist geprägt von der Naturwissenschaft.. Das Hinterfragen von allen Dingen und Geschehnissen, eben auch in der Religion, ist uns von klein auf anerzogen und in Fleisch und Blut übergegangen. Da stolpern wir eben über Begriffe wie Himmelfahrt oder Auferstehung. Wir wissen, dass es das so nicht geben kann, und auf Wunder wollen wir uns nur sehr selten einlassen.

Kirchlich liegt unser Problem in der Einführung des Begriffes

Dogma. Zum Dogma erklärte Aussagen stehen nicht mehr zur Diskussion. Sie dürfen nicht in Zweifel gezogen werden. Sie sind, so die Lehre, wörtlich zu glauben. Das apostolische Glaubensbekenntnis ist ein Dogma seit alters her. Alles, was da aufgezählt wird wörtlich zu glauben, fällt immer mehr Menschen schwer. Die Naturwissenschaftler sagen von einer neuen Erkenntnis: »Nach dem Stand unseres heutigen Wissens ist das so«! Die Kirche sagt mit einem Dogma: Das ist und bleibt so!

Der radikale Schnitt wäre: abschaffen und neu formulieren, was mit jeder einzelnen Aussage gemeint ist. Das scheint mir in der kirchlichen Landschaft unmöglich zu sein. Es hat ja schon rund 500 Jahre gedauert, ehe evangelische und katholische Christen nach der Reformation, in der sie sich trennten, nun wieder das Glaubensbekenntnis in der gleichen Form gemeinsam sprechen. Mir scheint es nötig zu sein, in den Kirchen eine Offensive der Ehrlichkeit zu starten und konsequent auszuweiten. Mit Ehrlichkeit meine ich, dass wir den Gemeinden deutlich sagen, was wie zu glauben ist und was wie gemeint ist. Die Rede von der Jungfrauengeburt und der Himmelfahrt Jesu sind nichts anderes als Aussagen darüber, dass Jesus im Auftrag Gottes redete und handelte.

Ich kann auch sagen: es wird Zeit, dass die Erkenntnisse und die daraus folgenden Denkweisen der Theologie der letzten 100 Jahre endlich wirklich in den Gemeinden ankommen. Mir ist deutlich, es darf nicht so weitergehen wie bisher, wenn wir als Kirche überleben wollen. Ich halte eine Rückkehr zu den alten Strukturen, wie es die Konservativen in der Kirche fordern, für nicht möglich.

Mit diesem Buch will ich meinen Beitrag leisten für ein »ehrliches Christentum«. Ich werde benennen, was für mich nicht mehr geht, ich werde bekennen, was ich wie glaube, und will klar machen, dass das durchaus und ganz und gar im Sinne christlichen Glaubens ist. Denn Jesus ist für mich für alles, was mit Glauben zu tun hat, der Prüfstein.

3 Dies sollen wir glauben

Glaube ist eine lebendige, verwegene Zuversicht auf Gottes Gnade.
Solche Zuversicht macht fröhlich, mutig,
und ist voll Lust zu Gott und allen Geschöpfen.
Martin Luther

Credo = ich glaube, so fängt das wohl bekannteste Bekenntnis in den abendländischen christlichen Kirchen an, das Apostolische Glaubensbekenntnis. In diesem Text, den Martin Luther auch in seinen Kleinen Katechismus, der volkstümlichen Glaubensschule der Reformation, aufgenommen hat, wird aufgezählt, was jemand glauben muss, wenn er zur christlichen Kirche gehören will. Das Bekenntnis ist ein Dogma.

Es geht in seiner Entstehung auf Taufbekenntnisse («Jesus ist der Herr«) und Formeln der ersten Jahrhunderte zurück. Es ist aber nicht, wie die Legende und der Name sagen wollen, schon von den zwölf Aposteln formuliert worden. Seit etwa 300 n.Chr. ist es in der kirchlichen Praxis bekannt. Im 9. Jahrhundert hat Karl der Große dieses Bekenntnis in der abendländischen Kirche verbindlich einführen lassen.

Das Apostolische Bekenntnis lautet in der 1971 beschlossenen ökumenischen Fassung:

Ich glaube an Gott,
den Vater, den Allmächtigen,
den Schöpfer des Himmels und der Erde.
Und an Jesus Christus,
seinen eingeborenen Sohn, unseren Herrn,
empfangen durch den Heiligen Geist,
geboren von der Jungfrau Maria,
gelitten unter Pontius Pilatus,
gekreuzigt, gestorben und begraben,
hinabgestiegen in das Reich des Todes,
am dritten Tage auferstanden von den Toten,
aufgefahren in den Himmel.
Er sitzt zur Rechten Gottes, des allmächtigen Vaters;

von dort wird er kommen,
zu richten die Lebenden und die Toten.
Ich glaube an den Heiligen Geist,
die heilige christliche Kirche,
Gemeinschaft der Heiligen,
Vergebung der Sünden,
Auferstehung der Toten und das ewige Leben.
Amen

4 Das glaube ich nicht

Martin Luther sagte: »*Glaube nicht alles, was du hörst. Sage nicht alles, was du magst, Tue nicht alles, was du willst*«.

Ich gehe in Gedanken das Apostolische Glaubensbekenntnis durch und notiere, was ich nicht glaube. Es mag für manche eine erschreckende Aufzählung werden, für andere eher eine befreiende. In anschließenden Kapiteln werde ich erklären, was ich stattdessen glaube. Ich betone vorweg: ich glaube nicht das, was wir da aufsagen. Aber das heißt nicht, dass ich nicht das glaube, was die Christen der ersten Zeit mit ihren Worten und Bildern gemeint haben.

1. Ich glaube nicht, dass Gott allmächtig ist. Wäre er es, könnte die Welt nicht so sein, wie sie es ist. Es sei denn, Gott wäre ein Zyniker. Dazu kommt: Vor allem junge Menschen verbinden mit Allmacht Willkür, Unterdrückung, Diktatur. Sie denken an Hitler und Stalin. Das sind Assoziationen, die zu unserem Gott nicht passen.

2. Ich glaube nicht, dass Jesus Gottes Sohn ist. Ich weiß, dass in alter Zeit viel von Göttersöhnen die Rede ist, aber das alles passt nicht zu Jesus.

3. Ich glaube nicht, dass Maria Jungfrau war und blieb. Auch dieses Bild gehört zu den Sagen über die Göttersöhne nach griechisch-hellenistischer Vorstellung. Hier ist aus der jungen Frau aus einer Prophezeiung des Propheten Jesaja über den Messias eine hellenistische Legende mit der Jungfrau geworden. Doppelt misslich ist, dass durch dieses Bild der übersteigerte

Jungfrauenkult in die Sexualmoral der Kirche ihren Einzug gehalten hat. Das trug wesentlich bei zur Unfreiheit der Frauen und Mädchen und befeuerte den männlichen Unterdrückungsdrang.

4. Ich glaube nicht, dass Jesus von den Toten auferstanden ist, jedenfalls nicht so, dass er Dinge tat, die er vorher auch schon getan hatte, und dass er einzelnen Menschen erschien und dann immer wieder verschwand. Wohin?

5. Ich glaube nicht an die Himmelfahrt Jesu. Wo soll der Himmel sein? Außerhalb der Erde ist kaltes, unbewohnbares Weltall. Was sollten Gott und Jesus dort? Dort ist auch kein Platz für einen Thron Gottes mit Beisitzern rechts und links, Heerscharen und Engelchören. Außerdem: die Bilder menschlicher Machtentfaltung passen nicht zu dem Gott, von dem Jesus redet.

6. Ich glaube nicht, dass er zu den Toten herabgestiegen ist. Ein Totenreich unter der Erde gehört nicht zu unserem Weltbild.

7. Ich glaube nicht an das »große Gericht am Jüngsten Tage«. Das klingt mir zu sehr nach einer Drohkulisse, mit der Menschen kleingemacht und unterdrückt werden sollen.

8. Ich glaube nicht an die heilige christliche Kirche, jedenfalls nicht in den Zuständen, in denen die Kirchen dieser Welt sich immer wieder befanden und befinden. Von den zum Teil gewalttätigen Auseinandersetzungen in der Antike über die Kreuzzüge und die Inquisition des Mittelalters bis zu den Unfähigkeiten der Vereinigung auch in unserer Zeit.

9. Ich glaube nicht an die Auferstehung der Toten und ein ewiges Leben. Das mag ein alter Menschheitstraum sein, hat aber doch nichts mit Erlösung zu tun. Immer weiter leben, immer wieder leben – eher ein Albtraum. Zu den Aussagen des Apostolicums benenne ich noch vier weitere Glaubenssätze, die ich auch nicht wörtlich übernehme:

10. Ich glaube nicht, dass die Kreuzigung das zentrale Erlösungsgeschehen für die Menschheit ist und war. Es war das Scheitern Jesu und eine Niederlage Gottes. Ich glaube nicht, dass dies alles nach einem Plan Gottes ablief, den Menschen später den Heilsplan Gottes nannten. Ein Gott, der ein Menschenopfer ver-

langt, passt nicht in mein Gottesbild. Die Rede vom Opfertod Jesu ist Ausdruck der Hilflosigkeit gegenüber dem Geschehen.

11. Ich glaube nicht, dass die Bibel Gottes Wort ist, so, als habe Gott das alles selbst geschrieben oder den vielen Schreibern der biblischen Bücher die Hand geführt. Die Texte spiegeln menschliches Denken wider und müssen deshalb immer wieder neu gedeutet werden, um richtig verstanden zu werden.

12. Ich glaube nicht, dass sich beim Abendmahl Brot und Wein oder Saft in Fleisch und Blut Jesu verwandeln. Wir brauchen keine Anklänge an Kannibalismus in unseren Gottesdiensten!

13. Ich glaube auch nicht, dass die Taufe »heilsnotwendig« ist. Sollte Gott so kleinlich und engstirnig sein, dass er seine Liebe und Zuwendung abhängig macht von dem, was Menschen tun?

Bevor ich jetzt auf die scheinbar berechtigte Frage eingehe, was ich denn überhaupt glaube, will ich versuchen, deutlich zu machen, warum ich einzelne Sätze aus dem Bekenntnis nicht glauben kann, jedenfalls nicht so, wie wir es sagen. Und ich will auch aufschreiben, was ich glaube. Ich kann jetzt schon versprechen, es ist alles, was man braucht, um Christ zu sein, auch nach dem Maßstab des Apostolischen Bekenntnisses.

5 Meine Erklärungen zu meinen »Absagen«

Zu 1. *Gott ist allmächtig.*

Es mag tatsächlich sein, dass Gott allmächtig ist. Für viele Gläubige aller Zeiten und Religionen gehört das zum Bild Gottes. Wenn er es ist, übt er diese Allmacht aber nicht aus. Nach der Schöpfungsgeschichte hat Gott die Erde den Menschen übergeben. Leider ist diese Übergabe mit den fatalen Worten »machet euch die Erde untertan und herrschet über sie« in der Bibel nach der Übersetzung Luthers so dokumentiert. Das hebräische Wort im Urtext bezieht sich auf das Bild vom Hirten. Seine »Herrschaft« besteht darin, dass er für die Herde sorgt und sich dafür einsetzt, dass es ihr so gut wie möglich geht. Jesus hat das deutlich gemacht mit der Rede vom guten

Hirten. Mit Jesus hat Gott uns auch die Richtlinien aufgezeigt, nach denen die Herrschaft zu ordnen und zu vollziehen ist. Das ist nachzulesen in der Bergpredigt, in der Rede vom guten Hirten, in dem Gleichnis vom Guten Vater und dem verlorenen Sohn, im Gleichnis vom Barmherzigen Samariter und vielen anderen Texten. Kurz gesagt: die Liebe ist das einzige Herrschaftsinstrument, das von Gott sanktioniert worden ist. In der Schöpfungsgeschichte sagt Gott, in unsere Zeit und Sprache übersetzt: »Kümmert euch um die Erde und um alles, was darauf lebt und geschieht, dass es gut ist.«

Genau das haben die Menschen immer wieder versäumt und versäumen es weiter. Viel Zeit haben wir offenbar aber nicht mehr, den Auftrag Gottes auszuführen. Die Freiheit und die Fähigkeit dazu hat er uns mitgegeben. Es braucht nicht die Allmacht Gottes. Wir können es, wenn wir es nur wirklich wollten.

Zu 2. und 3. *Ist Jesus Gottes Sohn und Maria Jungfrau?*

Viele Helden der griechischen Sagen waren Göttersöhne, wie Prometheus, Theseus und Herakles. In der Vorstellungswelt dieser Sagenzeit paarten sich Götter mit menschlichen Frauen. Um ihnen dann die Schwierigkeiten der unehelichen Geburt zu ersparen, versetzten sie die Mütter der Söhne nach der Geburt wieder in den Stand der Jungfräulichkeit, gewissermaßen als »gentlemen's agreement«.

Das sind Vorstellungen, die wir nicht mehr nachvollziehen können. Die Christen der ersten Jahrhunderte konnten das noch. So kam Jesus zu dem »Attribut« Sohn Gottes. Um das als Besonderheit noch zu unterstreichen, fügte man das »eingeborener« Sohn hinzu. Das meint: es gibt nur diesen einen, Jesus ist einzigartig. Das glaube ich auch, aber das kann er auch als Mensch sein. In den Evangelien bezeichnet sich Jesus mehrfach als den »Menschensohn«. Mehrfach wird von ihm auch geredet als dem Sohn des Zimmermanns oder auch als dem Zimmermann aus Nazareth. Dabei steht da im griechischen Text das Wort »tekton«, das man auch mit Handwerker oder Bauarbeiter übersetzen könnte.

Wie auch immer, Jesus ist der Besondere, der Mensch, der nach unserer christlichen Überzeugung den Willen Gottes so genau verkörperte, als täte Gott das alles selbst. Man hätte es beim Propheten belassen sollen, beim endgültig letzten und alles sagenden Propheten. Es wäre für uns heute einfacher und träfe den Kern auch besser. Ich kann gut damit leben, dass Jesus der Sohn von Joseph und Maria ist, dass er in einer Familie mit Geschwistern aufgewachsen ist, dass er einen Beruf erlernt hat, ehe er dann, vom Geist Gottes erfüllt, versucht hat, seinen Landsleuten und uns heutigen Christen beizubringen, wie sie die Erde, die Welt und das Leben, alles, was Gott ihnen geschenkt hat, gut, nachhaltig, liebevoll und friedlich gestalten könnten.

Zu 4. und 5. und 6. *Auferstehung, Himmelfahrt, Abstieg in das Totenreich.*
Himmelfahrt und Besuch im Reich der Toten gehört in das Weltbild der griechischen und römischen Antike. Da Jesus zu Gott gehört, muss er dahin zurückkehren, wo er hingehört als Sohn, an die rechte Seite des Herrschers. Das war der Platz des Thronfolgers, der in Abwesenheit des Herrschers schon von diesem Platz aus volle Herrschergewalt hatte. In diesem Weltbild versammeln sich die Toten im Totenreich. Die Christen entwickelten den Wunsch, dass ihre verstorbenen Angehörigen auch der Erlösung durch Jesus Christus teilhaftig werden sollten. Sie »schickten« Jesus also nach der Auferstehung und vor der Himmelfahrt zu den Toten, damit auch sie die Gnade Gottes erkennen konnten. Wir könnten auch einfach sagen: die Nähe Gottes, die in Jesus sichtbar wurde, gilt auch rückwirkend für alle Generationen vorher. So würde es in einem Tarifvertrag stehen. Die Liebe Gottes gilt allen Menschen, unabhängig davon, wann und wo sie leben und lebten. Jesus verkörpert die Liebe Gottes.

Damit sind Himmelfahrt und Abstieg ins Totenreich erklärt. Aber was ist nun mit der Auferstehung? War das Grab nun leer? Gab es die Begegnungen mit dem Auferstandenen wirklich?

Die ungezählten Erklärungsversuche reichen von der Unterstellung, die Jünger hätten den Leichnam gestohlen und die Begegnungen erfunden, bis zu der These, Jesus sei nicht tot gewesen, als man ihn vom Kreuz abnahm. Er sei dann heimlich gesund gepflegt worden und nach Indien ausgewandert. Dort gibt es auch ein Grab, in dem er bestattet wurde, angeblich. Von Halluzinationen der Jünger ist die Rede, auch von Täuschungsmanövern. Wir wissen nicht, was wie wirklich geschah. Die Berichte der vier Evangelisten sind, wie man heute sagen würde, nicht »gerichtsfest«.

Die Aussage ist klar: Gott ist Herr über Leben und Tod. Dabei liegt hier das Schwergewicht auf dem »Herr über den Tod«. Das ist ja wohl auch folgerichtig. Wäre es nicht so, dann müsste der Tod an erster Stelle stehen, an der Stelle Gottes also. Da alles Geschehen jenseits der Grenze, die der Tod zieht, nicht unseren Erkenntnissen und unserem Wissen unterliegt, sind wir auf Glauben oder Nichtglauben angewiesen. Es ist gewissermaßen die Nagelprobe christlichen Glaubens. Sicher ist: aus dem Auferstehungsglauben hat sich das Christentum entwickelt. Die Botschaft «Christus ist auferstanden« ließ die Jünger zurückkehren und führte zur Gründung der ersten Gemeinde in Jerusalem. Dem Osterfest gebührt der erste Rang unter den christlichen Festen.

Ich glaube an die Macht Gottes über den Tod und verbuche das gesamte Ostergeschehen unter der Überschrift »Wunder Gottes«. Es ist für mich ein Geschehen, das ich nicht mehr hinterfragen kann, dem ich einfach glaube. Es mag sein, dass das naiv ist oder kindlich, aber das gehört zu meiner »Gotteserfahrung«, dass nicht alles nach unseren rationalen Maßstäben erklärbar ist. Gott selbst ist ja auch nicht »begreifbar«. Ich verstehe, wenn Skeptiker jetzt sagen: das genügt mir nicht. Was ist er denn nun, auferstanden oder nicht? So in die Enge getrieben, sage ich heute. Nicht auferstanden, aber so weiter auf seine Anhänger wirkend, als wäre er auferstanden.

Zu 7. *Das jüngste Gericht*

Die ersten Christen erwarteten die Wiederkunft Jesu noch zu ihren Lebzeiten. Die Wiederkunft war verbunden mit der Hoffnung auf den Anbruch des Reiches Gottes, um den im Vater-unser gebeten wird. Im Reich Gottes gäbe es dann keine Ungerechtigkeiten mehr, keine Machtkämpfe, es herrschten Frieden und die Leichtigkeit des Lebens. »Gott selber wird die Tränen abwischen« schreibt der Prophet Johannes in der Offenbarung. Dem Frieden, so die Erwartung, geht das Gericht voraus, das Gericht Gottes über alle, die Lebenden und die Toten.

An diesem Gericht scheiden sich die Geister, auch in der Geschichte der christlichen Kirchen. Es stehen sich gegenüber die Vorstellung von einem schonungslosen, harten Strafgericht, dem letztlich niemand entgehen kann, und der Glaube, das Gericht sei »lauter Gnade«, also bildlich gesprochen paradiesisch. Dazwischen gibt es alle Abstufungen, die denkbar sind, wie Fegefeuer zur Läuterung oder auch Hölle als ewige Verdammnis, abgestufte Gnade mit Anrechnung der guten Taten, Bewertung des Glaubens, des Standes, der Verdienste. Es besteht nicht einmal Einigkeit, wer der Richter ist. Ist es Gott selbst oder Jesus?

Gericht oder Gnade, darauf läuft es hinaus. Ich gebe zu, es fällt schwer, sich vorzustellen, dass die Gnade auch für die großen und die gemeinen Verbrecher der Menschheit gelten sollte. Wenigstens da wäre das Gericht doch zu fordern, vor allem bei denen, die sich der irdischen Gerichtsbarkeit entzogen haben. Alles andere wäre doch ungerecht und eine Verhöhnung der Opfer. Aber wo ist die Grenze der Vergebung und der Gnade? Sieben mal siebzig mal sollst du vergeben, also unendlich oft, sagte Jesus. Ist das gerecht? Wie schnell ist man bei all diesen Überlegungen bei Rache und Vergeltung. Was ist gerecht? Wessen Maßstäbe sollten gelten? Wenn es um Strafe und Gnade geht, um Gerechtigkeit und Ungerechtigkeit, sind die menschlichen Haltungen sehr verschieden,

Ich kann und will auch nicht verschweigen, dass die Kirche immer wieder die Rede vom Jüngsten Tag und dem Gericht benutzt hat, um Menschen zu unterdrücken, zu knebeln, sie abhängig zu halten von der Gnade der Kirche. Es ist ein dunkles Kapitel, das sicher in der Inquisition des Mittelalters einen unrühmlichen Höhepunkt hatte. Menschen im Namen Gottes zu ängstigen, ist in meinen Augen ein kirchliches Verbrechen.

Ich enthalte mich aller Spekulationen und verlasse mich auf das, was im Lied Nr.97 im Gesangbuch (Holz auf Jesu Schulter) so formuliert ist:

Wollen wir Gott loben, leben aus dem Licht.
Streng ist seine Güte, gnädig sein Gericht.

Gottes Gnade unterliegt nicht menschlichen Empfindungen. Sie hat keine Grenzen, weil Gott nicht an Grenzen gebunden ist. Es gibt kein «Jüngstes Gericht», es gilt die ewige Gnade Gottes für alle!

Zu 8. *Die heilige christliche Kirche*
Natürlich ist das, was wir als Kirche sehen und in den vielen Jahrhunderten sahen, alles andere als »heilig«- Es sei denn, wir nehmen das Wort «heilig« in seinem ursprünglichen Sinn. Da bedeutet es: zu Gott gehörig. So gesehen sind alle Menschen heilig, weil sie alle zu Gott gehören, auch wenn sie das selber nicht glauben. So ist die Kirche getrost heilig zu nennen.

Es bleibt dabei. Die Kirche als Institution ist eine menschliche Einrichtung mit allem, was das inhaltlich bedeutet. Aber sie ist ausgerichtet auf Gott, versucht das mit menschlichen Mitteln umzusetzen und hofft, dass sie dabei Gott auf ihrer Seite hat. Hier gibt es im Selbstverständnis zwischen den verschiedenen Konfessionen deutliche Unterschiede. Die Katholiken und die Orthodoxen sind da selbstsicherer als die Evangelische Kirche in Deutschland. Aber Demut im Selbstverständnis ist ja wohl eine angemessene christliche Haltung.

Zu 9. *Die Auferstehung der Toten und das ewige Leben*
Im Buddhismus und Hinduismus gibt es den Glauben an die Wiedergeburt. Das wird durchaus nicht nur als Belohnung gesehen, es kann auch Strafe sein. Die erhoffte Erlösung ist das Nicht-wieder-geboren-werden, um dafür eingehen zu können in das Nirwana, also aus diesem Kreislauf auszuscheiden. Ich wage zu behaupten, dass auch bei uns etliche Menschen gar nicht so begeistert sind von der Aussicht auf die Auferstehung. Ganz oft äußern Menschen bei diesem Thema auch bestimmte Bedingungen: »Ich möchte nur auferstehen, wenn...«

Ist dieser uralte Wunsch nach ewigem Leben eigentlich wirklich sinnvoll? Ist es nicht auch schön, wenn es dann nach einem erfüllten Leben zu Ende ist und »wir in Ruhe ruhen können«? Und nach einem verkorksten Leben – ist es da nicht menschlich zu sagen: «Nicht noch einmal«? Wie soll ich mir die Auferstehung vorstellen?

Treffe ich dann alle wieder? Sind sie so, wie ich sie gekannt habe, oder doch verändert? Und wenn ja, wie? Wie soll das gehen mit all den vielen Menschen? Ich fülle den Glauben an die Auferstehung mit diesem Inhalt: Der Tod hat nicht das letzte Wort. Im Leben war ich ein Kind Gottes und bei ihm gut aufgehoben, ich werde es im Tode und danach auch sein. Sterben ist wie nach Hause kommen, da sein, wo man hingehört, nie mehr weg müssen, keine Unruhe mehr, keine Sorgen, keinen Schmerz, ruhen in Gott. Über das Wie und das Wo mache ich mir keine Gedanken, das überlasse ich Gott. Er wird es wissen und machen. Auch das ist wieder eine Frage des Vertrauens, des Glaubens. Ohne das kommen wir bei Gott nicht weiter.

Zu10. *Für unsere Sünden gekreuzigt*
Die Kreuzigung war im Römischen Reich eine übliche Strafe für Aufständische. Sie wurde im ganzen Imperium praktiziert und galt als entehrende Todesart. In Judäa waren die Römer als Besatzungsmacht sehr rabiat, weil es oft und viele kleine Aufstände gab. Die Provinz war berüchtigt als Unruheherd. Das erklärt auch, dass der Gouverneur Pontius Pilatus so hart durchgriff, obwohl Jesus sich ja keines Verbrechens schuldig gemacht hatte, und auch nicht wirklich ein Aufständischer war, geschweige denn ein Revolutionär. Er wollte eine mögliche Unruhe gleich im Keim ersticken. Für die Jünger war die Verhaftung und die Aburteilung nicht nur ein persönlicher Schock, sondern auch eine echte Bedrohung. Denn die Römer schreckten vor Sippenhaft nicht zurück. Es hätte jeden der Zwölf auch noch treffen können. Es war völlig verständlich, dass sie flohen und sich versteckten. Die große Frage kam danach: wie sollen sie dieses Ereignis einordnen in ihre Erfahrungen mit Jesus, ihren Hoffnungen, ihren religiösen Traditionen?

Offenkundig und brutal deutlich war: sie waren auf der ganzen Linie gescheitert. Die Sache Jesu war aus und vorbei. Der erhoffte Retter war tot, Gott hatte sich nicht gezeigt, er hatte nichts verhindert, nicht eingegriffen, nicht die himmlischen Heerscharen geschickt, um die Römer, die Heiden, die es gewagt hatten, ihren religiösen Hoffnungsträger zu vernichten, hinwegzufegen und die Möglichkeit eines neuen, starken, freien Staates Israel zu eröffnen.

Für mich ist dies die entscheidende Botschaft des Karfreitags: Gott hat nicht eingegriffen! Gott hat auf seine Allmacht, seine Macht, auf Gewalt verzichtet. Selbst als sein Prophet, sein Gesandter, den viele «Sohn» nennen, in tödliche Gefahr geriet, hat er nichts verhindert, hat Gewalt nicht mit Gewalt vergolten. **Gott ist ein Gott der Gewaltlosigkeit,** ein Gott des gewaltlosen Friedens, ein Gott, der sich auch durch eine Niederlage nicht verleiten lässt, Macht auszuüben, Gewalt anzuwenden. Folgerichtig hat sich Jesus ja auch nicht gewehrt und seinen Jüngern die Gewalt verboten.

Diese Botschaft ist in der christlichen Kirche nicht angekommen. Jesus ist, so gesehen, umsonst gestorben. Menschen wie Franz von Assisi und Martin Luther King haben es verstanden und umgesetzt und Mahatma Gandhi auch. Aber der war kein Christ sondern Hindu, hat allerdings zu ihm pilgernde Christen des Öfteren darauf hingewiesen, dass sie sich die Reise nach Indien hätten sparen können, in der Bergpredigt stünde doch alles drin.

(Weiteres in dem Artikel: Das Kreuz mit dem Kreuz)

zu 11. *Die Bibel als Gottes Wort*

Die Bibel ist Gottes Wort. Die Bibel ist von Menschen geschrieben.

Schon im Alten Testament, der Hebräischen Bibel, schreiben Menschen von ihren Erfahrungen mit Gott. Sie versuchen nicht, im wissenschaftlichen Sinn die Welt zu erklären. Sie schreiben auch kein Geschichtsbuch. Sie schreiben, was sie über Gott denken und beschreiben wie Gott in ihrem Leben wirkt.

Gleiches gilt für das Neue Testament. Es gilt hier immer zu bedenken, dass die ältesten Texte erst etwa 20 Jahre nach dem Tod Jesu geschrieben wurden (einige Briefe des Paulus). Andere wurden sogar erst 50 Jahre danach oder sogar noch später geschrieben. Es schreiben Menschen, die Jesus begegnet sind. Sie schreiben über Jesus und sie schreiben über das Werden der ersten christlichen Gemeinden. Mit den Schriften des Neuen Testaments wird aus der jüdischen Sekte eine eigenständige »Kirche«, genannt Christentum.

Zu 12.. und 13. *Die Taufe und das Abendmahl*

Da es in der Evangelischen Kirche nur zwei Sakramente gibt, beschränke ich mich hier auf diese beiden: das Abendmahl und die Taufe. Die fünf weiteren Sakramente der Katholischen Kirche (Beichte, Kommunion, Trauung, Letzte Ölung und Priesterweihe) gibt es bei den Protestanten auch, aber eben nicht als Sakramente, sondern als kirchliche Segenshandlung.

Die Taufe war bei den ersten Christen an die Entscheidung des Taufbewerbers gebunden und fand nur als Erwachsenentaufe statt. Das ist bei den Baptisten immer noch so. Nach und nach wurde die Kindertaufe eingeführt, weil eben Frauen und Männer, die Christen geworden waren, auch ihre Kinder mit in der Gemeinschaft wissen wollten. Denn schon früh setzte sich die Überzeugung durch, dass erst mit der Taufe Menschen des Heils Gottes teilhaftig wurden. Man glaubte tatsächlich, dass ungetaufte Menschen, auch Kinder, nicht von Gott angenommen würden. Ich glaube, dass das ein Irrtum ist. Die Taufe ist für mich ein wichtiges Ritual, mit dem wir uns der Liebe und Zuneigung Gottes vergewissern. Sie ist ein wichtiges stützendes Element für unseren Glauben. Nicht mehr, aber auch nicht weniger.

Im Abendmahl erinnern wir an den Tod Jesu und glauben, dass er im Vollzug des Mahles gegenwärtig ist. Im Hintergrund steht die menschliche Erfahrung, dass eine Tischgemeinschaft ein starkes, die Menschen verbindendes Element ist. Das christliche Abendmahl geht zurück auf das letzte Mahl Jesu mit seinen Jüngern und ist der Form nach eine Weiterentwicklung des Passahmahls der Juden. Es wird traditionell mit Brot und Wein gefeiert, in vielen evangelischen Gemeinden inzwischen fast immer mit Oblaten und oft auch mit Traubensaft. Die noch von Luther vertretene Deutung des Abendmahls als tatsächlicher Leib und tatsächliches Blut Christi teilten Zwingli und Calvin nicht. Sie sahen nur eine symbolische Erinnerung in der Handlung und keine Verwandlung der Elemente. Im Glauben der meisten Teilnehmer hat sich stillschweigend die reformierte symbolische Deutung durchgesetzt. Ich finde das gut. Es macht das Abendmahl menschlicher und freier. Es wäre gut, wenn das auch bei der Vorbereitung und «Einsetzung» des Abendmahls im Gottesdienst so deutlich gesagt würde, etwa in der Art: »Wir erinnern uns des Todes Jesu. Wir glauben, dass Jesus zu uns steht und unsere Gemeinschaft teilt und segnet. Brot und Wein/Saft sind Zeichen dafür.«

6 Das Naturwissenschaftliche Denken

Wir heutigen Menschen sind geschult am naturwissenschaftlichen Denken. Wir haben die Grundsätze der Mechanik, der Physik und Chemie, der Biologie und viele auch die der Philosophie verinnerlicht. Wir wissen, was Evolution bedeutet und können mit Astronomie etwas anfangen. Während den Menschen nach der Sintflut tatsächlich von ihrem Weltverständnis her nichts anderes übrig blieb, als im Regenbogen ein göttliches, wunderbares Zeichen zu sehen, wissen wir, dass die Brechung der Sonnenstrahlen in den Regentropfen den Farbbogen erzeugt. Die Menschen bis zum Ende des Mittelalters gingen davon aus, dass die Erde eine Scheibe ist und darüber, wie in einem Theater, der Himmel aufgebaut ist und unter der Erde das Totenreich und die Hölle ihren Platz haben. Bei uns wissen schon die Kinder, dass die Erde eine Kugel ist, astronomisch ein Planet neben anderen Planeten, in einem Sonnensystem neben anderen Sonnensystemen, in einer Galaxie neben anderen Galaxien und nirgends Platz ist für Himmel und Hölle. Wenn uns dann auch noch die Astronomen sagen, dass es allein in unserer Galaxie vermutlich bis neun planetenartige Sterne gibt, die der Erde sehr ähnlich sind, und auf denen es durchaus Leben geben kann, dann glauben wir das und rücken ab von dem Gefühl der Einzigartigkeit und fragen vielleicht auch, ob für die dort eventuell lebenden Geschöpfe auch unser Gott zuständig ist oder nicht.

Mit jedem Geheimnis, das Wissenschaftler der Natur entreißen, mit jeder Lücke, die sich in unserem Wissen schließt, wird der Spielraum für Bilder aus der Vergangenheit zur Erklärung der Welt kleiner. Das gilt auch für die Bilder, die wir im religiösen Bereich benutzen.

Die Schöpfungsgeschichte, mit der unsere Bibel beginnt, schildert, dass der Geist Gottes über dem Chaos schwebte. Als Gott dann sprach, »es werde...« mag man das noch gleichsetzen können mit der naturwissenschaftlichen Rede vom Urknall. Dann aber müssen alle Versuche aufhören, die Entwicklung der Erde, des Lebens, der Menschen mit Gott erklären zu wollen. Gott hat seinen Ort in unserem Glauben, nicht in der Naturwissenschaft.

7 Eine kurze Geschichte des Christentums

Das Christentum entstand in den ersten hundert Jahren nach dem Tode Jesu. Seinen Tod setzen die Historiker einhellig um das Jahr 30 nach dem Beginn unserer Zeitrechnung an. Den Kern der neuen Glaubensrichtung, die sich auf Jesus berief, bildeten die Jünger und andere Frauen und Männer, die Jesus erlebt und gehört hatten. Der am Anfang allein wichtige Glaubensinhalt war der Glaube an die Auferstehung Jesu nach drei Tagen und die Gewissheit, er werde als der erwartete Messias sehr bald wiederkommen, damit das Reich Gottes auf Erden Wirklichkeit werden kann. Das erste blieb als feste Gewissheit, das zweite wurde zur bisher unerfüllten Hoffnung.

Die wichtigsten Tätigkeiten der ersten in Jerusalem sich bildenden Gemeinschaft waren:

- gemeinsames tägliches Gebet
- Erinnerungen an Jesus zu festigen und zu verbreiten
- die Feier des Abendmahls
- die neu Hinzukommenden zu taufen
- gemeinsames Leben und gemeinsamem Besitz
- tätige Nächstenliebe wie Speisung von Armen und Besuchen von Kranken
- Abbau von gesellschaftlichen Schranken, Sklaven waren willkommen
- Warten auf die Wiederkunft Jesu

In den folgenden 1900 Jahren veränderte sich fast alles, was sich auch nur in der Welt verändern kann. Jerusalem wurde von den

Römern zerstört, die Juden wurden aus dem Land vertrieben und über den ganzen Mittelmeerraum verstreut. Das galt auch für das Christentum, das von vielen noch für eine Sekte der Juden gehalten wurde. Rom, Byzanz, Alexandria, Karthago, Ephesus, Antiochien, Südfrankreich wurden christliche Zentren. Ab 150 n.Chr. breitete sich das Christentum fast explosionsartig im römischen Reich aus, gelangte sehr schnell, auch durch die Soldaten der römischen Besatzungsheere, nach Norden, also nach Gallien, Germanien und Britannia. Außer in den genannten Städten, wurde die neue Religion in Kleinasien, dem griechisch-hellenistischen Teil des Imperiums Romanum, sehr bald zur »Volkskirche«. Ebenso geschah es in Ägypten, in Nordafrika, in Südfrankreich und in Oberitalien. Die Bibel wurde übersetzt aus den beiden »Ursprachen« Hebräisch (AT) und Griechisch (NT) ins Lateinische. Griechisch und Latein waren die gängigen Sprachen der alten Zeit. Die längst im Mittelmeerraum ansässigen Germanen (s. Völkerwanderung) wurden teils geschlossen, teils nach und nach Christen. Zuerst taten die Westgoten diesen Schritt, dem folgten dann die Ostgoten, die Vandalen, die Burgunder und die Langobarden. Der gotische Bischof von Antiochien, Wulfila, erfand während seiner Amtszeit (350 – 380 n.Chr.) die gotische Schrift und übersetzte wichtige Teile der Bibel ins Gotische. Das Christentum war längst Staatskirche des römischen Reiches geworden. Kaiser Konstantin (306 – 337) verfügte das. Der Legende nach entschied er sich dazu nach einem militärischen Sieg, von dem er meinte, ihn mit der Hilfe von Jesus errungen zu haben. Im neunten Jahrhundert übernahm der König der Franken, Karl der Große, die Macht. Das Christentum wurde Staatsreligion des Heiligen Römischen Reiches Deutscher Nation. Das Christentum zerfiel in zwei große Kirchen: in die orthodoxen Ostkirchen mit dem Zentrum Byzanz/Konstantinopel und die Westkirche mit dem Papst in Rom als der Katholischen Kirche. Die Spaltung, das sogenannte Schisma, vollzog sich 1054 nach einem Streit über die Frage, ob der Heilige Geist nur von Gott ausgehe (Ostkirche) oder von Gott und dem Sohn (Westkirche). In früheren Schismen hatten sich schon einige kleinere Kirchen »verselbständigt« wie die «Armenische Kirche« und die «Koptische Kirche« in Ägypten.

Die mit der Reformation gleichzeitig aufkommenden und sich mit der Erfindung des Buchdrucks schnell ausbreitenden Naturwissenschaften veränderten das menschliche Denken von Grund auf. Der Raum für Wunder wurde kleiner, der Theologie wurde der Rang als erster Wissenschaft entzogen, und dem Glauben an die Allmacht und die Allgegenwart Gottes stand mehr und mehr das Vertrauen in naturwissenschaftliche Erkenntnisse gegenüber.

Die nach der Reformation beginnende Zersplitterung der Christenheit, vor allem im protestantischen Raum, in unzählige Kirchen, ließ, wie auch schon in den Anfängen des christlichen Glaubens, bis ins Skurrile reichende Auslegungs- und Glaubensstreitigkeiten aufkommen. Die Vielfalt der von Christen gesprochenen Sprachen, die vielen Übersetzungen, die Veränderung der Sprache durch Naturwissenschaft und Buchdruckerkunst vertieften die Trennungen. Von einer Einheit entfernten sich die Christen immer mehr.

Es ist umso erstaunlicher, dass, ebenso wie die oben genannten Glaubenssätze der ersten Gemeinde in Jerusalem, sich fast alle anderen bis heute zentralen Glaubensaussagen und Dogmen auch in der Zeit bis 360 n.Chr. entwickelten. und blieben. Im Mittelalter veränderte sich daran nichts. Das Bestehende wurde durch Kirchenväter wie Augustin vertieft und Überkommenes festgeschrieben. Auch die Reformation brachte in Sprache, Symbolen und Sprachbildern nichts Neues. Die Dogmen, die Glaubenssätze blieben unverändert. Theologische Verschiebungen der Schwerpunkte, wie sie vor allem Luther mit Erfolg vornahm, veränderten die Sprache nicht. Die Bekenntnisse und Hauptstücke wurden ja nicht »reformiert«, nur ihre Gewichtung. Dabei veränderten sich die Welt und der Alltag der Menschen gewaltig

Der Ruf nach Freiheit stand gegen den Absolutismus der Herrschenden, politische Verhältnisse verschoben ganze Länder, große christliche Gruppen wanderten aus der Unterdrückung in ihrem heimischen Land in andere, tolerante Länder. Es gab viele neue Länder und Kontinente. Das Bild vom Menschen und von der Welt veränderte sich radikal. Eins nur blieb im Inneren, wie es war: die Kirche mit ihren Dogmen. Das Glaubensbekenntnis wandelte sich nicht, das Verständnis der 10 Gebote wandelte sich nicht, das Vater-unser als das wichtigste Gebet blieb unangetastet. Taufe und

Abendmahl als die zentralen Sakramente werden weiter zelebriert, als hätte sich nichts verändert.

Es hat sicher sein Gutes, wenn sich nicht alles, was dem Menschen wichtig ist, mit jeder Zeitströmung verändert und angepasst wird. Was ginge dabei alles verloren. Aber gar nichts ändern, ist das klug? Christen sind offenbar konservative, auf dem Bestehenden beharrende Menschen, zumindest die, die jeweils das Sagen haben. Die Formulierungen der Glaubensinhalte blieben wie im Glaubensbekenntnis, die kirchliche Organisation mit ihrer Hierarchie blieb, die Gewohnheiten des Glaubensalltags blieben wie der sonntägliche Kirchgang. Die alten Regeln des Kirchbaus blieben, abgesehen von ein paar spektakulären Neubauten. Die Bibelübersetzungen blieben entweder im alten sprachlichen Rahmen und waren dann zum Gottesdienst zugelassen (offiziell), oder rutschten ab ins sprachliche Abseits wie die «Bibel in gerechter Sprache«, wenn nicht gar ins Alberne oder Satirische, wie die »Bibel in Schlagzeilen«, oder wurden bald wieder vergessen wie die Übersetzung in zeitgemäßer Sprache von Heinz Zahrnt. Die Gottesdienstformen orientieren sich eng an der Messform der Reformationszeit. Selbst die altertümlichen Talare, die die protestantischen Pfarrerinnen und Pfarrer trage, sind Pflicht. Im Gesangbuch sind Lieder, die nach 1900 geschrieben worden sind, Mangelware. Kleine Schritte wurden gemacht, aber immer nur kleine Schritte. Sie hinken fast immer hinter der schnelleren Entwicklung in der Welt her.

Dramatischer noch: in der Theologie gab es in den letzten hundert Jahren umwälzende Erkenntnisse, nach denen eigentlich nichts mehr so bleiben sollte, wie es war. Die Entmythologisierung ist ein Stichwort dafür, ein anderes ist die Historisch-Kritische Forschung. Tiefgreifende Erkenntnisse der Historiker, der Ethnologen und der Archäologen werfen Fragen auf wie die, ob der Berg, an dem Moses die 10 Gebote empfing, überhaupt an dem angeblichen Fluchtweg aus Ägypten liegt oder auf der arabischen Halbinsel. Sie wiesen nach, dass manche Paulusbriefe gar nicht von Paulus sind, machten klar, dass Jesus tatsächlich aus Nazareth stammt und dass die Astrologie ein wichtiger Wissenschaftszweig der Babylonier war. Das alles schlägt nicht in die Gemeinde und Gemeindetheologie durch. Die Kirche in Gestalt der Pfarrerinnen und Pfarrer, der Bischöfe oder anderer Amtsträger, gibt das Wissen der Universitäten nicht oder nicht nachdrücklich genug weiter. Gemeindefremde und zunehmend auch Kirchenmitglieder fragen, was wir eigentlich meinen, wenn wir von einer Himmelfahrt Jesu reden, obwohl es den »Himmel« doch gar nicht gibt, oder was die Rede von der Jungfrauengeburt soll und wie man es anstellen muss, um das Wesen der Trinität zu verstehen. Wenn man Pech hat, bekommt man zur Antwort: »Das ist auch nicht zu verstehen, es ist ein Geheimnis Gottes.« Wie kann es ein Geheimnis Gottes sein, wenn Menschen sich das gedacht, ausgedacht und aufgeschrieben haben?

Mit dem Beginn der Kirchentage 1949 begannen im evangelischen Raum zaghafte Versuche, mit neuen Liedern und mit in Gemeinschaft formulierten Glaubensbekenntnissen und Gebetstexten neue Wege zu gehen. Es sollte auch daran gearbeitet werden, verständlich auszudrücken, was mit alten Formeln gemeint war. Bei Bekenntnissen war der Versuch eine Sackgasse. Nicht einmal die 1934 geschriebene Barmer Erklärung gegen die Vereinnahmung der Kirche durch das Nationalsozialistische Regime fand den Weg in die Gemeinde. Sie steht zwar im Gesangbuch, wird aber so gut wie nicht gelesen, geschweige denn gesprochen. Immerhin, ab und zu tauchen in Gottesdiensten schon einmal Gebete auf, die von Gemeindemitgliedern geschrieben worden sind. Einige von den Kirchentagsliedern haben es auch bis in das offizielle Gesangbuch geschafft und werden in vielen Gemeinden auch gerne gesungen. Allerdings werden diese Lieder oft auch von überforderten Organisten alter Schule »zu Tode gespielt«.

Das Beharrungsvermögen der Kirche, wenn es um die Glaubensbekenntnisse oder das Abendmahl oder liturgische Formeln und Lieder für den Gottesdienst geht, ist unglaublich. Und die lammfromme Geduld der Gemeinden ebenso.

Einzelne »Aufständler«, wie Hans Küng oder Eugen Drewermann oder vorher schon Martin Niemöller und Dietrich Bonhoeffer oder Dorothea Sölle, von Rudolf Bultmann ganz zu schweigen, bewirken in intellektuellen und theologisch interessierten Zirkeln viel, in den Gemeinden so gut wie nichts. Auch dem sehr redegewandten

Prediger aus den USA, Billy Graham, gelang es nur kurz, viele zu begeistern.

Als die lateinamerikanischen Befreiungstheologen Ernesto Cardenal, Oscar Romero, Dom Helder Camara und andere breite Breschen in die kirchliche Orthodoxie (gemeint ist die überlieferte »rechte Lehre«) schlugen, folgten ihnen so wenige, dass sich die Lücken schnell wieder schlossen. Das Establishment der Kirchen funktionierte. Und die Pfarrer, die doch aus dem Studium vieles wissen, was machen sie? Ich drücke es einmal salopp aus: Sie mogeln sich durch. Meine Erfahrung ist: Im Gottesdienst ist für Reformen und neue Töne nicht recht Platz. Die Besucher sind in ihren Bedürfnissen nicht auf Auseinandersetzung eingerichtet. Sie wollen Trost, warten auf »Lebenshilfe«, wollen etwas mit nach Hause nehmen, das ihnen im oft feindlichen Alltag Ruhe und Frieden gibt. Das hat man als Pfarrer zu respektieren. Aber es ändert nichts daran, dass es auch Aufgabe eines Pfarrers ist, theologische Fortschritte oder Veränderungen weiterzugeben in Arbeitskreisen, Seminaren und privaten Gesprächen. Das habe ich getan, mit mäßigem Erfolg. Die Regel ist, so bitter das klingen mag: Man hört, was man gerne hören möchte und blendet Kritisches aus. Wenn es dann noch deutlicher wird, geht man eben nicht mehr hin.

Es ist so: die alten Bilder sind nicht mehr unsere Bilder. Der Regenbogen ist entzaubert, Gott als alter Mann mit Bart, gütig lächelnd, hat ausgedient, Göttersöhne wie im Hellenismus gibt es nicht mehr. Für Hexen und Hexerei wie im Mittelalter ist bei uns kein Platz, Jubelnde Himmelschöre gibt es nur noch in Oratorien, die Hölle als Unterdrückungsmittel hat ausgedient. Wo sollte sie auch sein? Der Himmel hat im Planetensystem auch keinen rechten Raum mehr. Der Auferstehung haben sich längst die Autoren von Science-Fiktion-Bestsellern angenommen, Glaubende haben damit zunehmend ihre Schwierigkeiten.

Ich will versuchen, das deutlich zu machen, wofür die Bilder stehen. Ich will aufzeigen, wie man mit den Unverträglichkeiten, Widersprüchen, dem wirklich oder scheinbar Geheimnisvollen umgeht, ohne sich verbiegen zu müssen oder gar beim Sprechen des Glaubensbekenntnisses im Rücken zwei Finger kreuzen zu müssen.

Indem ich aufschreibe, wie und was ich glaube, kann dies vielleicht ein wenig gelingen. Ich bin nicht so eingebildet zu glauben, ich könnte auch nur ansatzweise eine Reformation der Glaubenssprache bewirken. Wenn ich für ein paar Menschen ein paar Glaubenswahrheiten hinter den Bildern, die sie verdecken, hervorholen kann so dass sie leichter zu glauben, bin ich schon zufrieden.

8 Gibt es Gott?

Meine eindeutige Antwort ist: **Ja.** Andere antworten mit einem ebenso eindeutigen: **Nein**.

Ehrlicherweise müssten und müssen wir alle zusammen antworten: wir wissen es nicht. Denn wir wissen nichts über Gott, was sich auf irgendeine Art und Weise wissenschaftlich oder praktisch nachprüfen ließe. Alles, was wir als Wissen ausgeben, stammt von anderen Menschen: Historiker, Dichter, Schriftsteller, Philosophen, Propheten, Theologen, Prediger, Pädagogen, Mütter und Väter haben über die Jahrtausende erzählt und aufgeschrieben, was sie über Gott erfahren haben und glauben. Selbst Menschen, auf die unsere Bibel gründet, wie Moses, Jesaja, Jeremia, die vier Evangelisten, Paulus und alle anderen wussten, im wissenschaftlichen Sinn, nichts über Gott. Sie meinten zu wissen und gaben das weiter. Andere Menschen glaubten ihnen, Juden und Christen.

Genauso ist es mit allen anderen heiligen Büchern. Sie geben nicht Wissen weiter sondern Glauben. Der Glaube wird dann durch die Menschen, die glauben, zu ihrem Wissen.

Die Versuche, Gott zu beweisen, sind alt. Die hellenistischen Denker der Antike haben es versucht, jüdische und arabische Philosophen des Mittelalters haben mit der Frage gerungen, für die Scholastik war sie ein wichtiges Thema. Der deutsche Philosoph Immanuel Kant hat in seinem Buch »Kritik der reinen Vernunft« wohl den vorläufigen Schlussstrich gezogen, indem er klar machte: Es gibt keine sichtbare Wahrnehmung Gottes, deshalb kann man ihn auch nicht beweisen. Die Versuche der Gottesbeweise gelten als gescheitert.

In der Neuzeit ist nun der Gegenversuch gestartet worden, nämlich, die Nichtexistenz Gottes zu beweisen. Anselm Feuerbach war da der Vorreiter, Steven Hawkins der eifrigste Verfechter in der Gegenwart. Hier setzte Albert Einstein einen Schlusspunkt, indem er deutlich machte, den Beweis für die Nichtexistenz Gottes zu liefern, ist nicht Aufgabe der Naturwissenschaft. Auch hier können wir feststellen: alle Versuche sind gescheitert.

Die Beweisführung der einen wie der anderen befriedigt und überzeugt nur die jeweiligen Anhänger. Kant weist noch darauf hin, dass es nach der praktischen Vernunft »moralisch notwendig ist, das Dasein Gottes anzunehmen«. Das klingt ein wenig so, als hätte er gesagt: Selbst wenn es Gott nicht gibt, ist es für unser Zusammenleben gut, an ihn zu glauben. Damit könnte Kant Recht haben.

Es ist festzuhalten: wir wissen nichts über Gott!. Wir reden viel über Gott, wir wissen nichts. Wir glauben viel an und über Gott, wir wissen nichts. Wenn wir von Gott reden, nutzen wir das, was andere Menschen über Gott geschrieben, gedacht und geglaubt haben, und fügen unsere eigenen Erfahrungen und Bilder hinzu. Gott ist und bleibt der Unbekannte, der Unsichtbare, der Verborgene, der Jenseitige oder, wie die Philosophen sagen, das transzendente Wesen.

Wenn wir auf Zahlen bauen wollen, haben wir guten Rückenwind für den Glauben an die Existenz Gottes. Nach US-Untersuchungen fühlen sich 84 % der Weltbevölkerung einer Religion zugehörig. Es sind ja nicht nur wir Christen, die an Gott glauben. Die meisten Religionen gehen auch von der Annahme aus: es gibt Gott. Manche erweitern dies noch um Göttinnen und Götter. Die Zahl der tatsächlichen Atheisten oder Agnostiker ist ziemlich klein. Aber hilft uns das weiter?

Ich wiederhole für mich: ich glaube an Gott! Damit sage ich gleichzeitig: Gott existiert. Das mag für andere keine objektive Aussage sein, für mich schon. Denn: indem ich an Gott glaube, richte ich meine Lebensweise, mein Denken, mein Handeln darauf aus, lebe so, als gäbe es Gott. Also gibt es ihn für mich. Meine Existenz ist aufgebaut auf das Dasein Gottes, somit ist Gott für mich existentiell. Und für alle anderen, die an ihn glauben, auch.

Natürlich können jetzt Gegner wieder sagen. Gott existiert dann doch nur in deiner Vorstellung. Das ist erst einmal richtig. Es wird aber übersehen, dass diese Vorgabe, es gäbe Gott, existentielle Folgen für mich hat, die ganz objektiv mit mir da sind. Ich glaube an ihn, ich bete und rede so mit ihm, ich rede über und von ihm. So ist Gott in in und mit mir auch existent, also da. Das Gespräch mit dem Für und Wider kann sich auf die obige Weise endlos im Kreise drehen und wiederholen. Es führt zu keiner Lösung. Menschen müssen für sich entscheiden, ob sie an Gott glauben wollen. Wenn sie das tun, müssen sie damit rechnen, dass sie angefochten werden, von anderen und auch von sich selbst (s. Kapitel über Glauben und Zweifel: III,5). Mein Glaube an Gott ist nicht zu widerlegen. Und das ist auch gut so.

In einem folgenden Abschnitt beschreibe ich meine «Vorstellung» von Gott und betone: es sind Vorstellungen, es sind Bilder aus meinem Geist. Mein Gottesbild ist wie alle anderen auch ein menschliches Bild, von dem ich glaube, es entspräche der Wahrheit. Vielleicht ist das ja auch so, aber ich weiß es nicht. Gott ist der oder die oder das Jenseitige, Unbekannte, Transzendente. Mit unseren Bildern, gemalt oder beschrieben oder gedacht, malen, beschreiben, bedenken wir lediglich, wie wir uns Gott vorstellen, nicht, wie er ist. Gott entzieht sich jedem Zugriff, denn er ist Gott und wir sind Menschen. Zu deren Wesen gehört es, dass sie eben nicht göttlich sind. Der Begriff »Gott« ist für uns ein Axiom, eine angenommene Größe außerhalb unseres Wirkungs- und Denkbereichs. Er ist transzendent, also nicht erreichbar, außerhalb unseres Einflussbereiches. Ich kann auch sagen: er, oder auch sie oder es ist für uns nicht verfügbar.

Das alles sagt nichts über seine Existenz aus, sondern beschreibt lediglich unserem naturwissenschaftlichen Wissensstand. In der Welt des Glaubens ist das anders, da werden Bilder zu einer Realität, von der wir hoffen und glauben, dass sie der Wirklichkeit entsprechen. Erst Gott wird dieses Geheimnis auflösen können.

Mein Gottesbild
Ich lebte und lebe in der Gewissheit: Gott tröstet, hilft, behütet und bewahrt mich, er kennt meinen Namen. Gott ist »der liebe Gott« in meinem Glauben Das mag vielen Menschen naiv vorkommen,

mag es wohl auch sein, aber es tut mir gut. In bildlicher Vorstellung sehe ich Gott als Person wie ein Mensch, mit dem ich reden kann, mit dem ich streiten kann, der mir ein wohlwollendes Gegenüber ist. Im Grunde taucht da wieder das Bild aus der Bilderbibel meiner Kindheit auf. Daran änderte auch das Studium nichts.

Das Bild verstärkte sich, je mehr ich über Jesus lernte. Seine Barmherzigkeit, seine Liebe zu den Menschen, denen er begegnete, seine Bereitschaft zu vergeben, auch als es um Leben und Tod ging, seine Rede von der Nächstenliebe, die sogar zur Feindesliebe werden konnte und die Liebe zu sich selbst einschloss, prägten sich mir fest ein und stärkten das Bild von Gottes Liebe.

An erster Stelle in der Rangliste für biblische Texte steht folgerichtig das «Hohe Lied der Liebe» in dreifacher Gestalt:

1. Das Hohe Lied aus der hebräischen Bibel, das die Liebe zwischen Frau und Mann preist,
2. Die Worte von Jesus, mit denen er die Nächstenliebe erweitert um die Liebe zu sich selbst, zu den Feinden und zu Gott.
3. Das Lied von Paulus, das er an die Gemeinde in Korinth schreibt und in dem er aus der Reihe Glaube, Hoffnung, Liebe eben diese als die Höchste bezeichnet.

Mein Gottesbild wird abgerundet mit den beiden Psalmen 23 und 121 und dem Gleichnis vom »Verlorenen Sohn und dem gütigen Vater«., das Jesus erzählte. Für mein Lebensgefühl war zusätzlich wichtig die Erzählung vom Erzvater Jakob, wie er auf der Flucht nachts im Traum den Himmel offen sieht und Engel, die auf einer Leiter herab und wieder hinauf steigen. Er weiß nun: der Himmel ist offen, mit anderen Worten, Gott ist für dich immer da.

In die Reihe der Wohlfühltexte gehört Jesu Rede von den Lilien auf dem Felde und den Vögeln unter dem Himmel, die in ihrer Schönheit sorglos leben, und der Bericht von der Hochzeit zu Kana, wo Jesus dafür sorgt, dass der Wein nicht ausgeht. Die Schöpfungsgeschichte darf in dieser Liste nicht fehlen. In ihrem erzählerischen Rhythmus von sieben Tagen breitet sie das ganze Wunder unserer Welt aus und lässt alle naturwissenschaftlichen Einwände, die man haben könnte, nichtig werden. Ich beende diese Liste mit den Hinweisen auf die Weisheit des Salomo und auf das Traumbild des Sehers Johannes vom himmlischen Jerusalem und der Wohnung Gottes bei uns Menschen. Dieses Bild von Gott hat mein Leben lang gehalten. Es hat hie und da Schrammen und Beulen hinnehmen müssen, es war auch gelegentlich dem Zweifel ausgesetzt, aber es hat gehalten. Es war im Grunde nie ernsthaft gefährdet. Es erzeugt in mir aber keinen missionarischen Eifer. Andere dürfen getrost andere Bilder malen. Wichtig ist, dass ihnen die Bilder gut tun und helfen zu glauben

9 Die Bibel

Die Bibel ist die Grundlage allen christlichen Glaubens. Alles. was dazu kommt, ist an ihr zu messen. Die Bibel aber nimmt nicht zu allen Themen eindeutig Stellung. Sie ist vielfältig, manchmal widersprüchlich. Sie spiegelt einen Zeitraum von mehr als 2000 Jahren mit allem Wandel, den solch ein Zeitraum umschließt. Sie hat viele Autoren, die nicht einheitlich denken und schreiben.

Es ist oft gesagt, ich wiederhole es: die Bibel ist kein in sich geschlossenes Buch. Sie besteht aus zwei Teilen, dem **Alten und dem Neuen Testament.** Das Alte Testament sollten wir korrekter lieber die «Hebräische Bibel« nennen, denn die 39 Bücher dieses Teils sind ursprünglich einmal in hebräischer Sprache geschrieben worden und sind das «Heilige Buch« der Juden.

Das Neue Testament besteht aus 27 Büchern, die in griechischer Sprache geschrieben worden sind. Sie bilden das eigentliche »Heilige Buch« der Christen. Sie haben aber dann doch die Hebräische Bibel mit hinzu genommen, weil das Christentum aus der jüdischen Religion hervorgegangen ist. Jesus und Paulus und Petrus und Maria und Joseph waren Juden. Die Christen nannten dann diese Buchsammlung «Altes Testament,« um es deutlich vom Neuen mit der eigentlichen christlichen Botschaft abzugrenzen.

Alle Bücher der Bibel sind von verschiedenen Menschen geschrieben worden zu sehr verschiedenen Zeiten. Die Überlieferung der

Hebräischen Bibel reicht, wenn man die ersten mündlichen Überlieferungen und Erzählungen mitrechnet, von 4000 vor Christus bis etwa 450 vor unserer Zeitrechnung. Das Neue Testament beginnt mit den Berichten über Jesus, den vier Evangelien. Sie wurden etwa in der Zeit von 60 n.Chr. bis 120 n.Chr. aufgeschrieben. Einige Briefe des Apostels Paulus sind ein wenig älter. Paulus schrieb den ersten Brief an die Gemeinde in Korinth um das Jahr 50 nach dem Beginn der Zeitrechnung. Da wir davon ausgehen, dass Jesus etwa 30 Jahre alt geworden ist, war er immerhin schon 20 Jahre tot, ehe Paulus diesen ersten Brief schrieb. Als Markus seinen Bericht über Jesus schrieb, waren es schon 30 Jahre.

Wir sagen, die Bibel sei Gottes Wort und meinen das auch so, aber auf unterschiedliche Weise. Ich glaube nicht, dass Gott den Schreibern die Hand geführt hat, und auch nicht, dass er es ihnen im Traum oder beim Schreiben diktiert hat. Die Theologen nennen das die »Verbalinspiration«, also die »wörtliche Einflüsterung durch Gott«. Ich halte das für einen frommen Wunsch. Ich glaube, die Schreiber haben das, was sie glaubten und von Gott wussten, ihre und ihrer Mitmenschen Erfahrungen und die Überlieferungen, die im Volk lebendig waren über Gott und die Menschen, aufgeschrieben. Es sind Worte des Glaubens an Gott und so sind sie »Worte Gottes«. Menschenwort wird Gotteswort, weil es im eigenen Glauben und Denken ein Bild Gottes »bildet«.

Um es an einem Beispiel deutlich zu machen, wie ich das meine: Nach dem 2. Buch Mose hat Gott die Zehn Gebote in Stein gemeißelt und Moses übergeben. Es sind also die Gebote Gottes, die die Menschen zu befolgen haben. Ich glaube nicht, dass Gott sich da als Steinmetz versucht hat. Es ist einfach eine schöne, eindrückliche Geschichte. Moses, wenn es ihn denn je gab, was inzwischen einige Historiker und Archäologen bezweifeln, hat sie aufgeschrieben, aus seinem Wissen und Glauben, wie ein Volk gut zusammenleben kann. Ich unterstelle, sein Wissen und seinen Glauben hat er von den Vorfahren übernommen, hat er im Gebet und im Nachdenken herausgefunden, hat er wohl auch seiner prophetischen Gabe zu verdanken und seinen Erfahrungen mit der Frömmigkeit der Ägypter. Das hat er guten Gewissens so aufgeschrieben, darauf vertrauend und damit glaubend, ganz im Sinne Gottes zu handeln. Wir wissen, dass Jesus die Gebote ausdrücklich auch als die Gebote Gottes anerkennt und großzügig- schlampigen Umgang mit ihnen kritisiert. Menschenwort wird Gottes Wort.

Martin Luther verdanken wir, dass er nach den 1500 Jahren christlichen Umgangs mit Bibel und Glaubensinhalten den ursprünglichen Zustand deutlich wiederhergestellt hat mit seinem Wort »sola scriptura«. Das meint: allein die Bibel ist die Grundlage unseres christlichen Glaubens. Nicht der Zeitgeist, nicht, was opportun ist, nicht, was Herrschende gern wollten, sondern allein das Wort der Bibel gilt, wenn es um Gott und Glauben geht. Sie ist eben doch Gottes Wort, auch wenn Menschen es geschrieben haben.

Der letzte Satz bedeutet auch: die Bibel kann und darf Gegenstand von menschlichen, sprich: historischen, literaturkritischen Untersuchungen, Forschungen und Korrekturen, die sich daraus ergeben, sein. Widersprüchen, Ungereimtheiten, Gedankensprüngen darf man mit wissenschaftlichen Methoden nachgehen. An vielen Stellen in der Bibel ist dabei schon herausgekommen, dass Geschichten umgeschrieben wurden, dass andere Schreiber später Einschübe hinzu gemogelt haben, dass sich die Verfasser auch irren konnten, dass der angegebene Verfasser gar nicht der wirkliche ist, sondern nur ein bekannter, vertrauter Name benutzt wurde, dass die Zeitangaben nicht stimmen oder die geschilderten Lebensverhältnisse so gar nicht waren. Theologen nennen das »historisch- kritische Forschung«. Sie hat das Verständnis biblischer Texte vor allem im 18. und 19. Jahrhundert revolutioniert. Sie hat damit der Wahrheit keinen Abbruch getan. Im Gegenteil, es erhöhte sie. Ich werde das später besonders an der Weihnachtsgeschichte aufzeigen

Die Frage nach dem Alten Testament
Viele fragen heute: « brauchen wir das Alte Testament überhaupt noch«? Die meisten Theologen sagen:«eindeutig Ja«. Zunehmend sagen immer mehr: »nein«! Diplomatisch könnte man sagen; »Wir brauchen es nicht unbedingt, aber es ist nützlich, es zu lesen«.

Dass die Deutschen Christen, eine kirchliche Verirrung zur Zeit der Nazi-Herrschaft, deren Anhänger, Hitler für eine Art »Messias«

hielten und den Judenverfolgungen zustimmten, diesen Teil unserer Bibel streichen wollten, wundert bei ihrer ideologischen Ausrichtung nicht! Zur eigenen Meinungsbildung möge man Folgendes bedenken:

Das AT war die Bibel Jesu und seiner Jünger. Jesus bezieht sich oft auf dieses Buch. Ist es nicht gut, es dann auch zu kennen, um Jesus besser zu verstehen? Im AT stehen viele unverzichtbare Texte: die Schöpfungsgeschichte, die Zehn Gebote, die Psalmen 23, 90, 121 und viele andere mehr, die Friedensprophezeiungen des Jesaja (z.b. Schwerter zu Pflugscharen), das Buch Hiob als Streitgespräch mit Gott, die Himmelsleiter für Jakob auf der Flucht, das Hohe Lied... Ich könnte noch lange weiterschreiben. Ich brauche vieles aus dem AT zur Pflege meines Glaubens. Es stimmt natürlich, dass alles, auf das es für meinen Glauben als Christ ankommt, im Neuen Testament steht. Aber zum besseren Verständnis und zur Stütze des Glaubens und auch zur Freude des Bibellesens und des Erzählens der wunderbaren alten Geschichten ist das AT weiter wichtig. Dies stimmt aber auch: im AT wird Krieg verherrlicht, werden Grausamkeiten erzählt, zu denen angeblich Gott den Auftrag gab, wird vom zornigen und strafenden Gott gesprochen. Vieles im AT ist mit der Lehre Jesu nicht vereinbar. Man muss sich seines von Jesus geprägten Glaubens schon sicher sein, um hier nicht in Schwierigkeiten zu kommen. Letztlich: Das AT ist die »Bibel« des Judentums. Aus dem Judentum ist das Christentum hervorgegangen. In diesem Buch stecken unsere christlichen Wurzeln. Es verdient also allen Respekt als das heilige Buch der uns Christen am nächsten stehenden Religion und ist gleichzeitig die Vorgeschichte des Christentums.

Meine Schlussfolgerung ist: ehren, lesen und kennen, nach den Maßstäben Jesu einordnen. Die Hebräische Bibel, von uns Altes Testament genannt, darf nicht entwertet werden. Sie ist auch das von glaubenden Menschen geschriebene Wort Gottes. Es gibt keinen Zweifel daran, dass für uns Christen das Neue Testament der wichtigere Teil der Bibel ist. Auf ihm beruht unser christlicher Glaube. Aber die Kenntnis des Alten Testaments gehört dazu.

10 Die Gnade Gottes

Außer der Bibel gibt es noch eine andere Voraussetzung, ohne die christlicher Glaube nicht zu denken ist. Es ist die Gnade.

Die 95 Thesen gelten als Auslöser der Reformation. Der Professor für Theologie an der Universität Wittenberg, Dr. Martin Luther, hatte sie geschrieben und dann per Boten an die wichtigsten Menschen in Universität, Fürstenhäusern und Kirche geschickt. Der so spektakuläre, bekannte Anschlag an die Tür der Schlosskirche ist eine Legende, vermutlich erfunden zu Propagandazwecken von Luthers bestem Mann, Philipp Melanchthon. Denn ein den Hammer schwingender Luther macht doch mehr her für die Öffentlichkeit, als einer, der am Stehpult in der Studierstube Sand über die letzte Tinte streut. Der Mann mit dem Hammer, das wirkt durch die Jahrhunderte.

Mit dieser Aktion, den Thesen, richtet sich Luther gegen den Ablasshandel, mit dem, im Auftrag der Kirche und mit Billigung der Fürsten, den Menschen das Geld aus dem Beutel gezogen wurde. Die Angst vor Fegefeuerstrafen und Höllenpein machte die Menschen zahlungswillig. Sie kauften sich die Vergebung ihrer Sünden mit Geld. Das sollte aufhören. Luther rückte das wohl wichtigste Wort in der Reformation in den Mittelpunkt der Diskussion: das Wort Gnade, lateinisch gratia. In dem lateinischen Wort schwingt unser heutiges Wort gratis mit. Gratis, das ist umsonst im Sinne von kostenlos. Es wurde deutlich gemacht: Gott gibt die Gnade der Vergebung aller Sünden den Menschen *umsonst*. Nach der damals geltenden Lehre der Kirche geschah das durch die Beichte, also durch die Vermittlung eines Priesters. Luther gab den Gläubigen die Freiheit zurück, selbst vor Gott zu stehen, weil Gott bei ihnen steht.

Die Liebe und die Gnade Gottes sind nicht Eigentum der Kirche, das sie besitzt und von dem sie dann nach eigenem Gutdünken etwas abgibt oder sich eben abkaufen lässt, sondern ist laut Bibel ein allgemeines Gut, das Gott für jeden Menschen bestimmt hat. Dafür steht Jesus ein. Sola gratia, allein durch die Gnade, wird der Mensch selig! Dazu muss man ergänzen: sola fidei, allein durch den Glauben. Denn glauben muss man das alles schon., wenn man etwas davon haben will.

Biblische Begründungen für die von Luther angestoßene Reformation finden sich reichlich. So schreibt Paulus im Brief an die Gemeinde in Rom: »So werden wir nicht aus Verdienst gerecht, sondern allein aus Gnade durch die Erlösung durch Jesus Christus« (Röm. 2,34).

Für unseren Alltag haben wir alle Gnade bitter nötig. Gnade zuerst mit uns selbst, damit wir in den Anforderungen des Alltags nicht untergehen in ständiger Selbstüberforderung, dass wir wieder lernen, Maß zu halten und nicht alles zu wollen. Gnade auch mit unseren Mitmenschen, die eben auch fehlbare Wesen sind wie wir selbst auch und von denen wir doch oft Perfektion und reibungsloses Funktionieren erwarten. Gnade mit all denen, die Hilfe brauchen, dass wir barmherzig denken und handeln. Die schlimmsten Ungeister in unserer Zeit heißen Gnadenlosigkeit, Unbarmherzigkeit und Selbstgerechtigkeit. Davor schütze uns Gott, was er auch anbietet. Wer die sonntäglichen Gottesdienste der christlichen Kirchen besucht, bekommt das jedes Mal am Ende zugesagt:

Gott segne und behüte dich, Gott lasse leuchten sein Angesicht über dir und sei dir gnädig, Gott erhebe sein Angesicht auf dich und gebe dir Frieden.

11 Die Dogmen

Die Kirchen – damit meine ich die Organisationen wie »Evangelische Kirche«, oder »Katholische Kirche« oder »Orthodoxe Kirchen Griechenlands, Russlands, Bulgariens, Rumäniens...«,- haben sich darauf geeinigt, die Aussagen über Gott, Jesus und die Bibel, die sie für ihr Selbstverständnis für wesentlich halten, als Dogma zu formulieren. Sie sagen dazu: was zum Dogma erklärt wurde muss man wörtlich glauben. Es gab Zeiten, in denen schon der Versuch, dies in Frage zu stellen, mit dem Tode geahndet wurde. Das ist zum Glück überwunden. Dieses dunkle Kapitel des Mittelalters gilt auch strengen Gläubigen als unwürdig und unchristlich.

Das Wort Dogma stammt aus dem Griechischen und bedeutet wörtlich übersetzt »Meinung« oder auch »Lehrsatz«. Lehrsätze und erst recht Meinungen stehen natürlich zur Diskussion. Im religiösen Bereich spricht man aber vom »Glaubenssatz« und er beinhaltet dann eine »absolute, nicht anfechtbare Wahrheit.« Das fechte ich an. Dafür habe ich zwei Gründe. Der erste wird in dem »Kampflied« vom Ende des 18. Jahrhunderts beschrieben, das bis heute gegen Engstirnigkeit gesungen wird.: *»Die Gedanken sind frei...... Und sperrt man sie ein in finstere Kerker, das alles sind rein vergebliche Werke, denn es bleibet dabei, die Gedanken sind frei!«*

Dogmen sind ein Gefängnis, in das Gedanken eingesperrt werde sollen. Den Menschen mag man einsperren können, die Gedanken nicht, auch nicht in der Kirche.

Der zweite Grund ist gewichtiger und wird ausführlich dargestellt in Luthers Schrift »Von der Freiheit eines Christenmenschen«. Eine kurze Zusammenfassung dieser Schrift habe ich neulich in dem offiziellen Programmheft zur Eröffnung des Lutherjahres 2016 im Schauspielhaus am Gendarmenmarkt in Berlin gefunden

Freiheit: Im Mittelalter war der Mensch dazu angehalten, sich in ein festgefügtes, gottgegebenes System einzufügen. Die Reformatoren hingegen vertraten die Aussage, dass der Glaube und das Gewissen grundsätzlich frei sind und der mündige Mensch nicht blind dogmatischen Vorgaben folgen, sondern eine eigene Ethik entwickeln sollte. Luthers Berufung auf das moralische Gewissen gegen staatliche und kirchliche Autoritäten auf dem Wormser Reichstag 1521 ist eine Kernszene der Reformation mit großer Wirkung. Indem sie die Eigenverantwortlichkeit und die Gewissensentscheidung des Einzelnen in den Mittelpunkt rückte, läutete die Reformation das Ende der uneingeschränkten Macht der Autoritäten ein. Ein neuer christlicher Freiheitsbegriff, Eigenverantwortung und Gewissensentscheidungen des Einzelnen rücken in den Vordergrund. Die Aufklärung und die Entwicklung der Menschenrechte werden gefördert. Es entstanden langsam demokratische Werte, Pluralismus, Liberalismus und eine Wirtschaftsordnung der Moderne.

Erschwerend für die Akzeptanz von Dogmen, kommt hinzu, dass sie in einer Sprache und in Bildern geschrieben sind, die heute so nicht mehr gelten oder gar nicht erst verstanden werden.Ein Paradebeispiel dafür ist der »Himmel«. In der dreigeteilten alten Welt konnte oben gut der Ort Gottes sein. Heute kommt kein Mensch mehr ernsthaft auf die Idee, dass Gott dort oben hinter den Wolken wohnt. Ich glaube nicht an dieses Bild, aber sehr wohl an die Aussage; nämlich, dass Gott mich jederzeit sehen kann, er über mir ist wie eine schützende Hand, es einen Ort gibt oder geben wird, an den die Menschen nach dem Tod mit Gott zusammensein werden.

Glauben steht im Mittelpunkt christlichen Denkens, Lieben im Mittelpunkt des Handelns; Fragen und Zweifel sorgen für Rückbesinnung und Innehalten. Vertrauen ist der Urgrund der Gefühle, Gott ist der Anfang und das Ende, er ist der ständige Begleiter, der Ansprechpartner, das Gegenüber, der Motivator, der Tröstende und Treibende, der Ruhepunkt und die Sicherheit. Die Bibel ist zwar keine Gebrauchsanweisung für das Leben, das Glauben und das Handeln – sie ist es letzten Endes aber doch. Dieser Zwiespalt entsteht durch die uns Menschen zugesagte Freiheit. Die Freiheit erlaubt, selbst zu entscheiden, was wann wo wie von wem zu tun, zu entscheiden, zu lassen, zu verhindern, zu fördern, zu sagen ist. Um hier einen Rahmen für die Freiheit zu haben, der verhindert, dass sie grenzenlos und beliebig wird, formulierten die Christen im Laufe ihrer Geschichte Bekenntnisse wie das Apostolische Glaubensbekenntnis. Sie sollten für alle verbindlich sein. Damit das auch jedem klar ist, erklärte man dieses Bekenntnis zum Dogma. Damit war es eigentlich mit der Freiheit, Glaubensaussagen selbst zu interpretieren, vorbei. Das darf so nicht sein. Die Evangelische Kirche in Deutschland hat schon vor 70 Jahren beschlossen, keine Dogmen mehr auszusprechen. Sie formuliert Wichtiges als Beschluss der Gesamtsynode und empfiehlt, es als Glaubenslehre anzunehmen und zu glauben. Das erste Mal geschah das 1934 mit der Barmer Erklärung als der kirchlichen Erklärung zur Abwehr der Naziideologie. Diese Entscheidung macht es mir möglich, mich ohne Gewissensbisse auch von dem Wortlaut alter Dogmen zu lösen. Die Inhalte, die gemeint sind, will ich dann gern glauben.

12 Mein Glaubensbekenntnis

Bevor ich versuche, mein Glaubensbekenntnis zu formulieren, beschreibe ich meine unterschiedlichen Gefühle bei diesem Vorhaben,

Ich glaube an Gott.
Ich bete zu Gott.
Ich zweifle an Gott
Ich streite mit Gott
Ich spüre Gottes Hilfe
Ich warte vergeblich auf Gottes Hilfe
Ich versuche zu verstehen, warum das so ist
Ich weiß, dass Gott mich versteht
Ich werde von Gott ermutigt
Ich werde von Gott getröstet
Ich hoffe auf Zeichen von Gott
Ich werde enttäuscht
Ich verlasse mich auf Gott
Ich fühle mich von Gott verlassen
Ich fühle mich von Gott behütet
Ich bin ein Kind Gottes

Das alles bedeutet für mich:

Ich glaube, dass es Gott gibt. Ich glaube auch, dass das Wesen Gottes aus lauter Liebe besteht. Ich weiß auch, dass mein Glaube schwach sein kann und dass ich Fehler mache. Ich halte daran fest, wie die Kinder vom »Lieben Gott« zu sprechen.

Aus Liebe kann nur Gutes kommen. Alles Gute geht von Gott aus, wie zum Beispiel die Vergebung. Sie gilt für mich und meine Fehler, wie für alle anderen Menschen auch. Was die Kirche Sünde nennt, trennt mich nicht von Gott, weil er eben vergibt und versteht. Dafür hat Jesus gelebt. Ich bin überzeugt: insgesamt ist für das Leben Glauben und Vertrauen wichtiger als Wissen.

Im Laufe der Geschichte hat die Kirche es übernommen, die Vergebung der Sünde zu verwalten. Dazu entstand das Ritual der Beichte. Sünde versteht man als. Handeln gegen Gottes Gebot und damit ist sie eine Art Rechtsbruch gegen Gott, der geahndet werden muss. Da Gott mit Jesus versprochen hatte, Sünden zu vergeben und Gnade walten zu lassen, gab man das nicht vorbehaltlos an die Gläubigen weiter, sondern meinte, das regulieren und kontrollieren zu müssen. Nach der Beichte sagte der Priester dem Beichtenden Vergebung zu, hob also den Rechtsbruch auf. Der Beichtende brauchte also keine Strafe vom Gesetzgeber, von Gott also, zu befürchten. Die Kirche wollte allerdings genau darauf nicht ganz verzichten. Es wurde üblich, den Beichtenden eine bestimmte Anzahl von Gebeten aufzutragen. Es gehört zu den befreienden Verdiensten der Reformation, dass hier die Verhältnisse geradegerückt wurden: Vergebung und Gnade, Schuld und Sühne, Strafe und Nichtstrafe sind in der Beziehung der Menschen zu Gott und Gottes zu den Menschen eine Sache zwischen Gott und jedem Einzelnen. Sie sind eingebunden in das persönliche Vertrauen und den Glauben an Gott. Die Kirche kann da bestenfalls beraten und helfen, aber nicht verwalten und schon gar nicht bestimmen, was Gott zu vergeben hat und was nicht.

Über fast alle Glaubensaussagen kann man reden und auch selbst entscheiden, ob man sie glauben will oder nicht. Ob Jesus nun Gottes Sohn war oder ein besonderer, begnadeter Prophet, ob Maria Jungfrau war oder nicht, ob die Toten wieder auferstehen, ob Gott allmächtig und für alles zuständig ist, ob Gott die Welt erschaffen hat, wie es am Anfang in der Bibel steht, wieweit die Himmelfahrt Jesu Realität oder ein Bild ist, über all das kann man reden, auch über eine Entscheidung, etwas so nicht zu glauben.

Wichtig ist allein die Gewissheit, dass Gott mich liebt, dass ich in Gottes Liebe eingebunden bin; immer, auch dann, wenn ich es nicht spüre, dass mich nichts davon trennen kann, auch ich selbst nicht. Gott kennt mich, ich bin eines seiner Kinder, so wie alle anderen Menschen auch. Bei ihm bin ich gut aufgehoben im Leben, im Sterben und nach dem Tod. Das glaube ich und halte es für gewisslich wahr. Dabei ist es ein Wunder, dass ich noch immer so an Gott glaube. Was hat die Kirche im Laufe ihrer Geschichte nicht alles getan, um das Glauben schwer zu machen?! Es fing an mit den Streitereien von Petrus, Paulus und Jakobus in der ersten Gemeinde in Jerusalem so wie der Verteufelung des Judas. Es setzte sich fort, als die Kirche sich zum Steigbügelhalter des römischen Kaisers Konstantin machen ließ, wurde schlimmer mit den Kreuzzügen und der Inquisition, der Verfolgung der Juden, den Machtgelüsten der Päpste, den Waffensegnungen und der Rede vom gerechten Krieg bis hinein in unsere Zeit, der Rede von Hölle und Verdammnis, der Erbsünde, dem Ausschluss von Suizidopfern von einem christlichen Begräbnis und endete noch nicht damit, dass sich die christliche Mission missbrauchen ließ als Wegbegleiter des Kolonialismus. Was hat die Kirche nicht alles versäumt, (als sie noch wirklich reich und auch mächtig war) an den Armen und Unterdrückten dieser Erde. Unbestreitbar tat und tut sie auch viel Gutes, aber hätte es nicht mehr sein können und müssen? Welch ein Wahnsinn aus christlicher – also aus der Sicht von Jesus – ist die Unfähigkeit der vielen christlichen Kirchen, zu einer Einheit zu finden, zu einer gegenseitigen Anerkennung und Achtung! Kirchen zu trennen mag in manchen Situationen menschlich unausweichlich gewesen sein, Aber auf diesen Trennungen zu beharren, oft nur wegen weniger Sätze in den Dogmen und Bekenntnissen, und dann auch noch sich gegenseitig zu verdammen oder nicht als gleichwertig anzuerkennen, – ist das nicht ein Skandal? Ich suche Offenheit, Freiheit, Ehrlichkeit, Klarheit, Barmherzigkeit, Achtsamkeit, Toleranz. Mit einem Wort: Liebe. Dafür schreibe ich.

Danach lautet mein Glaubensbekenntnis so:

Ich glaube an Gott, der uns die Welt gab, um in ihr zu leben, sie zu schützen und zu pflegen.

Ich glaube, dass sich in dem, was Jesus sagte und tat, der Wille Gottes spiegelt. Deshalb glaube ich, dass Gott Gewaltlosigkeit, Liebe und Frieden will und wir beauftragt sind, das zu erreichen.

Ich glaube, dass mich nichts von der Liebe Gottes trennen kann, nicht mein eigenes Versagen, nicht Zweifel und auch nicht der Tod. Ich glaube an die Gnade Gottes, die über unsere Vorstellungen hinausgeht.

Ich glaube, in Gemeinde und Kirche soll Gottes Liebe gelebt und gelehrt werden. Glaubende sind Beauftragte Gottes. Die Weisung Jesu «ehre und liebe Gott und deinen Nächsten und dich selbst» ist verbindlich.

Ich glaube, Menschen dürfen auf unterschiedliche Art und Weise glauben und lieben. Die 10 Gebote und die Segnungen der Bergpredigt sind der Maßstab für alle.

Ich glaube, die Liebe Gottes gilt allen Menschen und allem Leben in dieser Welt uneingeschränkt. Sie wird nicht enden. Auch der Tod ist keine Grenze für Gottes Liebe.

Luther schrieb: Soviel Glauben du hast, so viel Lachen hast du.

13 Streit, Spaltungen, Irrwege

Als Christ sollte man wissen: christlicher Glaube wurde in der Geschichte immer von Streit begleitet über die rechte Lehre und wurde auch von Spaltungen und gegenseitigen Verdammungen nicht verschont. Das sollte uns nicht weiter verwundern, geht es doch für die, die glauben, um Vieles, nämlich um Leib und Seele. Dazu kommt: es sind Menschen, die Christentum und Kirche darstellen, und Menschen sind nun einmal streitfähig und oft auch streitwillig.

Es gab immer wieder Irrwege, die korrigiert werden mussten. Es gab immer wieder Besonderheiten, die man nicht einbinden konnte, es gab sogar immer wieder Zeiten, in denen das Christentum Angst und Schrecken verbreitete, weil in seinem Namen Menschen unterdrückt und verfolgt wurden. Das konnte doch nicht so bleiben. Auf der Entwicklung der christlichen Kirchen liegen sehr dunkle Schatten. Das zu wissen und nicht zu bestreiten, festigt den Glauben und schützt ihn vor Angriffen. Denn Angriffe gibt es immer wieder, sowohl auf den großen Bühnen dieser Welt als auch in privaten Gesprächen.

Christlicher Glaube sei naiv, wird gesagt, er sei sogar dumm und stehe auf tönernen Füßen. Dagegen kann man sich wehren. Gegen die Vorwürfe aus den dunklen Zeiten nicht. Sie sind Geschichte. Dazu müssen wir stehen, können aber auch deutlich sagen, was wir davon halten, ohne unseren Glauben an den guten Gott aufzugeben oder zu verraten.

Im Laufe der Geschichte des Christentums gab es viele Verletzungen auf beiden Seiten. Da sind Verletzungen, die die Gläubigen aushalten mussten, und da sind Verletzungen, die von den Kirchen ausgingen. Um die geht es hauptsächlich, denn sie sind mit Schuld verbunden. Nicht mit meiner persönlichen Schuld, aber als Christ bin ich eben in die Geschichte eingebunden.

Ich will mit diesem Buch auch helfen, mit all dem besser umgehen zu können. Mit den Irrwegen, den Spaltungen, den Entwicklungen von christlichem Glauben und von Gottesbildern. Mit den Ritualen und Festen und den Werten christlichen Lebens befasse ich mich in den nächsten Kapiteln.

II Wegweiser durch das Jahr

Das ist der Unterschied zwischen Tier und Mensch, dass dieser auch ein Sonntagskleid hat.
Martin Luther

Im Folgenden orientiere ich mich am Jahresablauf und gehe die großen Feste der Christen durch. Ich versuche, sie zu erklären und ihren Sinn deutlich zu machen, sodass wir sie für unseren Glauben feiern können und auch im Stande sind, ihre Bedeutung anderen zu erklären

Wir können an der Freude den Mangel unseres Glaubens erkennen: denn wie stark wir glauben, so stark müssen wir uns notwendig auch freuen.
Martin Luther

1 Weihnachten – Wahrheit, Legende, Folklore

Was ist an Weihnachten wahr? Man sollte meinen, das sei eine merkwürdige Frage. Das ist sie aber tatsächlich nicht, sie ist berechtigt. Ob aber das, was nicht wahr ist, damit unwahr ist, also gelogen, darüber will ich schreiben und der Wahrheit die Ehre geben und dem schönsten Fest des Jahre auch.

Betonen wir zuerst einmal: Weihnachten war/ ist ein christliches Fest. Christliche Feste haben den Sinn, das Wesen Gottes zu verdeutlichen und einzuprägen und den Glauben zu festigen. Es geht um die Aussage, dass Gott und Jesus so eng zusammen gehören wie ein Vater und sein Sohn. Mit anderen Worten: in der Geburt des Kindes kommt Gott in diese unsere Welt.

Weihnachten macht also deutlich: Gott begibt sich nicht nur in die Nähe der Menschen, sondern in ihre Abhängigkeit wie eben ein neugeborenes Kind abhängig ist von Eltern.

Die eine Botschaft des Weihnachtsgeschehens ist damit: Die Herrschaftsstrukturen, von denen Menschen immer meinen, es ginge ohne sie nicht, stellt Gott selbst auf den Kopf. Er, der Allmächtige, der Gott, der Schöpfer ist abhängig vom Geschöpf!

Die andere Botschaft ist: Gott ist nicht nur Mensch, ganz nahe bei dir, wie eben eines deiner Kinder. Wie du für dein Kind Verantwortung hast, so hast du auch Verantwortung, dass das, wofür dein Gott steht, Raum zum Leben hat. Gott steht für Leben, Liebe, Hoffnung, Glück. Dafür hast du auch zu stehen.

»Glückselig seid ihr, wenn ihr das glauben könnt« sagt Jesus.

Es gibt dazu noch eine dritte Botschaft. Sie, sagt: Gott will euch diesen Raum geben, das auch umzusetzen. Wenn ihr das tut oder wenigstens versucht, kommt das einer Erlösung von allem Bedrückenden, allen Sorgen, allem Hass, allem Unfrieden gleich. Das zu hören, zu begreifen und zu feiern macht christliches Weihnachten aus!

Sich auf diese Botschaft einzulassen, heißt Weihnachten richtig zu feiern.

Weihnachten ist zwar ein christliches Fest, aber nicht nur eines der Glaubenden. Es ist und war es immer auch ein Volksfest. Vor den Christen feierten die Römer ihre Saturnalien und die Germanen ihre Wintersonnenwende Jetzt ist es Christmas für alle: Christen, Türken, eben alle, die es feiern wollen. Sogar für die, die es nicht feiern wollen. Man kommt an Weihnachten nicht vorbei. Dieses Weihnachten feierst du richtig, wenn du durch das Fest Freude findest für dich und die Menschen, mit denen du zusammen lebst.

In der Regel feiern wir beide Weihnachten, das Fest der Religion und das Volksfest. Das ist auch in Ordnung so, weil wir nicht nur religiöse Menschen sind, sondern auch die Feier des Alltags brauchen.

Wie die Schwerpunkte des Feierns gesetzt werden, ist dabei zweitrangig. All das, was dieses Fest mit ausmacht, hat von der einen oder der anderen Seite sein Recht: Kirche, Weihnachtsmarkt, Betriebsamkeit, Schenken und Kaufen, Stille, Besinnung, Lichterketten, Weihnachtsbäume, Skilaufen, Konzerte, Kekse, Gänsebraten – alles ist in Ordnung, solange Freude entsteht. Wenn du dann auch noch die Botschaft hörst, ist es noch besser, und alles an Weihnachten wird wahr.

Nun frage ich noch einmal: Was ist wahr an Weihnachten? Was ist wahr den Geschichten, auf denen das Fest beruht? Bevor ich diese Frage beantworte, möchte ich drei Begriffe in ihrer Bedeutung festlegen. Das halte ich für unbedingt nötig, damit es keine Missverständnisse gibt.

Der erste Begriff ist das Wort **Legende**. Legenden sind Geschichten, die eine Glaubenswahrheit, eine Weisheitsaussage oder eine Erfahrung erzählen, die sich nicht in Zahlen, Fakten und Daten ausdrücken lassen. Sie ranken sich oft um ein tatsächliches Ereignis oder eine historische Person, können aber auch ganz frei erfunden sein. Sie entziehen sich dem naturwissenschaftlich ausgerichteten Begriff von Wahrheit.

Das Wort **Wahrheit** ist der zweite Begriff, um den es geht. Er ist historisch und naturwissenschaftlich eindeutig definiert. In der alltäglichen Sprache schon nicht mehr: »Die Sonne geht auf,« sagen wir. Das ist anscheinend wahr, aber eben nur scheinbar. In Wahrheit ist es so, dass sich die Erde weiterdreht und dadurch die Sonne sichtbar wird! Für unsere geistige Welt, unser Weltbild, unseren Glauben gilt aber ein Zitat aus Umberto Ecco, Bandolino: » Wenn ich eine Sache, eine Aussage, eine Geschichte glaube, wird sie für mich wahr. Erst dann! Nur dann!« Außerhalb der Naturwissenschaft und vergleichbarer Wissenschaften ist »Wahrheit« ein sehr subjektiver Begriff.

Der dritte Begriff ist die **Folklore.** Das ist alles, was sich so zum Weihnachtsfest hinzugesellt hat: Weihnachtsbaum und Adventskranz, Weihnachtsmärkte, Lieder, Geschenke, Gänsebraten oder was sonst auch immer aufgetischt wird, die Rede vom Fest der Familie, des Friedens, der Stille und, und, und …

Die Gründe für das Weihnachtsfest werden in der Bibel erzählt. Bei dieser Erzählung stellt sich im Kern die Wahrheitsfrage. Zur Erinnerung, was erzählt wird im Buch der Bücher: Ein Engel kommt zu Maria und dann auch zu Joseph. Es gibt dann, auf Befehl des Kaisers Augustus, die Wanderung nach Bethlehem. Dort gebiert Maria das Kind, das sie Jesus nennen soll, im Stall, Hirten und Engel kommen, und nach einiger Zeit auch die Heiligen drei Könige. Es folgt die Flucht nach Ägypten, um dem Kindermord durch Herodes zu entgehen, und schließlich die Rückkehr aus Ägypten nach Israel. In dieser Zusammenfassung finden wir Überlieferungen von drei Evangelisten: Matthäus, Markus und Lukas.

Nun sagen uns die Historiker: an dieser Geschichte ist unwahr, dass Maria und Joseph nur verlobt waren, die Geburt in Bethlehem, Dass Maria Jungfrau war und blieb, die Volkszählung, dass das alles im Jahre Null stattfand, das Datum, also der 24. Dezember, der Kindermord, die Flucht nach Ägypten und der Besuch der drei Könige. Nicht unbedingt unwahr *aber äußerst* unwahrscheinlich sind Ochse und Esel im Stall und die Hirten mit den Engelchören. Dabei ist bei den Engelchören nicht endgültig zu klären, ob sie wahr sind oder unwahr Die Erscheinung eines Engels jeweils bei Maria und bei Joseph ist ebenso unerklärlich, könnte aber dennoch wahr sein.

Wahr im historischen Sinn ist, die Geburt, denn Jesus hat es wirklich gegeben.

Wahr ist auch, dass seine Eltern Maria und Joseph in Nazareth lebten.

Herodes war zu dieser Zeit König in Israel, und Augustus war Kaiser in Rom

Den Stern konnten die Astronomen auch identifizieren: es war eine Konjunktion aus Jupiter, dem Stern der Könige, und Saturn, dem Stern der Juden.

Wahr ist auch zweifellos: Hektik, Kommerz, Vorfreude, Stress und Geschenke. Aber auch, dass Weihnachten ein wunderbares Fest ist. Für viele Menschen gilt: Weihnachten ist das schönste Fest im Jahr. Unwahr ist dagegen wieder auf jeden Fall, dass es das wichtigste Fest im Kirchenjahr sei! Das ist aus christlicher Sicht eindeutig Ostern!

Unwahr ist:»Ohne Kekse und Tannenbaum und Gänsebraten geht es nicht.« Es geht, aber mit ist schöner!

Wie kann es zu solch einer Ansammlung von Wahrheiten, Unwahrheiten, Halbwahrheiten, Unglaublichkeiten und seltsamen Bräuchen kommen? Und wieso steht es dann auch noch in der Bibel? Es hängt mit der Entstehungsgeschichte des Weihnachtsfestes zusammen: Die ersten 300 Jahre feierten die Christen nicht Weihnachten. Es gab dieses Fest nicht. Die Christen der ersten Generationen interessierte allein die Auferstehung und die damit verbundene Wiederkunft Christi noch zu ihren Lebzeiten. Der Glaube an die baldige Wiederkunft schwand, zum Interesse an der Auferstehung kam die Frage nach der Vergebung der Schuld. Erst im Zuge der beginnenden Ausbreitung des Christentums wurde die Frage nach der Göttlichkeit Jesu immer wichtiger. Als Konstantin das Christentum zur Staatsreligion erhob, wurde das Fest der»Göttlichkeit Jesu«, dann»Epiphanias« genannt, allgemein eingeführt und auf den 6. Januar gelegt.

Nun erst kamen Fragen nach den Umständen der Geburt Jesu auf. Weit entfernt vom eigentlichen Geschehen, nämlich in Italien, entstand das Weihnachts- oder Geburtsfest. Genaue Berichte gab es nicht, Erklärungen wurden gesucht, Legenden erzählt und weitergeschrieben, mündliche Überlieferungen aufgegriffen. Das geschah unter drei Gesichtspunkten: Was ist uns jetzt wichtig? Was stärkt den Glauben? Was ist im Volk vorhanden? Der Gesichtspunkt »historische Wahrheit« ist nicht dabei! Das Gewicht lag auf den ersten beiden Fragen.

Mit der dritten Frage hängt das Datum zusammen. Es gab im römischen Reich ein großes Volksfest zur Zeit der Wintersonnenwende, also um den 22. Dezember. Man nannte dieses Fest *»Saturnalien«*. Es war dem Gott Saturn gewidmet und dauerte mehrere Tage, war mit üppigem Essen und Trinken und gegenseitigen Geschenken verbunden. Da nun das Christentum Staatsreligion wurde, »brauchte« man den Gott Saturn nicht mehr. Das Fest wurde dem Stifter des christlichen Glaubens gewidmet, Jesus von Nazareth.

Die gesamte Folklore, alles, was das Fest heute begleitet, ist höchstens 150 bis 200 Jahre alt, meist im deutschsprachigen Raum entstanden: Weihnachtsbaum, Adventskranz, Geschenke, Familienfest. Aus den USA kamen hinzu: Rentierschlitten, Lichterketten, roter Nikolaus). Über die Geburt Jesu wusste man nichts Genaues mehr. So entstanden Geschichten, die erklären sollten, welche besondere Bedeutung dieses Fest, diese Geburt hatte. Die Geschichten mussten einfach sein, für jeden verständlich und nachvollziehbar. So entstanden Legenden um die Geburt Jesu, von denen sich acht in der Weihnachtsgeschichte wiederfinden lassen. Bei ihrer Entstehung spielten diese Fragen eine wichtige Rolle: was ist wichtig für uns als Glaubende, was stärkt unseren Glauben? Ich will die Legenden einzeln kurz erklären, damit deutlich wird, wieso sie »wahr« sind, obwohl sie nicht wahr sind.

1. Die Jungfrauenlegende: Es galt – und gilt – der Glaube: Jesus kam von Gott, er ging wieder zu Gott, er gehört an die Seite Gottes, er ist sein Sohn. Man kannte die Weissagung des Propheten Jesaja; »Eine junge Frau wird den Erlöser gebären«, es gab das Wissen der Zeit, dass Göttersöhne oft von einer Jungfrau geboren wurden (s. antike Vorstellungen, hellenistische Mysterienreligionen in Kleinasien), es verdichtete sich im Glaubensbekenntnis und wurde nun in der Geburtsgeschichte untermauert. Dazu gehört, dass aus dem Ehepaar Verlobte wurden, und dass der Engel sowohl bei Joseph als auch bei Maria lenkend eingreifen musste.

2. Die Engellegende. Joseph wurde durch einen Engel darauf vorbereitet, dass seine Verlobte schwanger .werden würde durch den

Geist Gottes und er dies kommende Kind als ihr geneisames Kind annehmen sollte. Er fügte sich. Dann besucht der Engel auch Maria. Sie erhält auch Aufträge, wie das Kind heißen soll: »Er wird König sein über das Haus Jakob in Ewigkeit und sein Reich wird kein Ende haben

3. Die Ägyptenlegende: Die Christen glaubten: wir sind jetzt das Volk Gottes. Das erste Volk Gottes, die zwölf Stämme Israels, wurde erwählt, als Moses sie aus Ägypten führte. Nun werden wir durch Jesus erwählt, den neuen Moses. Er kommt auch aus Ägypten und löst den ersten Moses ab.

4. Die Herodeslegende: Sie muss erklären, wieso Jesus aus Ägypten kommt. Im Nebeneffekt ist diese Legende auch ein Racheakt an dem in Kreisen der Judenchristen verhassten Herodes. Er wurde von den Römern als Nichtjude auf den Thron gesetzt und gilt in der römischen Geschichtsschreibung als »der Große«. Einen Kindermord der geschilderten Art hat es in Israel nicht gegeben.

5. Die Bethlehemlegende: Der König des Großreiches Israel, David, der von Gott Erwählte, stammte aus Bethlehem. Der neue König kommt aus der Stadt Davids! Dazu bedarf es der Hilfskonstruktion der Volkszählung, die es auch nicht gegeben hat. So verrückt waren die Römer nicht, dass sie in dem ohnehin von ständigen Aufständen geplagten Land auch noch die gesamte männliche Bevölkerung auf die Straße schickten.

6. Die Königslegende: Das Christentum war längst zu einer Weltreligion geworden, bezogen auf die damalige Welt rund um das Mittelmeer. Die Aussage galt: alle Völker gehören zu Gottes Volk. Christus ist König aller Völker, sie alle sind sein Volk. Also kommen Könige aus der ganzen Welt, aus dem Mittelmeerraum, dem Orient und aus Afrika, um ihm zu huldigen und ihm Tribut zu zollen, sprich Geschenke zu bringen. Herodes bekam wieder einen Seitenhieb: er bleibt außen vor. Die Namen der Könige tauchen erst durch die Mysterienspiele im Mittelalter auf als Kaspar, Melchior und Balthasar. Es sind somit Könige, die es vermutlich nie gegeben hat, aber deren Namen wir kennen, von denen wir wissen, welche Geschenke sie gebracht haben, und deren angebliches Grab wir kennen, nämlich im Dom zu Köln.

7. Die Hirtenlegende: Ich weiß nicht genau, woher sie kommt. Es könnte eine Verbeugung sein vor der Vergangenheit des Volkes Israel als Hirten- sprich Nomadenvolk. Sie könnte sich auch auf das Jesuswort: »Ich bin der gute Hirte« beziehen. In der Folklore hat sie sich wohl als die schönste Legende etabliert.

8. Die Legende vom Stall mit dem Ochsen und dem Esel: Diese belebende Elemente kamen erst viel später dazu und hängen mit den Mitteleurpäischen Bauern zusammen. Man kannte die Karawansereien nicht mehr, in denen die Tiere und Menschen in großen, weiten Räumen zusammen übernachteten. So entstand das Bild vom europäischen Stall. Übrigens kamen Ochs und Esel erst im Mittelalter durch die Maler mit in das Bild, bei Lukas kommen sie nicht vor.

Alle acht Legenden entfalten also Glaubensaussagen und sind demnach wahr für den Glaubenden. Ob andere sie glauben, ist unerheblich. Alle sieben haben darüber hinaus Wurzeln im Alten Testament, die ich nicht im Einzelnen benannt habe.

Für mich steht fest: die Weihnachtsgesichte ist eine der schönsten Geschichten, die es gibt! Und eben auch eine »wahre« Geschichte.

Wie bei allen anderen christlichen Festen geht es also Weihnachten um den Glauben. Das Fest ist ein Glaubensfest. Wie wir wissen, kann man es auch feiern, ohne zu glauben oder nur ein bisschen von allem oder nur das, was einem passt. Damit das gut geht, gibt es all die Folklore vom Weihnachtsmann bis zum Glühwein und den Weihnachtspyramiden. Und was wäre Weihnachten ohne die Lieder? »Christ der Retter ist da!«!

2 Fastenzeit und Karneval

Der Karneval und die Fastenzeit gehören zusammen. Das eine bedingt das andere. Gefastet wird nach kirchlichem Brauch, um sich auf etwas Wichtiges vorzubereiten wie zum Beispiel auf die Priesterweihe oder auf große Kirchenfeste wie Weihnachten. So war die Adventszeit früher auch eine Fastenzeit. Ein weiterer Grund ist die Teilhabe an dem Leiden Jesu. Das ist der Sinn des Fastens in der Passionszeit, der Zeit von Aschermittwoch bis zum Karsamstag.

Vor der Fastenzeit wollte und sollte man sich noch einmal »so richtig ausleben«. Das tat man oder versuchte es wenigstens im Karneval. Weil beides zusammengehört, behandle ich beide »Festzeiten« in einem Abschnitt.

Fasten bedeutet, für eine bestimmte Zeit auf Essen und Trinken ganz zu verzichten oder teilweise oder nur auf bestimmte Speisen. In vielen Religionen gibt es das Fasten zu festgelegten Zeiten als Verzicht auf bestimmte Speisen oder sogar totales Fasten zur Erreichung von ekstatischen Zuständen. Aus dem Gesundheitswesen kennen wir Heilfasten und Fasten nach bestimmten Diätvorschriften.

Karneval: zusammengesetztes Wort aus dem Italienischen carne = Fleisch und Lateinisch valere = wegnehmen, es meint also »das Fleisch wegnehmen«, wenn es vorbei ist mit dem Feiern. Aus dem Verb valere bildete sich auch das Grußwort »vale«, das man bei der Begrüßung und beim Abschied sagte und mit dem Sinn benutzte: »sei gesegnet«. Volkstümlich übersetzt heißt Karneval also »Fleisch adé.«

Das uns bekannte Fasten ist besonders im katholischen Bereich zu Hause. Im Kirchenjahr sind bestimmte Zeiten als Fastenzeiten deklariert, die von Mitgliedern der Kirchen befolgt werden sollten. Heute ist das vor allem die Passionszeit, in der an den Leidensweg Christi erinnert wird. Sie beginnt am Aschermittwoch und endet mit dem Osterfest. In der Tradition ist die Zeit vor Weihnachten auch eine Fastenzeit. Sie begann mit dem 1.Advent und endete zu Weihnachten. In dieser Zeit wird des Kommens Jesu auf die Erde und an sein Wiederkommen zum Gericht gedacht. In der Fastenzeit sind bestimmte Speisen und verboten. In traditionellen Stil gilt das Verbot dem Fleisch, dem Alkohol und dem Sex. Es gibt, landschaftlich geprägt, aber auch andere »Verbote«, z.b. Eierspeisen. Die Zeiten des Fastens sind nicht zufällig gewählt. Ihnen geht eine vorchristliche Tradition voraus. Wenn der Winter zu Ende geht, gingen in Zeiten, als es noch keine Tiefkühltruhen, keine Konservendosen und keinen Handel mit wärmeren Ländern gab, die Vorräte zur Neige. Da war es gut, die letzten Vorräte zu strecken und sparsam damit umzugehen. Fleisch wurde gestrichen, weil in dieser Zeit keine Tiere geschlachtet wurden. Sie waren beschäftigt mit der »Produktion« von Nachwuchs.

Im Alten Rom gab es als großes Volksfest »die Saturnalien«, Spiele und Feier zu Ehren des Gottes Saturn. Sie fanden zur Zeit der Wintersonnenwende statt, also zur späteren Weihnachtszeit. Die Feiern waren berühmt/berüchtigt wegen ihrer alkoholischen und sexuellen Ausschweifungen. Als das Christentum unter Kaiser Konstantin zur Staatsreligion erhoben wurde, wurden die Saturnalien durch das Weihnachtsfest ersetzt. Statt der Ausschweifungen wurde das Fest nun berühmt durch opulentes Essen und zur Neuzeit hin auch durch ungebremsten Geschenkewahn.

Im Mittelalter ab dem 12./13.Jahrhundert entwickelten sich sogenannte Narrenfeste mit Verkleidungen und närrischen Taten und Reden. Einer der Höhepunkte war, dass die niederen Kleriker in die Rollen der Höheren Geistlichkeit schlüpften und für einen Tag, den Laden auf den Kopf stellten. Dieses Fest dauerte zwei bis drei Tage und wurde Anfang Januar zu Epiphanias (6. Januar), gefeiert.

Was wir heute Karneval nennen, wie er etwa in Köln, Mainz, Venedig oder Rio de Janeiro gefeiert wird, hat seine Anfänge im 17. Jahrhundert. Es gab Umzüge und Feste in der Zeit vom 6. Januar bis zum Aschermittwoch. Nach den Napoleonischen Kriegen, etwa ab 1830,setze man den Beginn der Karnevalszeit in Deutschland endgültig auf den 11. 11. fest, dem Martinstag.

Warum dieses Datum? Nicht weil es eine Schnapszahl war, obwohl den Narren, wie sich die Feierlustigen gern bis heute nennen, das auch gut zu Pass käme. Der Grund ist der Martinstag. Er war nämlich der herbstliche Abrechnungstag für die Leibeigenen oder lehenspflichtige Bauern. Bis zum Martinstag mussten die Abgaben aus der Ernte bei den Lehnsherren und Lehnsfrauen entrichtet sein. Der Adel lebte auch von diesen Abgaben

Es wurde nicht in Geld gezahlt, sondern in Hand- und Spanndiensten und in Naturalien aus allen Erntebereichen. Das konnte sich sogar ausdehnen bis zum Militärdienst der Söhne und dem Arbeitsdienst der Töchter auf der Burg oder im Schloss. Die Restschuld wurde zum Martinstag mit einer oder mehreren Gänsen bezahlt. Martinstag ist übrigens der 11. November. Im Frühjahr gab es den zweiten Zahltag. Das war Ostern. Die Währung für die Restzahlung bestand aus Eiern. Hauptabgabe war allerdings die Hilfe bei der Frühjahrsbestellung der Felder des Adels. Beide Termine waren für den Adel ein guter Grund zum Feiern. Für die Bauern war der Hauptgrund wiederum der Beginn einer Fastenzeit, der Adventszeit. Eine fette Martinsgans oder zwei oder drei machten den Abschied vom Fleisch ein wenig leichter.

Es ergibt sich das heutige Bild für den Karneval:

Auftakt ist der 11.11. Dazu gibt es ein bisschen Tamtam und Remmidemmi. Dann ist Ruhe bis zum Ende der weihnachtlichen Festzeit. Je nach Land und Sitte dem 6. Januar oder dem 2. Februar, dem Tag der Lichtbringerin Lucia. Damit beginnt die Zeit der Vereinsfeste, der Kostümbälle, der Umzüge in Dörfern und Städten. In der letzten Woche vor Aschermittwoch kracht es dann so richtig mit Höhepunkten wie Rosenmontagsumzügen, Weiberfastnacht und Faschingsdienstag. Es fängt an mit dem »Schmutzigen Donnerstag« oder »Weiberfastnacht,« auch »fetter Donnerstag« genannt. Mit ihm beginnt der Straßenkarneval. Es hat mit dem Rosenmontag seinen Höhepunkt und ist mit Aschermittwoch zu Ende.

Der Donnerstag heißt in Baden und in der Pfalz »Schmutziger Donnerstag«, im Rheinland »Weiberfastnacht«, in Bayern und Tirol »Unsinniger Donnerstag«.

Der Reihe nach: schmutzig ist Hochdeutsch für schmotzig = fettig. Der Donnerstag war der letzte Schlachttag vor der Fastenzeit, entsprechend üppig = fettig ging es zu. Allgemein geblieben sind die im Fett gebackenen Krapfen, Pfannkuchen, Berliner genannt.

Weiberfastnacht heißt: die Frauen übernehmen das Regiment, vor allem da, wo früher nur Männer das Sagen hatten: sie stürmen das Rathaus, befreien Schüler aus den Schulen, schneiden den Beamten und Firmenchefs die Krawatten ab, was im übertragenen Sinn heißt: sie werden entmannt. r

»Unsinniger Donnerstag« bedeutet: man tut Dinge, die man sonst als unsinnig oder überflüssig betrachtet. In Südtirol fahren Narren und Närrinnen Ski im Bett ,d.h. sie fahren im Schlafgewand mit Kissen und Federbetten um den Leib gebunden die Hänge herunter. Die Männer, vor allem die Bauern, die sonst jeden Tag arbeiten müssen, ziehen mit Musikinstrumenten von Hof zu Hof, von Hütte zu Hütte, spielen und singen und sammeln Geld zum Saufen.

Der Name Rosenmontag hat übrigens mit den Blumen nichts zu tun. Es war anfänglich »der rasende Montag«, das närrische Volk raste, spielte verrückt. Aus dem Wort »rasend« wurden »Rosen«. Es hört sich auch besser an!

Der Dienstag heißt »Fastnacht« oder »Fasselovend«; es ist fast schon Fastenzeit. Es wird noch einmal richtig aufgedreht!

In deutschsprachigen Gebieten heißt die Karnevalszeit auch Fasching oder Fastnacht.

Am Aschermittwoch ist alles vorbei.

Hier ist es noch nicht vorbei, es gibt noch zwei Nachträge.

1. Sinn der Fastenzeit im religiösen Bereich ist bei dem Fasten im Advent, die Vorbereitung auf Weihnachten, in dem Fasten vor Ostern, also in der Passionszeit, Teilhabe an dem Leiden Jesu.

Der volkskundliche Hintergrund ist beide Male die Schonung der Vorräte an Lebensmitteln. Fasten bedeutete: kein Fleisch, kein Fett/Öl, kein Alkohol, kein Sex, oft auch keine Eier, keine Milch.

Der Sinn des Feierns ist, dem Ernst des Lebens die Lust am Leben entgegenzusetzen, Brauchtum zu pflegen, Geselligkeit und Gemeinsamkeit zu erleben, zu singen und zu tanzen. Auch um so einen zwanglosen Umgang der Geschlechter zu ermöglichen, was durch Wein und Bier noch gefördert wird. Oft endet es im falschen Bett oder auf dem Land im Heu und bringt die Verwandtschaftsverhältnisse durch einander oder dient der Eheanbahnung.

2. Weihnachten hat einen festen Termin, somit auch der Advent.

Der Martinstag steht fest. Aber: Wann ist Ostern, wann ist Aschermittwoch, wann ist Karneval?

Die Berechnung des Ostertermins geht auf die Berechnung des Passafestes im Judentum zurück. Sie geht so:

Man nimmt den Tag der Tag-und Nachtgleiche im Frühjahr. Den berechnen die Astronomen. Man hat sich auf den 21. März geeinigt. Jetzt wartet man auf den Vollmond. Wenn der Mond ganz rund ist, ist am darauf folgenden Sonntag Ostern.

Jetzt nimmt man den Kalender und zählt vierzig Tage zurück, um den Termin für Aschermittwoch zu finden, denn die Fastenzeit dauert 40 Tage. Vierzig zur Erinnerung an die Wüstenwanderung der Israeliten nach der Flucht aus Ägypten und auch zur Erinnerung an Jesus, der, der Überlieferung nach, sich vor seinem ersten öffentlichen Auftritt vierzig Tage lang in der Wüste vorbereitete und auch mit dem Teufel kämpfte.

Also, man zählt weisungsgemäß von Ostern vierzig Tage zurück und man trifft auf keinen Mittwoch. Wie nun? Pech gehabt und falsch gezählt? Nein, man hat übersehen, dass für das Fasten in der Passionszeit die 6 Sonntage ausgenommen sind. Sie sind Festtage, wenn auch keine Feiertage. Man muss also 46 Tage zählen, und schon hat man den Aschermittwoch Aber vorher, ehe es denn den Aschermittwoch gibt, ist Karneval in Köln mit Alaaf und in Mainz mit Helau!

3 Das Kreuz mit dem Kreuz

Der Karfreitag steht, wie die ganze Karwoche, im Zeichen des Kreuzes, des Symbols für den Tod von Jesus. Inzwischen ist das Kreuz Sinnbild für das Christentum schlechthin. Das war nicht immer so und ist auch heute nicht ganz unumstritten. Es gibt Christen, denen ist das Kreuz, vor allem wenn es mit dem Körper von Jesus dargestellt wird, zu brutal oder auch zu traurig. Sie wünschten sich eine hellere, strahlende Symbolik.

Schauen wir uns erst einmal den »Werdegang« des Kreuzes an, des Kreuzes als Symbol/ Erkennungszeichen der Kirche. Wie kam es dazu, dass ein Foltersymbol, ein Zeichen der Niederlage, der Qual und des Todes diesen Status erreichte? Wie erkläre ich das Kindern oder Muslimen? .Wie ordne ich Karfreitag in mein Weltbild ein, in mein Gottesbild? Was soll dieser Opfertod? Will ich das überhaupt, dass da einer für mich gestorben ist? Braucht Gott so etwas? Hat dieser Tag nicht auch zu einer Verherrlichung des Leides geführt, zu einer Leibfeindlichkeit im Christentum? Ist das nicht letztlich ein Menschenopfer und damit barbarisch?

Jetzt in diesem Kapitel wird das Kreuz als Symbol im Vordergrund stehen, aber der Karfreitag und seine Deutung wird immer mit dabei sein in der zweiten Reihe, unterschwellig und auch als zweites Thema.

Das Kreuz ist im alltäglichen Sprachgebrauch allgegenwärtig: die Kreuzung, das Rote Kreuz, das Fensterkreuz, du kannst mich kreuzweise, mit dir ist es ein Kreuz! Mir tut das Kreuz weh, aber ich trage mein Kreuz, das Autobahnkreuz, das Hakenkreuz, der Kreuzberg und schließlich macht der Wähler das Kreuz. Auch als religiöses Symbol finden wir es in verschiedenen Kulturen, die deutlich älter sind als das Christentum. In Ägypten gab es das Henkelkreuz, in Persien das Sonnen- oder Feuerkreuz. Im Indischen und in vielen anderen Kulturen galt es als Zeichen der Einheit (die Senkrechte und die Waagerechte verbinden die Extreme) oder als Zeichen der Welt (die Enden der Erde) oder des Irdischen Lebens (die 4 Jahreszeiten, die vier Elemente), bei den Wikingern findet sich das Hakenkreuz als Symbol für die Sonne, wenn sie im Winter nicht sichtbar ist, – um nur die bekanntesten Varianten zu nennen.

In der Antike werden die Götter in der Regel siegreich, triumphierend, allmächtig, unsterblich, dargestellt, wenn auch immer unberechenbar. Das war bei den Griechen so, bei den Römern und auch bei den Ägyptern. In den Göttererzählungen verschwammen die Grenzen zwischen Gott und Mensch zuweilen (Zeus, Könige als Götter, Göttersöhne), wurden dann aber wieder scharf gezogen (Prometheus, Sisyphus). Ausnahmen von diesem Bild gibt es allerdings auch: in dem ägyptischen Isiskult spielt der Tod eine Rolle, dann auch die Auferstehung. In den germanischen Baldurerzählungen siegt der Tod über Baldur und leitet damit die Götterdämmerung ein. Im Alten Testament finden wir bei Jesaja die Lieder vom leidenden Gottesknecht, die die Christen dann später als Hinweise auf den Kreuzestod Jesu verstanden.

Das älteste christliche Symbol ist nicht das Kreuz! Es ist überhaupt kein Zeichen, es sind zwei Handlungen: Die Taufe und das Abendmahl. Dabei spielte das Abendmahl, als in jedem Gottesdienst wiederkehrend, die größere Rolle gegenüber der Taufe als Aufnahmeritus. Dann kamen sehr bald auch Zeichen: in den Sand gemalt zum Erkennen, als Schmuck zu tragen und vor allem als Kennzeichnung der Gräber. Erst viel später, nach 300 n. Chr., wurde das Kreuz auch als Kennzeichnung der Gottesdienststätten genutzt..

Die ältesten Zeichen sind: Das Kreuz, der Fisch, A und O (Alpha und Omega = Anfang und Ende, wie im griechischen Alphabet), das Christusmonogramm PX (wiederum griechische Buchstaben chi u.rho, die Anfangsbuchstaben von Christus). Es gab zusätzlich noch viele andere Kürzel und Zeichen. Man nutzte auch viele bildliche Darstellungen für das Christsein: den Hirten, den Auferstandenen, den Gekreuzigten, den Fisch. Die Bedeutung der meisten ist wohl klar, nur die Bedeutung des Fisches bedarf vielleicht einer Erklärung. Dabei ist das Wissen, wie durchgängig dieses Symbol benutzt wurde, sehr lückenhaft. Sicher überliefert ist der Fisch in den Katakomben von Rom aus der Zeit der Verfolgungen im ersten Jahrhundert. Das Bild kommt aus der Geschichte von der Speisung der 5000: Jesus teilte Fisch und Brot. Später tauchte dieses Symbol immer nur am Rande auf. Fest verankert, vor allem hinten auf Autos, ist er seit dem Kirchentag in Stuttgart 1970. Fisch heißt auf Griechisch ichthys, das Anagramm zu Jesus Christus, Gottes Sohn, Retter. Auf Griechisch: Jesus Christos, Theou hyos, Soter. (Anagramm=jeweils der erste Buchstabe)

Das Kreuz setzte sich durch. Es wurde auf dem Konzil von Ephesus im Jahre 431 zum verbindlichen Symbol erhoben. Es gibt über dreißig verschiedene Formen des Kreuzes. Die wichtigsten sind diese: Lateinisches Kreuz, griechisches Kreuz, russisch-orthodoxes Kreuz, ägyptisches Kreuz, Andreaskreuz, Jerusalemer Kreuz, lothringisches Kreuz, Templerkreuz, Malteser Kreuz, Johanniterkreuz.

Man sollte erwarten, dass die Auferstehungserfahrung die Kreuzeserfahrung bei den Jüngern und den ersten Christen überstrahlte. Das war auch so. Die christliche »Sekte« entwickelte sich aus dem Ostererlebnis und dem Osterglauben. An ihn knüpfte sich bald die Hoffnung der Wiederkunft mit der Erlösung der Christen, wenn nicht gar der Menschheit, und dem Anbruch des Gottesreiches hier. Es galt das Bekenntnis: Jesus hat den Tod besiegt. Er wird kommen, um auch alles Böse zu beseitigen und dem Tod endgültig die Macht zu nehmen. In ihrer Alltagserfahrung wurde diese sogenannte »Naherwartung« bitter enttäuscht. Jesus kann nicht, die Erlösung blieb aus. Statt dessen blieben Leid, Not, das Böse und der Tod. Diese Erkenntnis ließ sich im Kreuz besser widerspiegeln als in jedem anderen Symbol. Natürlich glaubten die Christen dieser Zeit an die Auferstehung und sahen sie durchaus hinter dem Kreuz. Das Reich Gottes wird kommen. Aber das Leben »unter dem Kreuz« war jetzt die Wirklichkeit. Hier andere Zeichen zu setzen, musste ihnen wie ein Verrat an der Sache Christi vorkommen: In der Welt für die Welt da zu sein. Zudem gehörten die meisten Christen den niederen Volksschichten an, sie waren zum Teil Sklaven, sie waren vielfach leidgeprüft. Sie waren die Niedrigen, die Machtlosen und Gott war doch mit ihnen. Also war ihr Zeichen das Kreuz

Die Glaubenden fanden unterschiedliche Erklärungen, warum der Kreuzestod Jesu zum Plan Gottes gehören musste. Allein im Neuen Testament sind davon sechs überliefert, unterschiedlich betont und mit einander vermengt. Es ist von daher kein Wunder, dass Deutungen des Kreuzes schwer fallen. Und es liegt nahe –ich sage das bewusst, allerdings auch mit aller Vorsicht, – dass heutige Menschen sich ihre eigenen Erklärungen suchen, die dann unter Umständen nur eine der biblischen Deutungen aufnehmen, oder mit keiner mehr erkennbar übereinstimmen –, dafür aber mit dem heutigen, eigenen Verständnis der Welt. Weltbild und Gottesbild müssen doch übereinstimmen! Da steht dann aber die wichtigste aller Fragen aus diesem Bereich im Mittelpunkt: was passen wir an? Das Gottesbild dem Weltbild? Oder nehmen wir es in Kauf, dass das Gottesbild nicht für alles in der Welt schnelle Erklärungen bereit hält? (s. Abschnitt: Die Evolution Gottes)

Angesichts der langen und auch schweren Geschichte der Christenheit mit dem Symbol des Kreuzes, wird man an der Symbolik nichts mehr ändern können. Der Fisch hat keine wirkliche Chance. Wir müssen uns arrangieren, besser noch, bejahen, indem wir Wege suchen zum eigenen guten Verständnis. Das verlief auch bei dem Kreuz nicht gradlinig.

Warum musste Jesus am Kreuz sterben? Warum ließ Gott das zu? Gab es keine andere Möglichkeit für Gott? Warum nicht, er ist doch allmächtig?

Diese und ähnliche Fragen trieben die Christen der alten Zeit natürlich auch um. Verschiedene Menschen, verschiedene Strömungen in der jungen Kirche, verschiedene Lebensumstände der Glaubenden ließen die Christen der ersten zwei Jahrhunderte verschiedene Antworten finden. Es war schwierig zu einem einheitlichen Ergebnis zu kommen. Christen gab es ja schon bald rund um das Mittelmeer, und die Reisebedingungen für Konferenzen oder Synoden, wie man bald bei den Christen sagte, waren ziemlich schwierig, teuer und zeitaufwendig. Die Mehrheit der Christen war dagegen arm und von ihren niederen Arbeiten her ortsgebunden durch ihre Arbeitgeber.

Sechs verschiedene Deutungen zu der offenen Frage, warum Jesus sterben »musste«, wie es immer hieß, lassen sich für die Fachleute im Neuen Testament finden. Dies sind sie und zu jeder stelle ich meine Fragen.

1. Aus der Tradition der Gottesknechtslieder (Jesaja): »der Gerechte muss viel leiden«. Jesus ist ein Gerechter. Die Frage: Ist Jesus dann nur einer in der Reihe? Wie viele andere gibt es? Warum muss der Gerechte leiden? Gott könnte das doch wohl ändern? »Die guten, rechten Propheten wurden immer verfolgt«. Das ist so und weist aus, dass sie rechte Propheten sind. Denn die Menschen sind böse und nicht belehrbar. Frage: Warum muss das so sein und was haben wir davon?
2. Der Partizipationsgedanke: »Wir haben Teil an Tod und Leben Jesu!« Das wird symbolisiert in den »Heiligen Handlungen«, vor allem im Abendmahl: »Jesus ist ganz dicht bei mir.« Karfreitag ist auch mein Tod und Ostern ist auch mein Leben. Der Denk-

hintergrund liegt in den Mysterienreligionen in Kleinasien. Frage: Können wir diese Symbolik wirklich nachvollziehen?

3. Der Loskauf von den Sünden. Hintergrund ist der Loskauf vor Sklaven. »Gott kauft uns frei aus der Sklaverei der Sünde« sagte man. Frage: Will ich überhaupt einen Loskauf zu diesem Kaufpreis? Wer hat etwas davon, wer kriegt den Kaufpreis oder wer fordert ihn?

4. Der Stellvertretergedanke – Jesus stirbt an Stelle der Menschen, die durch ihre Sünde den Tod verdient haben. Ihre Verfehlungen werden gesühnt. Frage: Aus Sühne folgt Versöhnung. Kann das ein anderer für mich machen?

5. Der Opfergedanke: Im Opfer will der Mensch Gott gnädig stimmen, versöhnen. Christus ist das Opferlamm. Frage: Wer von uns denkt in diesen Kategorien? Gott kann doch unmöglich ein Menschenopfer verlangen! Zu allen Deutungen ist zu fragen: hätte Gott keine andere Lösung finden können? Wieso heißt es immer, Jesus »musste« sterben? Steht Gott unter Zwang? Ist er nicht souverän?

Ich breche hier ab, nicht ohne allerdings noch ein paar Bemerkungen anzufügen. In der theologischen Diskussion über das Kreuz spricht man oft von dem christlichen Paradoxon (so erstmals Paulus): Den Griechen (gleich: den Klugen) ist es eine Torheit, uns die Wahrheit.

Es gibt eine Zeichnung aus dem 3. Jahrhundert, das »Spottkreuz von Palatin«. Es zeigt den Gekreuzigten mit einem Eselskopf und ist unterschrieben: Alexamenos verherrlicht seinen Gott. Unverständnis und Spott liegen oft dicht beieinander.

Meine Einordnung der Deutungen sieht so aus:

Gott ist für mich ein Gott der Liebe, der Liebe zu allen Menschen. Das ist am Reden und Handeln Jesu deutlich genug abzulesen. Gott ist immer auch bei den Verlassenen, bei denen ganz unten, bei allen, die keine oder kaum Liebe zu spüren bekommen. Gerade sie sollen wissen: Gott ist da. Gott ist ein Gott der Niedrigen. Das spiegelt sich deutlich im Handeln Jesu.

Auch an dem schändlichen Verbrechertod am Kreuz hat Gott teil. Ja selbst in dem Schrei »Mein Gott, mein Gott, warum hast du mich verlassen?« ist Gott da. Gott will nicht die Macht. Er mag irgendwie auch allmächtig sein, aber er ist nicht der »Mächtige«. Gott ist ein Macht-loser Gott. Jesus sagte es mit dem Satz »Mein Reich ist nicht von dieser Welt!« In der Bergpredigt sagt Jesus letztlich: Machtausübung ist nicht im Sinne Gottes, sie ist nicht christlich. Er ist konsequent machtlos bis in die tödliche Niederlage hinein. Er ist es, um die Glaubenden gewiss zu machen: Auch im Tode bin ich bei dir! Er ist es dann allerdings auch, der dem Tod die entscheidende Niederlage beibringt. Denn Ostern kommt nach Karfreitag. Ein Wortspiel für das Paradoxon sei mir erlaubt: Gott liefert sich aus und ist doch nicht der Gelieferte!

Dabei habe ich jederzeit auch die Auferstehung im Blick. Ich glaube auch nicht, dass ich Gott und Jesus denken und glauben könnte, wenn das eine nicht mit dem anderen verbunden wäre. Es ist für mich **ein** Geschehen: Karfreitag und Ostern.

Die in unserer Kirche übliche Deutung – in vielen Kirchenliedern beschrieben – ist die vom Opfertod, vermischt mit dem Lösegeld und der Stellvertreterideologie. Alle drei enden in dem »für den einzelnen Menschen, für mich, den Sünder«. Erstens sind die meisten von uns nicht die wirklich großen Sünder, zweitens hat Gott uns durch Jesus die Vergebung der Sünden aus Gnade zugesagt und drittens will ich nicht Schuld sein am Tod Jesu. Dass ich nach den Maßstäben der 10 Gebote vor Gott schuldig werde, ist unbestreitbar, aber dafür muss niemand sterben. Schließlich hat Gott selber auch das Menschenopfer aufgehoben, wie es uns in der Isaakgeschichte erzählt wird (s. dort).

Letztlich ist das Kreuz wohl doch ein schwieriges, aber auch wichtiges, richtiges Symbol. Nicht alles läßt sich erklären, es erlaubt abweichende Deutungen, es rückt Leid und Elend in den Mittelpunkt und damit auch immer die leidenden Menschen. Die, die Hilfe brauchen und auch die, für die keine Hilfe mehr möglich zu sein scheint. Mit dem Osterfest erwacht dazu dann doch die Hoffnung. Für Gott ist jedes Leid überwindbar, auch der Tod.

Es ist offensichtlich: etwas Geheimnisvolles, nein, etwas Wunderbares im wahrsten Sinne des Wortes bleibt immer stehen.

Die Kirche hat oft genug das Kreuz verraten und die Macht angestrebt, ausgeübt und genossen. Das fing spätestens mit Kaiser Konstantin im 4. Jahrhundert an, hatte traurige Höhepunkte in den Kreuzzügen, der Inquisition, dem Absolutismus und im deutschen Kaiserreich. Es spiegelt sich in der Hierarchie der Kirche, in der Theologie der ecclesia triumphans und in dem Kaiserinstrument der Orgel. Auch heute noch ist erkennbar: Kirche möchte ein Machtfaktor sein im Gefüge der Welt. Wesensgemäß richtig ist allein die dienende Funktion. Darüber, wie die am besten ausgeübt und gestaltet werden kann, ist zu streiten, z.b. die Diakonie betreffend: wie weit ist sie heute überhaupt noch möglich und effektiv, wenn sie nicht auch Einfluss nimmt auf die Gesetzgebung, also die Macht?

Im übrigen empfinde ich zur Zeit das Altwerden als ein Kreuz und versuche, noch die tröstenden Aspekte für diesen Zustand in dem Symbol zu finden. Soweit, dass ich den Tod herbeisehne, um mich mehr auf die Auferstehung freuen zu können, bin ich allerdings auch noch nicht.

Also gibt es noch in zweites Kapitel zu dem Thema Tod und Auferstegung.

4 Leiden, sterben, leben – von Aschermittwoch bis Ostern

«Am Aschermittwoch ist alles vorbei!» singen die Feiernden im Karneval. Und so ist es auch. Es beginnt die Passionszeit, in der in den christlichen Kirchen des Leidens Christi (der Passion Christi) gedacht wird. Dieses Gedenken erreicht seinen Höhepunkt mit dem Gründonnerstag (grün gleich »greinen«, gleich laut weinen), dem Tag an dem Jesus gefangengenommen wurde von den römischen Soldaten, und dem Karfreitag (kar gleich klagen), an dem Jesus gekreuzigt wurde .Es folgt der Stille Sonnabend (Tod und Beisetzung Jesu) und dann das Fest der Auferstehung, Ostern. Leid und Freude gehen ineinander über. Aus den 40 Tagen der Leidenszeit von Aschermittwoch bis Karfreitag (Achtung! die Sonntage zählen dabei nicht mit) werden 50 Freudentage, denn die Osterzeit reicht bis Pfingsten.

Für mich sind die beiden Zeitabschnitte nicht zu trennen. Mit dem Karfreitag geht zwar das Leiden Jesu zu Ende, aber die Sache, um die es geht, nicht. Mit Ostern wird das Leben gefeiert und neu geordnet, obwohl der Tod noch ganz nahe ist. Beide Zeiten, Passion und Ostern, sind dabei auch Spiegelbilder unseres Lebens. Kaum einem Menschen wird Leid erspart, alle begegnen wir dem Tod, viele werden gefoltert und gequält und das Töten ist überall in der Welt, im Krieg, im Verbrechen, auf der Straße, in Naturkatastrophen und auch immer wieder in Familien.

Jesus war einer der Menschen, die elendig am Kreuz unter der Gewalt von Kriegern und Schergen litten und starben. Es waren die ersten Christen, die in dem Tod von Jesus nicht das Ende seiner Botschaft sahen und Jesus leben ließen, als ob er lebte. Sehr schnell war von Auferstehung die Rede, von dem Sieg Gottes über den Tod, Erfüllung des alten Menschheitstraums.

Im Israel der Jesuszeit war die Hoffnung sehr lebendig, dass mit einem von Gott gesandten und beauftragten Menschen, dem Messias, die Fremdherrschaft der Römer gebrochen werden wird und das Reich Israel zu seiner alten Größe zurückfände, wie sie unter David und Salomo gewesen war. Dabei war sie gar nicht so groß, wie die meisten Hoffenden dachten. Gegenüber Ägypten, Babylon, Assyrien und dann Rom war Israel immer ein Winzling und oft nur ein Spielball um die schmale Verbindung zwischen dem Norden, dem Zweistromland. und dem Süden mit Ägypten und Afrika.

Jesus hat sich gegen diese Erwartungen gewehrt, sich selber als Menschensohn bezeichnet und darauf hingewiesen, dass »sein Reich nicht von dieser Welt sei«.

Den Römern war Jesus verdächtig, sie sahen in ihm einen möglichen Anführer für eine der vielen Revolten, die es immer wieder in Israel gab. Als dann von »König« und »Reich« geredet wurde im aufgebrachten Volk, machten sie das, was sie immer taten in den besetzten Gebieten: alle Verdächtigen ins Gefängnis und an's Kreuz.

So geschah es mit auch Jesus. Alle Blütenträume zerplatzten. Nein, nicht alle! Die engsten Vertrauten von Jesus gaben nicht auf. Sie hatten viel verstanden von der neuen Lehre von Gott, die Jesus sie in seinen Reden und Gleichnissen lehrte.

Schon zu Lebzeiten sahen sie in ihm den großen Propheten, den Boten Gottes, den Auserwählten, der die Wahrheit Gottes vermittelte. Jesus unterstrich das, wenn er zu den zehn Geboten formulierte »Euch ist gesagt worden …. ich aber sage euch« und dabei der Nächstenliebe auch die Feindesliebe hinzufügte. Die Jünger glaubten: mit Jesus kommt Gottes Sache groß in die Welt und damit der Sieg über alles Böse.. Viele Juden dachten: mit Jesus kommt der Sieg über die Römer.

Beide wurden enttäuscht: Jesus starb am Kreuz. Der nahe geglaubte Sieg Gottes verwandelte sich in eine Niederlage. Das konnte doch nicht wahr sein! Für die sich sehr schnell sammelnde erste christliche Gemeinde war klar: Jesus kann nicht tot sein, er wirkt doch weiter. Die Grundlage für den Glauben an die Auferstehung war gelegt, wuchs weiter und wurde zum christlichen Dogma. Unstrittig ist, dass dieser Glaube die Keimzelle des Christentums ist. Daraus wuchs dann auch der Sieg Gottes über den Tod und damit die christliche Gewissheit, auch über den Tod hinaus bei Gott geborgen zu sein.

Was wirklich in Jerusalem nach dem Tod Jesu geschah, liegt im Ungewissen. Die Berichte über die Auferstehung, die es in den Evangelien gibt, stimmen nicht überein. Auch hier sind der Spekulation Tür und Tor geöffnet, und es wurde und wird ja bis heute mächtig darüber gestritten und geforscht. Es bleibt: aus dem Tod wurde das neue Leben, aus der Niederlage ein Sieg. Und genau das passte und passt zu dem, was in vielen Völkern und Religionen und zu allen Zeiten zu Ostern gefeiert wurde und wird: der Beginn des neuen Lebens in der Natur. So decken sich hier die Interessen von Religion und Leben in der Natur, eine fruchtbare Kombination.

Der Karfreitag steht da im Wege: Warum musste Jesus dafür sterben? Oder noch gezielter gefragt: Warum macht Gott so etwas? Das hat der doch nicht nötig.

Die Christen haben diese Frage gelöst, indem sie den Tod Jesu zu einem Opfertod stilisierten, mit dem alle »Sünden« des Menschen vor Gott getilgt werden, ein für alle Mal und für alle Zeiten. Die ersten Christen waren noch im Judentum verflochten, und das Denken in Opferkategorien war ihnen vertraut. Konsequent zu Ende gedacht bedeutet dieses Denken, das bis heute in unseren Passionsliedern und Gottesdiensten in dieser Zeit sich niederschlägt, dass Jesus ein von den Römern ungewolltes Menschenopfer war, das Gott zugelassen hat.

Für mich ist eine andere Deutung schlüssig: indem Gott den Tod seines Boten in Kauf nahm und nicht selbst eingriff, als die Römer Hand an ihn legten, untermauert er, was Jesus vorher gelehrt hatte: göttliches Gebot ist, keine Gewalt anzuwenden, unter keinen Umständen. Jesus verbietet seinen Jüngern das Schwert, als die Soldaten kamen. Gott verzichtet auf eine Machtdemonstration, Jesus wird hingerichtet. Damit sieht es so aus, als sei er mit seiner Mission gescheitert.

Die Verbindung von Passion/Karfreitag und Ostern macht deutlich, dass Jesus nicht gescheitert ist. Der Streit darüber, ob er selbst lebte oder weiter gelebt hat oder wieder gelebt hat, ist müßig, weil er sich nicht lösen lässt. Das, wofür er gepredigt und geworben hat, lebt auf jeden Fall weiter. Deshalb feiern wir Ostern.

Die Absage an die Gewalt und das Eintreten für absolute Gewaltlosigkeit haben die christlichen Gemeinden nur schlecht bewahrt. Die Zusage des Lebens aus Gottes Hand, auch entgegen dem offenkundigen Tod, umso mehr. Nicht Karfreitag ist, wie oft gesagt wird, der höchste christliche Feiertag, es ist Ostern, das Fest des Lebens.

5 Auferstehung

Im Neuen Testament erzählen uns die vier Evangelisten mehrere Geschichten von der Auferweckung Toter durch Jesus. Meist waren sie gerade gestorben und Jesus kam hinzu in der allerersten Trauer. So, wie er bei den Krankenheilungen, die Kranken von ihrer Krankheit befreit, befreit er in diesen Geschichten Menschen von ihrer Trauer und ihrem in diesem Augenblick so tief empfundenen Schmerz. Ich sehe in diesen Geschichten auch Berichte von Heilungen. Die Traurigen werden von der Trauer »geheilt«.

Jesus tut das, was er immer tut, wenn er Menschen in tiefstem Schmerz, in großer Angst oder in scheinbar aussichtsloser Lage antrifft: er hilft ihnen. Das geschieht in der Zuwendung zum Zöllner Zachäus, den Jesus aus seiner Rolle, Feind und böser Mensch sein zu müssen, befreit. Es geschieht, wenn Jesus die Menschen, die ihm aus den Dörfern am See Genezareth gefolgt sind, um ihn zu hören, und nun weit ab von allen Hunger haben, zu essen gibt. Es geschieht, wenn er Kranke heilt und sie wieder lebensfähig macht, es geschieht, wenn er auf dem See im Sturm den Jüngern ihre Angst nimmt.

Es gibt am Ende der Bibel in der Offenbarung die Schilderung des Neuen Jerusalem, glänzend und golden kommt es vom Himmel herab. Es ist eine große, wunderbare Vision des Propheten Johannes, begleitet von den über alle Zeiten hinweg tröstenden Wort: »Schmerz wird nicht mehr sein noch Geschrei, und auch der Tod wird nicht mehr sein«. Hier wird ein Satz aus dem Gebet, das der Überlieferung nach von Jesus selbst seinen Anhängern vorgebetet wurde, gewissermaßen »bebildert«: dein Reich komme. Gottes Reich in Herrlichkeit und ohne den großen Feind der Menschen, dem Tod. Es ist eine Geschichte, die vom endgültigen Frieden erzählt. Dem irdischen »Jammertal«, in dem das Leben oft nur sehr schwer erträglich erlebt wird, stellt Johannes die »himmlische Herrlichkeit« gegenüber, den Menschen zum Trost und zur Hoffnung. Die Sehnsucht nach der heilen Welt und dem verlorenen Glück wird hier befriedigt.

Wenn ich von der Auferstehung der Toten höre und lese. wie Jesus das seinen Anhängern zusagt, (wie der Martha als Lazarus, ihr Bruder, gestorben war,) dann werden inzwischen in mir die Gefühle wieder lebendig aus den Stunden und Tagen, Wochen und Monaten nach dem Tode meiner Frau. Wir waren über 50 Jahre zusammen, wir haben uns sehr geliebt. Wir waren uns in fast allem sehr nah. Alles, was war, brach zusammen. Eine Auferweckung habe ich in den ersten Stunden gewünscht und sogar darum gebetet. Mir war dabei aber auch klar, es hätte dann auch eine Heilung ihres Rheumas dazu gehört. Ihr Tod war ja auch Befreiung von ihren Schmerzen. Schnell war deutlich, es wäre unsinnig gewesen, die Erlösung rückgängig zu machen. Sich mit dem Tod eines geliebten Menschen abfinden zu müssen, ist schwer. Zu wissen, dass für sie der Tod auch eine Erlösung war, macht es leichter, macht es sogar auch gut, so widersprüchlich das für manche klingen mag. Bezeichnender Weise war mir die Zusage »Ihr werdet euch wiedersehen bei der Auferstehung« kein Trost. Der Gedanke spielte keine wirkliche Rolle. Die Auferstehung aller, diese Vorstellung ist mir fremd, ganz und gar nicht hilfreich, sie kommt mir eher absurd vor. Vergangenes noch einmal erleben, Erlebtes vielleicht anders erleben, das ist in meinem Fühlen und Denken Stoff für Träume und für Romane. Wir Menschen haben die Fähigkeit, Verluste zu verarbeiten, wir können »Trauerarbeit« leisten. Das war ein Begriff, gegen den ich mich immer gewehrt hatte, weil ich ihn für unangemessen hielt. Heute weiß ich, dass es tatsächlich Arbeit ist, Trauer zu bewältigen. Es ist Arbeit, die oft die ganze Kraft beansprucht, in der es immer wieder Rückschläge gibt. Es ist aber auch eine Arbeit, die mich weiterbringt, weg von Verzweiflung, auch weg von Vorwürfen gegenüber Gott, weg von Selbstmitleid. Sie öffnet mir die Augen für Neues, für neue Begegnungen. Sie bringt meine Gefühle wieder ins Gleichgewicht, sie öffnet mir die Tür zu einem eigenen, neuen Lebensabschnitt.

Dabei spüre ich einen dreifachen Schutzmantel, der mich umgibt, schützt. wärmt und leben lässt. Die alte jahrelang gelebte Liebe ist nicht mit gestorben. Sie ist um mich wie ein wärmender Mantel. Dazu bin ich nicht allein. Es gibt Menschen, die mich spüren lassen: du bist doch gar nicht verloren. Du bist eingebunden in einen Kreis von Menschen, die dich mögen und lieben, du musst nichts allein machen, wenn du es nicht willst. Wir sind da, bereit mit dir zu weinen und auch wieder zu lachen. Dahinter, wie die ganz weite Hülle, höre ich die Worte von der Auferstehung der Toten. Ich höre: »du bist, wie alle anderen auch, die schon gestorben sind oder die, wie du, eines Tages sterben werden, geborgen in Gottes Hand. Alles, was Sorgen, Schmerzen, Angst oder Unruhe macht, wird dich nicht mehr erreichen. Frieden ist da, Liebe ist da, Gott ist da. Du wirst zu Hause sein.« Sterben ist wie nach Hause kommen, sein, wo man hingehört und bleiben kann. Das glaube ich, wenn ich sage: ich glaube an die Auferstehung der Toten.

Gott spricht: »Ich habe dich bei deinem Namen gerufen, ich habe dich erlöst, du bist mein.« Dabei soll es bleiben für jede und jeden zu ihrer und seiner Zeit.

6 Wieso legen Hasen Eier?

Oder: was hat Ostern mit den Hasen und den Eiern zu tun?

Für die meisten Menschen in unserem Land ist Weihnachten das größte Fest im Jahr. Für die Christen ist es Ostern. Trotzdem sind Weihnachten mehr Leute in der Kirche, und es gibt kein Osterlied, das nur annähernd so bekannt ist wie die meisten Weihnachtslieder. Andererseits gibt es eine Menge Volksbräuche zu Ostern – ich glaube, fast mehr als zu Weihnachten: Ostereier, Osterhase, Osterfeuer, Osterreiten, Osterwasser, Osterlamm, Osterglaube, Osterspaziergang, Osterlachen, Ostermarsch, Osteraufstand, Osterinseln, Osterkerzen, Osterglocken, Oster-... Auf jeden Fall ist Ostern das älteste christliche Fest, das Fest der Auferstehung Jesu von den Toten!

Natürlich gab es zu dem Zeitpunkt im Jahr, an dem wir Ostern feiern, auch schon ein Fest oder andere Feste, bevor es Christen gab: in Germanien, in Rom, im Nordland, in England das Frühlingsfest, anderswo gab es Feste mit anderen Namen. Der Anlass war überall der gleiche:

Frühlingsanfang. Von den germanischen Festen hat Ostern vermutlich auch den Namen übernommen. Bei den Sachsen und den Angelsachsen gab es eine Göttin der Fruchtbarkeit –zugeordnet der Obergöttin Freya- mit dem Namen *Ostera*. Vom Fest der Ostera zu Ostern ist nur ein kleiner Schritt. Ihr, der Göttin, waren die gelben Narzissen, die Osterglocken, heilig. Das passte alles gut zusammen: Die Erde wird wieder grün, es wächst und blüht, viel Grund zu feiern!

Mit dem Beginn des Frühlings hängt auch die Berechnung des Ostertermins zusammen. Frühlingsanfang ist der Tag der Tag-und-Nacht-Gleiche, der 20./21. März. Entsprechendes gilt für den Herbstanfang, den 20./21. September

Festtermine waren auch die Tage der Sonnenwende, im Winter der kürzeste Tag, im Sommer der längste mit der kürzesten Nacht,:der 20./21. Juni und der 20./21. Dezember. Die Sommersonnenwende wurde in Deutschland zum Johannistag mit Johannisfeuer, die Wintersonnenwende geht in Weihnachten unter. Offenbar hatte nie jemand Lust, den Herbstanfang richtig zu feiern. Vermutlich waren da die unterschiedlichen Erntefeste wichtiger.

Aus dem Frühjahrsfest wurde Ostern. Es müsste also immer am 2=./21. März gefeiert werden. Wird es aber nicht. Trotzdem bleibt dieses Datum wichtig für Ostern. Von ihm her wird nämlich von den Kalendermachern ausgerechnet, unter Mithilfe der Astronomen versteht sich, wann das Fest jeweils zu sein hat. Wie die Termine berechnet werden ist nachzulesen in dem Kapitel Fasten und Feiern.

Am Anfang der christlichen Geschichte bestimmte noch das Datum des jüdischen Passa- oder Pessachfestes das Osterdatum, da Jesus aller Wahrscheinlichkeit nach am Tag vor diesem Fest gekreuzigt wurde und zwei/drei Tage danach auferstand. Nach der Zerstörung des Tempels und Jerusalems im Jahre 70 lösten sich die christlichen Gemeinden von diesem Datum und man führte die oben erklärte Berechnung ein. In den Ostkirchen (Griechenland/ Russland u.a.) wird Ostern noch nach dem nicht reformierten Julianischen Kalender berechnet und weicht in seinem Termin damit von dem unseren bis zu 13 Tagen ab.

Wir haben angefangen mit dem Fest der Ostera, dem Frühlingsfest, dem Fest des wiedererwachten, neu beginnenden Lebens. Jetzt sind wir bei den Christen und ihrem Fest der Auferstehung, also auch bei einem Fest des neuen Lebens.

Wenn wir vom »Beginn des Lebens« reden und darüber nachdenken, landen wir ganz bald beim Ei, also bei Ostern. Was hat es auf sich mit dem Ei? Das Ei ist ein uraltes Symbol für das Leben. Aus ihm kommt Leben. Bei dem Federvieh, bei den Schlangen und Reptilien, bei den Fischen. Heute wissen wir, dass das auch bei den Wirbeltieren und den Menschen so ist. Unsere Vorfahren in Germanien hatten natürlich auch ihre »Schöpfungsgeschichte«. In ihr kommt das Weltenei vor, das Ei der Weltenschlange, aus dem die Welt geboren wurde. Ähnliches findet sich bei den Kelten und in vielen anderen Kulturen dieser Welt. Im Frühling, wenn die Natur wieder erwachte, wurde dies so wie die Geburt der Welt gefeiert. Da man die Schlangen nicht so mochte, wer mag die schon!, nahm man eben das Hühnerei als Symbol. Von den Schlangen, so sagen manche, blieb allerdings die Farbe rot. Denn Schlangeneier werden von der Wärme der Sonne im Sand ausgebrütet, und die Farbe der Sonne ist nun mal rot. Also war das Ei, das zum Osterei wurde, eben rot. Damit es nicht so einfach ist und bleibt, gibt es natürlich auch andere Erklärungen. So diese aus dem Mittelalter, aus der Zeit der Zins- und Lehensknechtschaft der Bauern. Im Frühling und im Herbst hatten die Bauern Pacht und Zins in Naturalien zu bezahlen, dazwischen in Dienstleistungen. Im Herbst zahlten sie mit Gänsen. Uns blieb davon die leckere Martinsgans. Im Frühjahr waren Eier das Zahlungsmittel. Die Zahlung erfolgte in Raten, erstens, weil niemand von den Bauern auf einmal genug Eier hatte, und zweitens, weil die Grafen und anderen Herren nicht alle Eier auf einmal haben wollten.

Irgendwann, vermutlich nach endlosen Streitigkeiten, ob nun alles bezahlt sei oder nicht, kam, in welcher Gegend auch immer, die Bauern auf den Trick, das letzte Ei, das sie nach ihrer Zählung abzuliefern hatten, rot zu färben. Nahm der Lehnsherr das an, galt die Zahlung als abgeschlossen. Später, als sich niemand mehr so recht an diese Entstehungsgeschichte erinnerte, kamen, weil es so schön aussah, andere Farben dazu.

So, das war das Ei. Und was ist mit dem Hasen? Der Hase gilt als pfiffiges Tier. Das wissen sogar schon die Kinder durch das Märchen vom Hasen und Igel und ihrem Wettlauf. »Ick bün all dor!« Am Dom zu Königslutter gibt es ein Bild, in Stein gehauen, das zeigt, wie zwei Hasen einen Jäger fesseln. In der Bibel, in den Speisevorschriften des Moses, fällt der Hase unter die unreinen Tiere – nicht essbar, verboten. Bei den Römern galt sein Fleisch als Delikatesse und noch dazu als Aphrodisiakum. Beides vermutlich aus dem gleichen Grund. Die Fruchtbarkeit des Hasen galt als erstaunlich. Hasen können zwei bis drei Würfe pro Saison großziehen. Wegen seiner »Rammelei« (die männlichen Hasen und Kaninchen heißen in der Fachsprache der Jäger und Züchter »Rammler«) galt er den einen als

»unkeusch« und unterlag dem Verbot, den anderen als erstrebenswertes Vorbild. Kirchenvätern des Altertums galt der Hase wegen seiner ständigen Fluchtbereitschaft auch als Bild für »die vom Teufel gehetzte Seele«. Andere Christen sahen das anders. Sie sagten, er sei so hilflos und schutzbedürftig, und malten ihn auf Bildern unter den Schutzmantel der Madonna. Wegen ihrer schnellen und leichten Vermehrung wurden Hasen auch im gesamten Mittelmeerraum als geeignete Opfertiere in der Nähe der Tempel in Käfigen gehalten und verkauft. Schon waren sie wieder in der Nähe der Religionen. Auch eine uralte Legende gibt es von ihm, die erklärt, warum der Hase so einen kleinen Stummelschwanz hat: die Arche Noah wurde vom Teufel attackiert, er bohrte ein Loch unter der Wasserlinie in die Bordwand. Noah sah es bei der abendlichen Fütterung und erschrak. Was sollte er tun? Er war in der Nähe des Hasen. Kurzerhand schnitt er ihm den Schwanz ab und verstopfte damit das Loch. Seitdem hat der Hase einen Stummelschwanz. Jeder kann sehen, dass durch ihn alle anderen gerettet wurden.

Auch für die Hasenscharte, die gespaltene Ober- und –Unterlippe gibt es eine gute Erklärung: Der Hase war von Anfang an so furchtsam. Er fürchtete sich vor allen und allem. Niemand fürchtete sich aber vor ihm. Das machte ihn so traurig. Eines Tages hoppelte er zum Teich. Als er von der Böschung an den Teichrand sprang, erschraken sich alle Frösche so, dass sie ins Wasser sprangen. »Sie fürchten sich vor mir«, rief der Hase und lachte vor Freude so sehr, dass es ihm das Maul zerriss.

Zurück zu Ostern: der Hase als Sinnbild der Fruchtbarkeit, das Ei als Symbol des Lebens, warum nicht beide zusammenlegen und so als eines sehen?

Ostern – Frühling – Vergehen und Werden – Auferstehung – Fruchtbarkeitskulte – Altes und Neues – Hase und Ei – all das verschmolz im Laufe der Zeit zu unseren Osterbräuchen. Es gibt den Rätselvers:

»Erst ist es klein, dann groß,
erhellt die Nacht, in der Jesus erwacht,
ist schön anzusehen! Wird aber bald wieder vergehen.«

Die Antwort muss lauten: das Osterfeuer. Es dient als Symbol für die Helligkeit der Auferstehung: die Nacht des Todes wird vertrieben, die bösen Geister des Winters werden verbrannt.

Manche machen einen Osterspaziergang. Das war ursprünglich eine Nachahmung des Ganges der zwei Jünger nach Emmaus, bei dem ihnen Jesus erschien und sie ihn erkannten und verstanden Man tat es in der Hoffnung, dass es einem selbst auch so gehen möchte. Das Eiersuchen erinnert an die Frauen, die am frühen Morgen Jesus suchen und vor dem leeren Grab stehen. Wir suchen die Eier, Symbole des Lebens, das von Jesus geschenkt wird.

Das Lamm war das bevorzugte Opfertier zum Passa –Fest. Deshalb essen wir heute ein Osterlamm, und in griechischen Kirchen übt man das Osterlachen. Die Priester müssen die Gemeinde zum Lachen bringen, damit die Osterfreude sichtbar und hörbar wird.

Aber warum heißen die Osterinseln so? Sie wurden 1722 zu Ostern entdeckt.

Ostern – genauer: Karfreitag mit der Kreuzigung und der Sonntag mit der Auferstehung – sind in der Bibel bestens bezeugt. Alle vier Evangelisten erzählen ausführlich davon, wenn auch nicht in allen Dingen übereinstimmend.

Wiederum genauer muss ich sagen: sie erzählen vom leeren Grab und davon, dass letztlich alle Jünger und etliche Frauen von Begegnungen mit Jesus erzählen. Sie sagen alle und glauben das so: Jesus ist auferstanden! Das Christentum ist geboren. Den Tod Jesu am Kreuz können wir getrost als historisch unzweifelhaft ansehen. Ob man den Erzählungen von der Auferstehung glauben will, ist allerdings eine Entscheidung, die jede und jeder selbst treffen muss. Selbst wenn es stimmt, dass das Grab Jesu am Sonntagmorgen leer war, bedeutet das ja noch nicht zwingend die Auferstehung von den Toten. Es gibt viele andere mögliche Erklärungen. Das Bekenntnis der Christen zu Jesus heißt allerdings:

»Gekreuzigt, gestorben, begraben, am dritten Tag auferstanden von den Toten!« Wir wissen es nicht. Wir glauben es. Und feiern es zu Ostern!

7 Pfingsten

»Sie sind voll des süßen Weines!« spottete man vor etwa 2000 Jahren in Jerusalem über die Männer, denen wir das Pfingstfest zu verdanken haben. In unseren Breiten eignet sich für solche Anmerkungen eher der Tag der Himmelfahrt Christi, im Osten der Republik eher bekannt als Herrentag, wohingegen die Westler lieber Vatertag sagen. Kennzeichen hier waren lange Zeit die Handwagen mit Bierfass oder –kisten, Schnapsglas am bunten Bändchen um den Hals, den Klaren in der Jackentasche und eine am Abend nicht mehr ganz aufrecht gehende Gruppe Männer. So ließ sich der Feiertag mit Inhalt füllen und der Kopf mit Geist, mit Flaschengeist.

Mit dem Geist hat auch das Pfingstfest zu tun, das dritte zweitägige Hochfest der Christen im Jahresverlauf. Am Namen kann man nicht erkennen, worum es bei diesem Fest geht oder einmal ging. Er bedeutet schlichtweg: der fünfzigste Tag. Gemeint ist der fünfzigste Tag nach Ostern.

Um Gott geht es jeden Sonntag in den Gottesdiensten und bei allen Festen, um Jesus ging es Weihnachten und Ostern, jetzt zu Pfingsten, geht es um den Geist Gottes und den Geist von Jesus. Die Männer und vermutlich auch etliche Frauen, die sich damals in Jerusalem versammelt hatten, lebten im und vom Geist Jesu. Er hatte sie begeistert mit seiner Predigt von der Liebe Gottes und dem Frieden, den er geben wird. Sie versuchten, die Barmherzigkeit zu leben, die Nächstenliebe, die Achtung auch vor den Geringen und Armen, die Gewaltlosigkeit, eben alles, was sie von Jesus gehört und begeistert aufgenommen hatten. Man nannte sie damals noch eine Sekte der Juden, vom Juden Jesus angestiftet, der zwar tot war, aber offenbar immer noch sehr lebendig schien. Man ahnte nicht, dass aus dieser kleinen Gruppe, über die man jetzt spottete, einmal die vielen und großen, weltweiten Kirchen der Christen entstehen würden, die bis heute versuchen, den Geist Jesu weiterzutragen.

Bisher hatten sich die Anhänger Jesu eher versteckt gehalten, vor allem die elf engsten Freunde von Jesus, die wir heute Jünger oder Apostel nennen. Sie fürchteten zu Recht, von den Römern auch als Aufwiegler verhaftet zu werden. Nun feierten sie einen ihrer

Gottesdienste öffentlich und erregten große Aufmerksamkeit. Es waren viele Fremde in der Stadt aus verschiedenen Ländern und viele von ihnen behaupteten später, sie hätten alles verstanden, was die Apostel, allen voran Petrus, in hinreißender Redeweise da von sich gegeben hätten. Wie konnte das sein? Niemand kann doch gleichzeitig in verschieden Sprachen reden. War es Täuschung oder ein Wunder? War es ein Fingerzeig Gottes? Oder waren sie eben doch nur »voll des süßen Weines?

Wie auch immer. Viele Zuhörer ließen sich von den hinreißenden Reden begeistern, ließen sich taufen, wollten auch zu der Gemeinde Jesu Christi gehören. So zählt dieser Tag, dieses Ereignis, nachzulesen in der Bibel, Apostelgeschichte, 2. Kapitel, als die Geburtsstunde der christlichen Kirchen. In ihren Ritualen wie Segnungen und Handauflegen bei Taufen, Hochzeiten, Priesterweihe, Einführungen von Pfarrerinnen und Pfarrern und anderen feierlichen und wichtigen Anlässen geben die Kirchen diesen Geist Gottes und den Geist Jesu weiter. So ist er lebendig bis heute. Bei manchen Menschen kann man ihn förmlich spüren wie bei Martin Luther King, Dietrich Bonhoeffer, Nelson Mandela, Hildegard von Bingen, der Heiligen Elisabeth oder Franz von Assisi, um nur einige zu nennen. Wichtiger noch und bedeutsamer sind allerdings die vielen kleinen Zeichen des Geistes der Liebe Gottes, die in den vielen Gemeinschaften und Einrichtungen der Kirchen geschehen von und durch Menschen wie du und ich.

In der Sprache der Kirchen wurde und wird vom Heiligen Geist gesprochen. Ihm gilt das Pfingstfest. In manchen Regionen unseres Landes wurden oder werden die Kirchen und manchmal auch die Häuser mit »Maiengrün«, sprich Birkenzweigen geschmückt. Anderswo ziehen die jungen Männer so wie am Dreikönigstag die Kinder singend von Haus zu Haus und erbitten »Speck, Eier und Geld.«

Pfingsten ist inzwischen nicht nur ein kirchliches Fest. Es gibt an diesen Tagen viele Schützenfeste, Sängertreffen, Sportfeste, man nutzt sie zu Familienfeiern und Ausflügen. Zunehmend nutzen die evangelischen Kirchengemeinden den Pfingstsonntag zur Feier der Konfirmation.

Passend sei ein Gedicht zitiert, von Wolfgang von Goethe, aus den Buch »Reinicke Fuchs«, in Hexametern geschrieben:

Pfingsten, das liebliche Fest war gekommen, es blühten und grünten Feld und Wald auf Hügeln und Höh'n. In Busch und Hecken übten ein fröhliches Lied die neuermunterten Vögel. Jede Wiese ersprosste von Blumen und in duftenden Gründen festlich und heiter glänzte der Himmel und farbig die Erde.

So lässt sich auch dieses Fest gut feiern. Dabei ist nicht zu übersehen, dass der Anlass dieses Festes von den meisten Menschen nicht verstanden wird oder auch nicht verstanden werden kann. Die von Jesus begeisterten Menschen »redeten in Zungen«. Das soll heißen: sie redeten so, natürlich von ihrem Glauben an Jesus, dass andere Menschen sie verstehen konnten, obwohl sie alle verschiedene Sprachen hatten. Vorher gab es eine Himmelserscheinung; von oben herab fielen Feuerflammen auf die Jünger Jesu. Plötzlich wurden damit aus Menschen, die bisher sehr versteckt ihren Glauben gelebt hatten, aus gut zu begründender Angst vor den Römern, Menschen, die öffentlich auftraten und gut von allen zu verstehen waren. Sie waren gewissermaßen »Feuer und Flamme« für die Sache Jesu.

Was verbirgt sich hinter diesem »Wunder«? Gibt es eine Erklärung, die jedem einleuchtet? Leider nicht. Alle Versuche, diese Erklärung zu liefern, sind bisher gescheitert. Es gab immer schon Berichte von Feuererscheinungen am Himmel im Zusammenhang mit irdischem Geschehen. Blitze können so gedeutet werden. In anderen biblischen Berichten taucht das Himmelsfeuer auf: bei Moses und dem Propheten Elia, bei der Vernichtung von Sodom und Gomorra, in der Offenbarung des Johannes. Erscheinungen der Natur werden als sichtbare Zeichen Gottes gedeutet. Das ist keine christliche Besonderheit, es gibt sie in vielen Religionen. Das Gleiche gilt für das andere Phänomen in der Pfingstgeschichte: das wirre Reden in vielen Sprachen. Dafür gibt es sogar Fachausdrücke: Glossologie oder auch Xenologie, Zungenreden und Fremdreden. Auch in unserer Alltagssprache tauchen diese Erscheinungen auf: »mir brennt das Herz« sagen wir, wenn uns eine Sache sehr »begeistert« oder auch: »dafür bin ich Feuer und Flamme«. Was auch immer damals in Jerusalem geschah, für die Christen gilt es als die Geburtsstunde der Kirche, denn viele Menschen ließen sich nach diesen Reden taufen.

Von Noah wissen wir, dass er nach der Sintflut den Regenbogen als Zeichen Gottes wahrnahm: Wer ein wenig Ahnung hat von physikalischen Vorgängen wie Lichtbrechung, kann sich heute den Regenbogen erklären. Noah hatte diese Kenntnisse noch nicht. Er bringt Gott ins Spiel und ist zufrieden. Für uns naturwissenschaftlich gepolte Menschen der heutigen Zeit findet sich bisher keine natürliche Erklärung. Wunder, so sagen viele, gibt es doch nicht. Andere werden sagen: wenn ich die Natur anschaue, sehe ich lauter Wunder vom Morgenrot über die Blütenpracht eines Rapsfeldes bis zum Zug der Wildgänse in geordneter Formation. Das ist alles erklärbar und gilt doch als Wunder für all die, die sich diese Empfänglichkeit erhalten haben. So verstehen sie auch das Pfingstwunder. Fakt bleibt, die Jünger Jesu waren wie verwandelt und die kleine christliche Gemeinde wuchs und wuchs. 300 Jahre später war sie Staatsreligion in der ganzen damals bekannten Welt des Römischen Reiches.

8 Trinitatis

Das Wort Trinitatis stammt aus der lateinischen Sprache und bedeutet Dreieinigkeit oder auch Dreifaltigkeit. Ihr ist im Kirchenjahr der erste Sonntag nach Pfingsten gewidmet. Nach den drei großen Festen Weihnachten, Ostern und Pfingsten wird die Einheit von Gott, dem Vater, Jesus, dem Sohn und dem Heiligen Geist gefeiert. Nach Zahlen sind das drei Personen, wenn man den Geist Gottes, der am Pfingstfest gefeiert wird, als Person ansehen will. Die drei »Personen« gelten als eine einzige Person in der christlichen Theologie, weil man sich natürlich zu keiner Zeit dem Verdacht aussetzen wollte, da seien drei Götter im Spiel. Das erste Gebot schließt solch einen Zustand ja ausdrücklich aus: » Ich bin der Herr, dein Gott, du sollst keine anderen Götter haben neben mir«. Monotheismus (Glaube an einen Gott)) ist oberstes Gebot.

Nun war aber Jesus als der Sohn Gottes, als der Erlöser, als der Auferstandene und gen Himmel Gefahrene, sitzend neben dem regierenden Gott, faktisch auch zu einer Gottheit geworden. Nach den Formulierungen im Apostolischen Glaubensbekenntnis ist das tatsächlich so. Darüber hinaus hatte Jesus schon zu Lebzeiten angekündigt, dass nach seinem Tod der Geist Gottes, ein Tröster, wie er es nannte, kommen werde. Das geschah am Pfingstfest, als der Geist Gottes über die Apostel kam und ihnen den Mut gab, öffentlich zu predigen. Vom Heiligen Geist wird wie von einer dritten Person geredet. So gab es jetzt unzweifelhaft drei göttliche Ansprechpartner für die Gläubigen. Oder, wie andere sagten, drei Erscheinungen Gottes, drei Wesensarten. Wie sollte man nun den Vorwurf, die Christen hätten drei Götter, entkräften? Man vereinigte im Denken diese drei zu einer Person, eben der »Dreieinigkeit«. Gott kann uns als der Schöpfer und der Vater erscheinen. Er tritt uns gegenüber als Jesus, der Sohn, der Prediger, der Lehrer, der Heiland. In ihm wird Gott sichtbar und kommt den Menschen ganz nahe. Damit die Glaubenden sich nach dem Tode Jesu nicht verlassen fühlen, schickte Gott den »Tröster«, den »göttlichen Geist«. Gott ist damit geistlich, als Heiliger Geist, immer bei den Gläubigen in dieser Welt. Am Ende eines jeden Gottesdienstes, bei Taufen, Trauungen und Trauerfeiern gibt die Pfarrerin oder der Pfarrer diesen Geist an die Gemeindemitglieder weiter in der Segnung. Liturgisch falsch ist es, wenn .sie oder er, um den Segen Gottes bittet. Er verfügt durch seine Ordination über diesen Segen, damit er ihn weitergeben kann.

Das liebt im Priesteramt der Pfarrerinnen und der Pfarrer. Drei in einem, es wurde angenommen und in den Dogmen festgeschrieben: es ist ein Gott, wir können ihm dreifach begegnen. Die Christen richteten sich damit ein und alle, die Theologie studieren oder betreiben, müssen sich damit nicht nur auseinandersetzen, sondern sie müssen es annehmen und verinnerlichen. Das ist nicht immer ganz einfach, zumal sich immer einmal wieder Schwierigkeiten einstellen, das Ganze für alle schlüssig darzustellen. Die Lehre der Trinität gehört mit zu den kompliziertesten und schwierigsten Herausforderungen im Studium der Theologie. Die Kirchenväter haben eine ganze Bibliothek mit ihren Schriften zu diesem Thema gefüllt.

Die Einigkeit mit der Trinität reichte bis zum Jahr 1000. Dann brach ein folgenschwerer Streit aus zwischen den Theologen (Theologinnen gab es zu dieser Zeit nicht) in Byzanz und denen in Rom. Ich könnte auch sagen: zwischen den Machtzentren im Osten und dem im Westen. Es ging um den Geist, den Heiligen Geist. Von wem kommt er? Die Römer hatten in ihre Bekenntnisse eingefügt, der Geist gehe aus vom Vater und vom Sohn, also von Gott-Vater und von Jesus. Das rief die Osttheologen auf den Plan. »Nein!« sagten sie ganz entschieden. Der Heilige Geist ist der Geist Gottes allein. Die Anfügung »und vom Sohn« (lateinisch »filioque« – unter diesem Stichwort ging der Streit in die Kirchengeschichte ein) ist falsch. Es ist heutzutage kaum nachzuvollziehen: man konnte sich nicht einigen. Über diesen Streit zerbrach die Einheit der christlichen Kirche. Aus der einen Kirche wurden zwei: die Kirche mit dem Zentrum Rom und dem Papst, später bekannt als die Katholische Kirche und die Kirche mit dem Zentrum Byzanz/Konstantinopel und einem Metropoliten/ Patriarchen an der Spitze, später bekannt als die Orthodoxe Kirche. Dies war die erste große Spaltung der Christenheit. Sie wurde im Jahr 1054 vollzogen und blieb nicht die Einzige.

Ob der Streit um die Trinität der Grund für die Trennung war oder nur der Anlass und es in Wirklichkeit um die Machtverhältnisse ging, beurteilen Historiker unterschiedlich. Mein Verdacht ist, es ging um die Macht. Unbestritten ist für mich allerdings auch der Schluss, dass dieser Streit für uns heute ohne Belang ist. Wir müssen uns nicht mehr mit der Frage der Trinität herumschlagen. Das sind Bilder und Gedankengänge von Gestern. Gott ist Gott. Das steht fest. In dem Menschen Jesus hat er sich uns Menschen offenbart, also gezeigt und verstehbar gemacht. Wenn wir das glauben und im Geiste Jesu zu leben versuchen, ist der Geist, also der Beistand, die Hilfe, der Schutz, die Kraft Gottes mit uns. »Ich glaube an den Heiligen Geist« heißt für mich: ich glaube an die Gegenwart Gottes in meinem Leben. Die Göttlichkeit Jesu brauche ich auch nicht. Das Leben, Handeln, Predigen des Menschen Jesus setzt die Maßstäbe Gottes erkennbar und lernbar um. Damit ist die Trinitätslehre für meinen Glauben hinfällig. Ich bin ziemlich sicher, dass das den meisten Christen auch so geht.

Es bleibt die Frage, ob das Christentum tatsächlich monotheistisch ist oder nur scheinbar. Auch ohne die Lehre der Trinität anzuzweifeln, ist die Frage nicht eindeutig mit ja zu beantworten. Denn da ist, zumindest in der katholischen und den orthodoxen Kirchen noch Maria. Ist sie nicht auch so etwas wie eine Göttin? Der Verdacht ist nicht von der Hand zu weisen. Schauen wir genau hin: Maria war die Mutter von Jesus, die Ehefrau von Joseph und die Mutter von mehreren weiteren Kindern. Sie folgte ihrem Sohn Jesus anfangs aus Sorge, er könnte sich mit seinem Anspruch, im Namen Gottes zu reden und zu handeln, Ärger einhandeln. Wie die Entwicklung zeigte, war diese Sorge nicht unbegründet. Sie wurde dann, ebenso wie einer ihrer anderen Söhne, Jakobus, zur Anhängerin Jesu, zur Jüngerin vielleicht sogar. Letztlich stand sie mit zwei anderen Frauen unter dem Kreuz, begleitete ihren Sohn also bis zuletzt.

Der Bruder Jesu, Jakobus, wurde nach dem Tode und der Auferstehung Jesu, einer der leitenden Männer in der sich in Jerusalem bildenden ersten christlichen Gemeinde. Maria wird in der Bibel nicht mehr weiter erwähnt.

Die spätere Christenheit nahm sich ihrer allerdings intensiv an. Eine Legende erzählt, dass sie zusammen mit dem Jünger Johannes in den ersten Verfolgungen nach Ephesus in Kleinasien floh, dort lebte und begraben wurde. Ihr Haus und der Brunnen, aus dem sie damals Wasser schöpfte, sind bis heute Wallfahrtsorte für fromme Christen und Muslime.

Von Anfang an wurde die Jungfrauenschaft Mariens festgeschrieben, obwohl in den Evangelien auch von Geschwistern Jesu die Rede ist. Auch schon in der frühen Kirche wurden für Maria die Bezeichnungen »Gottesgebärerin« und »Himmelskönigin« üblich. Mit diesen Bezeichnungen wollte man sicherstellen, dass allen Christen bewusst ist: Jesus ist Gottes Sohn. Auf der Synode 431 in Ephesus wurde das als Dogma festgeschrieben.

Ab dem 6. Jahrhundert sprach man schon davon, dass Maria, anders als alle anderen Menschen, ohne Erbsünde geboren worden sei. Man nannte diese Feststellung »die Unbefleckte Empfängnis«. Man ging also davon aus, dass die ungeborene Maria gleich nach der Empfängnis ihrer Mutter Anna schon im Mutterleib durch Gott von allen Sünden befreit wurde. Dieser Glaube wurde aber erst 1950 in der katholischen Kirche durch Papst Pius zum Dogma erklärt.

Besondere Höhepunkte erfuhr die Marienverehrung im Altertum besonders in den östlichen Gebieten der Kirche. Im Zuge der Gegenreformation erfuhr sie es auch auf Betreiben der Jesuiten in Europa und noch einmal um 1950 in der Katholischen Kirche, angestoßen vom Papst. Hier gab es allerdings auch deutliche kritische Stimmen. Martin Luther hielt Maria zwar für eine Heilige und besondere Frau, wandte sich aber entschieden gegen jeglichen Marienkult.

Zum Marienkult gehören Feste, Gedenktage, Wallfahrten, Rosenkranzgebete und natürlich bildliche Darstellungen der Mutter Jesu, auch Mutter Gottes genannt. Vor allem die Anbetung ruft die Kritik, auch vieler Christen hervor. Protestantische Theologen sagen, gebetet werden darf nur zu Gott, nicht zu Maria und nicht zu Heiligen. Die Katholische Kirche entschärft diesen Konflikt für sich, indem sie unterscheidet zwischen Anbetung (latreia) und Verehrung (dulia). Erstere gebührt nur Gott, die Zweite den Heiligen und Maria. Zu fragen ist, ob die abgehobene und ausgeklügelte Sicht der Theologen nicht an der Praxis der Gläubigen vorbeigeht? Rosenkranzgebete, das Ave Maria, die Wallfahrten, Marienaltäre in Kirchen und vor allem die Mariendogmen sprechen für Letzteres.

Es sieht so aus, als habe sich die Christenheit mit Maria nicht nur eine weitere Gottheit geschaffen sondern eben auch eine Göttin. Im Blick auf die Fragwürdigkeit der Trinitätslehre halten Kritiker den Kirchen vor, an drei Götter und eine Göttin zu glauben. Ist das so? Dem Buchstaben und der Theologie nach ist es nicht so, da gilt nur ein Gott! Gegenüber der Glaubenspraxis vieler orthodoxer und katholischer Gläubigen ist die Frage sehr berechtigt und über weite Strecken mit ja zu beantworten.

Für mich als Protestanten und Lutheraner, kommt eine Marienverehrung nicht in Frage und die Trinität habe ich für mich aufgelöst in Gott, den Menschen Jesus und den Glauben an die Gegenwart Gottes im Alltag. Das ist konsequent monotheistisch und, wie ich meine, für alle verstehbar. Schön wäre es, wenn das auch offiziell anerkannt und ausgesprochen würde.

Der Sonntag nach Pfingsten ist der Trinität gewidmet. Alle weiteren Sonntage werden nach dem Trinitatissonntag gezählt. Es können, je nach Ostertermin, bis zu 24 sein. Die letzten drei Sonntage verweisen dann auf das Ende des Kirchenjahres, das mit dem Totensonntag, auch Ewigkeitssonntag genannt, erreicht wird.

9 Der Gottesdienst

In allen christlichen Kirchen findet an jedem Sonntag ein Gottesdienst statt. So sollte es jedenfalls sein. Bei den Evangelischen Kirchen in Deutschland ist es in dörflichen Gegenden manchmal nicht mehr so. Vor allen in Gegenden wie Brandenburg und Mecklenburg-Vorpommern ist die Zahl der evangelischen Einwohner so klein, dass immer mehrere Dörfer zu einer Gemeinde zusammen geschlossen worden sind und dann eine Pfarrerin oder ein Pfarrer für bis zu 15 Dörfer verantwortlich ist. Da in fast allen Dörfern Kirchen stehen, können nicht mehr in allen Kirchen an jedem Sonntag Gottesdienste gefeiert werden. So gibt es Dorfkirchen, in denen nur einmal im Monat ein Gottesdienst angeboten wird.

In ihrer Grundstruktur sind alle evangelischen Gottesdienste einheitlich. Die Gemeinden haben aber die Freiheit, einzelne Element stärker zu betonen. So ist zum Beispiel die Feier des Abendmahls nicht für jeden Sonntag zwingend vorgeschrieben. Es gibt Gemeinden, die das Abendmahl nur einmal im Monat feiern, einige wenige sogar nur an Festtagen. In vielen Gemeinden wird der Gottesdienst bereichert durch einen Kirchenchor, Posaunenchor oder einzelne Musiker. Zur Begleitung der Lieder gibt es in fast allen Kirchen eine Orgel. Diese wird oft auch noch genutzt für Konzerte innerhalb der Woche.

Nach evangelischer Tradition steht die Predigt über einen Bibeltext im Mittelpunkt der Gottesdienste. Viele Gemeinden bieten nach dem Gottesdienst eine Gesprächsrunde mit Kaffee und Kuchen im Vorraum der Kirche oder im Gemeindehaus an.

Grundsätzlich wird nach dem Gottesdienst am Ausgang um eine Spende gebeten. Die Verwendung der Spendengelder ist von der jeweiligen Landeskirche geregelt und wird natürlich bekannt gegeben. In manchen Gemeinden wird zusätzlich während des Gottesdienstes mit dem »Klingelbeutel« um eine Spende gebeten. Dieser Beutel oder auch Korb oder Teller wird während eines Liedes durch die Reihen weitergegeben.

Auf den nächsten Seiten greife ich einige Themen aus dem Alltag der Sonntagsgottesdienste auf, um sie zu kommentieren und zur Diskussion anzuregen.

Applaus im Gottesdienst

Gottesdienst ist ein doppeldeutiges Wort: wer dient hier wem? Dient Gott uns oder dienen wir Gott, wenn wir Gottesdienst feiern?

Wenn wir Gott dienen wollen, womit könnten wir das tun? Er hat doch alles oder könnte alles haben als der Schöpfer und Erhalter dieser Welt. Wenn ich außerdem noch von den Jubelchören der Cherubim und Seraphim höre, von denen die Kirchenväter schwärmten und die die Orthodoxie in ihren Kirchen oft anschaulich darstellten – was wollen wir dem gleichsetzen?

Wenn überhaupt, dann dienen wir Gott mit unserem Glauben und den guten Taten, aber nicht mit dem Gottesdienst, dieser einen Stunde am Sonntag. Für das Dienen sind die anderen 167 Stunden der Woche gedacht.

Im Gottesdienst bereiten wir uns darauf vor. Dazu dienen die Gebete, die Lieder, die Predigt, die Musik. Sie wollen uns zur Besinnung bringen, zum Innehalten, Nachdenken, genau Hinschauen, was im Alltag geschieht. Sie wollen uns anleiten zum Glauben und zum rechten Tun. Bitte, Dank und Lob haben auch ihren Platz, vor allem in den Liedern. Freude über die Musik soll bis in den Alltag reichen und das Gefühl der Gemeinschaft und der Erbauung soll uns begleiten, wenn wir die Kirche verlassen.

Wer sind wir denn, dass wir Gott »dienen« wollten? Mit unserem Glauben und dem christlichen Leben dienen wir doch uns selbst am meisten! Er und es tragen doch unser Wohlbefinden und Wohlergehen. Dabei meine ich mit »uns« mich selbst und alle anderen Gläubigen. Die Gebote ernst zu nehmen, nützt doch nicht Gott, sondern unserem friedlichen Zusammenleben. Mein Glaube stärkt doch nicht Gott, sondern gibt mir Halt in schwierigen Lebenssituationen. Gottesdienst ist Dienst für mich, für uns!

Wenn wir also nicht Gott dienen, dann dient Gott also uns? Ja, genau so ist es. Er dient uns mit seinem Wort, mit seiner Zusage der Liebe und der Gnade. Mehr noch ist sein »Dienst« im Abendmahl zu spüren, in dieser greifbaren Gemeinschaft zwischen Gott und uns.

Gewiss, das alles wird uns durch Menschen dargebracht, Prediger, Lektoren. Musiker, Sängerinnen und Sänger, Gruppen oder Einzelnen. Aber sie bringen es uns doch nahe, weil sie es von Gott glauben und weitersagen wollen. So redet Gott zu uns, wir hören ihn durch sie alle. Das kann auch durch den Nachbarn sein, der besonders kräftig singt oder die Nachbarin, die eine wunderbare Stimme hat.

Dadurch, dass hier Menschen mit ihren Talenten agieren, stellt sich plötzlich die Frage nach dem Applaus. Denn das sind wir aus dem Theater, dem Musical oder Circus so gewohnt. Wir applaudieren vorsichtig aus Höflichkeit oder spontan und kräftig, wenn uns das Gebotene gut gefallen hat. Das tut zu mindesten den Akteuren gut, weil im Applaus Anerkennung steckt. Hat schon einmal jemand erlebt, dass die Gemeinde nach einer Predigt geklatscht hat? Oder nach einer besonders leicht und schön gelungenen Abendmahlsfeier? Vermutlich nicht. Und damit sind wir an einem wichtigen »Knackpunkt« angelangt. Applaus kann eben auch, ich sage es einmal ganz hochgestochen: das Heilige stören. Das Klatschen aus Freude über Gelungenes, kann andere Menschen hindern, in Besinnlichkeit und innerer Gefasstheit dem Erlebten nachzuspüren. Sie bräuchten die Stille.

Was heißt das praktisch? Es gibt keine festgelegte Regel. Es ist so wie in vielen Dingen unseres Lebens: »Wat den een sien Uhl, ist den annern sien Nachtigall!« Positiv ist auf jeden Fall, dass Klatschen ein Zeichen der Freude ist und die soll allemal im Gottesdienst ihren Platz haben. Gottesdienst soll der Freude am Leben dienen!!!

Man kann sich in einem Gottesdienst wohl fühlen, aber auch fremd. Das hängt von vielen Faktoren ab, ganz viel sicher von der Art, wie Leitung des Gottesdienstes gehandhabt wird. Pfarrerinnen und Pfarrer sind zwar keine Showmaster und sollen auch nicht so tun, aber ihre Haltung spielt eine wichtige Rolle. Das Gute fängt mit einer freundlichen Begrüßung an, verlangt eine betonte, gut zu verstehende Redeweise und ein freundliches Gesicht, auf dem auch ruhig einmal ein Lächeln zu sehen sein darf. Und dann gilt da noch die Grundregel, die alle an der Uni in entsprechenden Seminaren lernen: predige über alles, aber nicht über fünfzehn Minuten. Darüber hinaus gibt es Unsitten, die einem auf die Leber schlagen können, nämlich

Liturgische Unsitten

Oder nicht? Nach fünf Jahren im Pfarramt im lutherischen Braunschweig mit solidem Unterricht im Fach Liturgie im Predigerseminar, und dreißig Jahren im unierten Berlin mit viel Freiheit, den eigenen liturgischen Stil zu pflegen, empfinde ich mich als Fachmann.

Aus dieser Position fallen mir Eigenheiten im liturgischen Verhalten auf, die ich Unsitten nenne. Ich weiß, dass das nicht nur mir so geht, sondern auch anderen Gottesdienstbesuchern. Ich weiß auch, ich und die anderen sind nicht das Maß aller Dinge. Trotzdem kann ich unbefangen aussprechen, was mich stört in unseren Gottesdiensten.

Widerspruch ist zugelassen, Zustimmung aber auch.

Ich habe, biblischer Tradition folgend, zehn »krasse Fälle« aufgelistet und kommentiere sie.

1. Liturgische Wucherungen

Es gibt eine Reihe von festen Formeln, die den Ablauf des Gottesdienstes markieren, wie das Eingangsvotum, das Kyrie, die Gnadenzusage, der Kanzelsegen, die Einsetzungsworte zum Abendmahl und der Segen am Schluss.

Immer wieder werden sie von mehr oder weniger poetisch angehauchten Pfarrerinnen und Pfarrern angereichert, erweitert, verlängert, erklärt. Sie wuchern, zusätzliche Worte überlagern wie Unkraut die schöne Blüte des klaren Wortes. Erklärungen gehören hier nicht hin, Verbesserungen sind Verschlechterungen. Die eigene sprachliche Profilierung kann man sich für die Predigt aufheben.

»Im Namen des Vaters, der uns auch Mutter ist, und des Sohnes, der uns Bruder und Schwester geworden ist und des Heiligen Geistes, der im Zuge des Gendermainstreams für uns alle da ist«. Ist das auszuhalten?

2. Missbrauch der Gebete.

Gebete sind, das sagt dieses Wort, Bitten. Es sind Bitten, die wir oder der Pfarrer und die Pfarrerin an Gott richten.

In den gottesdienstlichen Bitten muss ich nichts über Gott erklären und auch nicht die Bitte für Flüchtlinge durch einen Exkurs über die politischen Verhältnisse in Schwarzafrika verfälschen. Das ist für mich Missbrauch. Wenn ich zum Beten aufgefordert werde, will ich beten und keine versteckte Predigt hören. Wenn ein Gebet erklärt werden muss, dann hat das vorher zu geschehen. Gebet ist Gebet. Stellen Sie sich vor, beim Vater-unser wird eingefügt, was heute und hier das Böse ist. So macht man Gebete kaputt!

3. Salomons Kleider.

Der Richter trägt eine Robe, der Handwerker einen Overall, die Ärztin einen weißen Kittel und die Pfarrerinnen und Pfarrer einen schwarzen Talar. Das sollte reichen, reicht aber nicht.

Plötzlich, in den 70er Jahren tauchten weiße Talare auf, dann kamen die verschiedenen Stolen, Alben und Umhänge. Bunt soll es sein. Steckt dahinter etwa Neid auf die oft prächtigen Gewänder der katholischen Brüder? Ist es persönliche Eitelkeit oder werden hier Pfarrer und Schauspieler verwechselt? Ja, Kleider machen Leute. Aber selbst Salomos Seide reicht nicht an die Schönheit der Blumen auf dem Felde. Lassen wir ihnen den Sieg und bescheiden uns mit dem schwarzen Talar. Er ist ein Markenzeichen.

4. Des Wortemachens ist kein Ende

Texte aus der Bibel haben Gewicht, besonders, wenn sie im Gottesdienst vorgelesen werden. Da gilt: das sollst du mit nach Hause nehmen, höre gut zu.

Das will ich gern tun, aber wie schaffe ich das, wenn ich überflutet werde? Psalm, Alttestamentliche Lesung, Epistel. Evangelium,

Predigttext und auch noch die Predigt. Es ist schade um die Texte und die Mühe, die umsonst ist. Psalm, eine Lesung, Predigttext und Predigt, das ist genug.

Seid barmherzig mit den Hörern. Dazu kommt: als »Solitäre« haben die Texte der Bibel noch größeres Gewicht!

5. Fatale Wendung

In einem Gottesdienst 1965 in England erlebte ich, dass der Pfarrer zu den Gebeten den Altarraum verließ, sich zwischen die Bankreihen stellte und von dort betete. Er erklärte mir sein liturgisch ungewöhnliches Verhalten damit, dass er so für alle erkennbar auch als Priester Teil der Gemeinde sei.

Genauso begründeten mir bisher Pfarrerinnen und Pfarrer, dass sie sich für die Gebete zum Altar hinwendeten und dann natürlich mit dem Rücken zur Gemeinde stehen. Das ist nicht nur unhöflich, sondern auch gefährlich.

»Du sollst dir kein Bildnis machen, um es anzubeten«. Genau dies aber suggeriert die Wendung zum Altar, denn dort steht das Kreuz, meist mit dem Gekreuzigten. Symbolik ist oft stärker als der Verstand. Niemand sollte auch nur denken können, wir beteten das Kreuz an. Also: dreht euch nicht um...

6. Der Bettelbeutel

Vor dem Supermarkt wird mir ein Pappbecher entgegengestreckt, an der Kreuzung eine speckige Mütze vor das Autofenster gehalten und in der Kirche der Klingelbeutel. Ich höre: das kann man nicht vergleichen! Wirklich nicht? Ich empfinde den Klingelbeutel als Bettelei. Er hat keinen wirklichen Platz im Gottesdienst, er stört beim Singen, zwingt mich, mit Geld zu hantieren, wo ich genau das nicht will (Euer Weihrauch und Widder sind dankbare Lieder!) und dann wird dieser Bettelbeutel auch noch am Altar mit Gebet und Segen »hochgejubelt«. Er ist ein aus der Zeit gefallenes Relikt und schlechtes Theater.

Um die sicher dringend gebrauchten Spenden kann am Ausgang oder im Vorraum der Kirche viel wirksamer geworben werden.

7. Diskriminierung

Offenbar war und ist es kein Problem, das Brot beim Abendmahl durch eine Oblate zu ersetzen. Warum ist es dann für viele Gemeinden nicht möglich, ähnliches mit dem Wein zu tun, nämlich Traubensaft im Kelch zu haben? Traubensaft hat mit Wein mehr zu tun als eine Oblate mit Brot. Den Alkoholkranken, die es auch in unseren Gemeinden gibt, wäre entscheidend geholfen. Glauben die »Hardliner« tatsächlich, Gott oder Jesus wären so kleinkariert, dass sie ihren Segen auf Saft verweigern würden? Sage jetzt niemand, in dem Einen, dem Brot (sprich der Oblate) sei alles enthalten. Warum dann überhaupt noch der Kelch, und warum war Martin Luther der Laienkelch so wichtig? Mit dem Wein diskriminiert die Gemeinde kranke Menschen. Das sollte man sich klar machen!

8. Sondermüll

Gegen Schluss des Gottesdienstes, wenn man sich schon auf den Segen und das Kirchencafé freut, klingt es wie eine Drohung in den Ohren: der Gemeinde:»Es ist noch folgendes bekanntzugeben!« Es folgt eine Litanei von Daten, Einladungen und Hinweisen. Sie reichen von den nächsten Gottesdiensten über Orgelkonzerte, den Zweck der heutigen und das Ergebnis der vergangenen Kollekten bis zur Bitte um Kuchenspenden für den Altengeburtstag. Kein Mensch kann das alles behalten. Wichtiges wird von Unwichtigem überlagert. Und wenn dann auch die Namen von Verstorbenen mit abgehandelt werden, ist das eine seelsorgerliche Barbarei an den Angehörigen, die mit anhören müssen, wie ihr geliebtes und nun betrauertes Familienmitglied unter Kuchen, Geld und Orgelkonzert gemischt wird. Das ganze Unternehmen ist für die Katz und nur ärgerlich. Wie Hohn wirkt es dann, wenn man auf dem Gottesdienstblatt entdeckt: Hier steht ja fast alles schon. Merke: Die Gottesdienstbesucher können lesen.

9. Sitzen, stehen, liegen

Protestanten knien nicht, auch nicht zum Beten. Sie stehen aber wenigstens dazu auf. Es ist wohl ein Gebot oder Gefühl der Ehrfurcht vor Gott. Das Gleiche gilt, wenn aus der Bibel vorgelesen wird, beim Glaubensbekenntnis und wenn die Einsetzungsworte zum Abendmahl gesprochen werden. Zum Segen am Schluss herrscht Ungewissheit, man erhebt sich so nach und nach. Am Ende können dann alle gemeinsam stehend das Amen singen.

Auch dies gehört zur ordentlichen Leitung eines Gottesdienstes, dass die Liturgen eindeutige Zeichen geben zum Aufstehen und Setzen oder es ganz einfach sagen.

10. Pfarrer oder Priester?

Der Segen am Schluss des Gottesdienstes steht in der Bibel. Gott weist Moses an, wie Aaron und die ihm folgenden Priester das Volk segnen sollen:

Gott segne dich und behüte dich. Gott lasse sein Angesicht über dir leuchten und sei dir gnädig. Gott hebe sein Angesicht über dich und gebe dir Frieden! Amen!

(4.Mose, 4,24-26).

Die Pfarrerin oder der Pfarrer stehen beim Segen in der Tradition der damaligen Priester nach Aaron. Sie haben den Segen weiterzugeben, nicht nur darum zu bitten. Das kann jeder Gottesdienstbesucher selbst machen. Die Form: Gott segne uns ist nicht angebracht. Pfarrerin und Pfarrer sind hier Priester oder Priesterin und handeln im Namen und Auftrag Gottes. Das müssen sie sehr ernst nehmen, denn dieser Segen soll die Gesegneten durch die ganze Woche tragen.

Ich halte und hielt die Gottesdienste immer für sehr wichtig. Ich gebe zu, dass ich an den Sonntagen, an denen ich nicht »dran« war, auch nicht immer in die Kirche gegangen bin. Aber ich betone auch, dass ich wissentlich nie einen Gottesdienst »mit der linken Hand« vorbereitet und gehalten habe. Sie sind aller Mühe wert. Gottesdienste haben mir fast immer Spaß gemacht, mich also innerlich erfreut und damit auch gestärkt. Das gilt für alle, die ich selbst gehalten und die ich besucht habe. Ich halte es für jeden predigenden Menschen für wichtig, auch anderen beim Predigen zuzuhören. Man kann davon nur lernen. Wenn die Predigt gut war, hat man eben etwas Gutes gehört und dabei auch gelernt. Wenn sie schlecht war, sind zwei Überlegungen fällig. 1. War sie wirklich schlecht oder sehe nur ich das so? Und 2. Was an ihr war schlecht? Aus beiden Überlegungen kann man für das eigene Predigen Gewinn ziehen. Das gilt natürlich für alle, die zuhören! Nach meinen Erfahrungen ist das offene Kirchencafé der beste Ort, um den einen oder anderen Gedanken aus der Predigt noch zu vertiefen oder zu hinterfragen.

Ich werde jetzt im Folgenden keine Gottesdienstlehre für Hörer oder/und Predigende ausführen. Ich gebe nur den Rat für die Hörenden: habt ein offenes Ohr. Hört nicht nur das, was ihr gern hören möchtet, sondern nehmt alles ernst, auch die Lieder und das Orgelspiel. Ihr müsst nicht allem zustimmen, aber auch das zu hören, was nicht den eigenen Vorstellungen entspricht, kann das eigene Denken weiterbringen. Von den Predigenden erwarte ich, dass sie keine »Schau abziehen«, sondern auch in der Kirche vorn am Altar und auf der Kanzel oder am Pult sie selber bleiben und nichts sagen, das sie nicht auch bejahen und leben. Man nennt das, glaube ich, in Fachkreisen: authentisch sein.

Ich füge doch noch eine Liste von zwölf Anmerkungen zum Gottesdienst hinzu, die ich einmal vor x Jahren für eine Jubiläumsfeier in der Kirche formuliert habe.

Zwölf unordentliche Gedanken zum Gottesdienst.

1. In Berlin leben ungefähr 800.000 evangelische Christen. Davon besuchen ca. 1-2 % die sonntäglichen Gottesdienste. Das sind 8.000 – 16.000 Besucher. Sind das nun viel oder wenig? Der Zuschauerschnitt bei Hertha BSC beträgt etwa 25.000 Menschen.
2. Die Anpassungen an den Zeitgeist (Rockmusik, Pfarrer in Jeans u. ä.) haben uns kurzfristig einige Besucher mehr gebracht, langfristig kaum etwas.
3. Die Zahl der Lieder in unserem Gesangbuch, die nach 1960 geschrieben wurden, ist fast an einer Hand abzuzählen. Das offenbart ein schweres Versäumnis!
4. Jede Veränderung an den Gottesdiensten, ob in der Liturgie, ob

mit oder ohne Abendmahl, ob um 10.00 Uhr oder um 11.00 Uhr oder abends, kosten uns ein paar Besucher und bringen uns ein paar neue. Die Statistik verändert sich nicht.

5. Der Gottesdienst ist für fast alle Besucher nicht der Lebensmittelpunkt und nicht der wichtigste Termin in der Woche. Nur sehr wenige Gemeindemitglieder gehen jeden Sonntag zur Kirche. Wir müssen es akzeptieren: Gottesdienst ist ein Angebot unter anderen.

6. Es ist eine Illusion, dass wir Kirchenfremde dauerhaft einbinden können. Wir sollten aufhören, das zu wollen. Wie heißt es doch so schön flapsig? »Wer für alles offen sein will, ist nicht ganz dicht!«

7. Über Taufen, Trauungen und vor allem Beerdigungen erreichen wir viele Menschen, auch kirchenfremde. Sie sollten uns deshalb aller Mühe wert sein.

8. Über Kindergärten, Jugendarbeit, die Diakonie und Trauerberatung tun wir viel Gutes und erreichen viele Menschen. Wir dürfen diese wichtigen Arbeitszweige aber nie an die Erwartung koppeln, dass damit die Besucherzahlen in den Gottesdiensten zu verbessern sind.

9. Rituale wie die Liturgie haben ihren eigenen Wert. Deshalb entwickeln Fußballfans ihre »Liturgien« in den Stadien. Sie sind eingängig und schnell erlernbar. Es kommt dabei nicht darauf an, dass alles künstlerisch wertvoll und auch ideologisch stimmig ist. Wir können davon lernen.

10. Wie wichtig ist die Predigt? Wie wichtig ist der Inhalt, wie wichtig die Rhetorik.? Was soll die Predigt leisten? Was kann sie leisten? Was erwarte ich als Zuhörer zu Recht? Über all diese Fragen besteht Diskussionsbedarf! Manchmal ist eine Begrüßung, die mich persönlich anspricht, wichtiger für mein Wohlgefühl als eine theologisch anspruchsvolle Predigt.

11. Gottesdienstbesucher sagen oft: ich möchte etwas mit nach Hause nehmen. Uns sollte klar sein, dass diese Erwartung ihr Recht hat. Ob sie erfüllt wird durch eines der Gebete, ein Lied, das Orgelnachspiel, einen Gedanken aus der Predigt oder einen Satz aus der Bibellesung sollte getrost zweitrangig sein.

12. Gottesdienst muss Spass machen, zu allererst denen, die ihn gestalten. Wenn das sichtbar wird, ist schon viel gewonnen. Unser Bemühen darf nicht von der großen Zahl der erhofften Besucher abhängen. Wir Christen sind in Deutschland eine zunehmend kleiner werdende Minderheit. Ständiges Vergleichen mit früher hilft niemandem weiter. Gottesdienst muss auch den Besuchern Spass machen. Ihre Stimmung, ihre Haltung, ihr Mitmachen ist wichtig für ein Gelingen und für die guten Gefühle und Gedanken.

Zu allen Zeiten war der Gottesdienst das Herzstück der christlichen Gemeinden. Es steht uns Heutigen gut an, in dieser Tradition alles daran zu setzen, dass es gut bleibt oder wieder wird. Das walte Gott! hätte der Sage nach Martin Luther hinzugefügt. Recht hat er!

10 Segnungen, Trauungen, Trauerfeiern

Der Segen spielt in der Kirche eine große Rolle und für viele Menschen in besonderen Situationen auch. Folglich gibt es etliche »Segnungsgottesdienste«, über die ich einiges sagen bzw. schreiben möchte; allerdings nicht über alle, es wären zu viele. Denn es gibt Segnungen zur Einweihung eines neuen Gemeindehauses oder Kindergartens, zur Verabschiedung eines Pfarrers in den Ruhestand, zum Amtsantritt einer Pfarrerin in der Gemeinde, zur Einweihung einer neuen Orgel, es gibt den Schulanfängergottesdienst und vieles Anderes, das den Segen Gottes gut vertragen kann, wenn nicht sogar braucht. Hier und jetzt greife ich auf: die Trauung, die Konfirmation und die Trauerfeiern. Der Taufe gehört ein eigenes Kapitel.

1. Die Trauung
Kirchliche Trauungen sind längst nicht mehr selbstverständlich. Vielen Eheleuten reicht das Standesamt. Zunehmend andere verzichten auf beides. Das ist schade. Das Vorhaben, zusammen zu leben, für einander da zu sein, gemeinsam Kinder groß zu ziehen, dann auch noch die Enkelkinder zu begleiten, alles verdient einen

betonten Auftakt, also eine Feier. Dabei setzt die kirchliche Trauung einen besonderen Akzent: die Brautleute bitten Gott um seinen Segen, weil sie wissen, für ein langes, glückliches gemeinsames Leben man Unterstützung. braucht Die Unterstützung Gottes bekommt man in der Trauung zugesagt. Nach unseren geltenden Gesetzen ist die kirchliche Trauung allerdings nur zu haben, wenn man vorher beim Standesamt war. Ich halte diese Regelung nicht für zwingend notwendig, frage sogar, ob sie sinnvoll ist. Aber das frage ich mich ja auch bei manchen anderen Gesetzen. Trotzdem muss ich mich an sie halten.

Trauungen können sehr persönlich gestaltet werden. Es gibt für den Gottesdienst und damit für die Pfarrerin oder den Pfarrer eine bestimmte Ordnung, die aber viel Spielraum für besondere Gestaltung zulässt. Es lohnt auf jeden Fall, vorher darüber zu sprechen. Das gilt zum Beispiel für die musikalische Gestaltung und auch für die Wahl des Ortes und der Zeit. Normalerweise finden Trauungen in der Kirche des Wohnortes der Brautleute statt, aber es kann auch eine der wunderschönen Dorfkirchen in Berlin oder auf dem Lande sein. Auch in vielen »Hochzeitshotels« sind kirchliche Trauungen möglich, oder auf einem Schiff, auf der grünen Wiese oder zu Hause im Garten. Schön soll es sein, romantisch meist auch und es soll eine bleibende gute Erinnerung bringen. Da kann man ruhig auch mal die Fantasie auf Trab halten. Wünsche sind erlaubt. Aber man muss auch wissen, dass Wünsche Wünsche sind und nicht alle in Erfüllung gehen.

Nach der Agende, die die Kirche ihren Pfarrerinnen und Pfarrern an die Hand gibt, endet die sogenannte Traufrage: »… bis dass der Tod euch scheidet« Das erschreckt häufig junge Leute. Im Gespräch vor der Trauung kann man hier auch andere Formulierungen finden, wie Wollt ihr einander die Treue halten in guten wie in schlechten Tagen?

Inzwischen ist es auch möglich, dass sich gleichgeschlechtliche Paare kirchlich trauen lassen. Das heißt, möglich war das schon immer, aber inzwischen ist es in Deutschland auch legal.

2. Konfirmation
Heutzutage steht sie in Konkurrenz zur Jugendweihe. Eigentlich sehe ich das nicht als Konkurrenz, sondern als Ergänzung. Warum

sollte Jugendlichen, die nicht kirchlich gebunden sind, solch ein Tag entgehen? Er ist schließlich mit vielem Angenehmen verbunden, wie Geschenken.

Konfirmation bedeutet Bestätigung der Taufe. Dazu gehört im Vorfeld der Konfirmandenunterricht. Früher war das ein oft langweiliges und bedrückendes Auswendiglernen von Liedern aus dem Gesangbuch der Kirche, von einigen Psalmen aus der Bibel und dem Kleinen Katechismus mit den 10 Geboten plus Erklärungen. Das war für mansche ein hoher Preis, den sie da für dieses Fest zu zahlen hatten. Heute ist der »Konfa« in den meisten Gemeinden eingebunden in die Jugendarbeit. Er hat viel zu tun mit Wochenendfreizeiten, Spielen, Feten aber auch mit Lernen in kleinen Gruppen unter Anleitung von älteren Jugendlichen, was Glauben, Gott, Jesus und Kirche bedeuten. Konfa kann Spaß machen und sollte das auch!

3. Trauerfeiern

Der Abschied von einem geliebten Menschen wird eingebettet in eine Feier mit der Aussegnung. Sie bedeutet, dass den Zurückbleibenden versichert wird: die oder der Verstorbene wird durch den Tod hindurch von Gott aufgenommen. Die Toten sind nicht verloren im Nichts sondern aufgehoben bei Gott. Es gibt keine Vorschrift, wie man sich das vorzustellen hat. Ob man nun zu Bildern greift wie den Wolken, dem Licht, den Sternen oder sich von christlich-hellenistischen Vorstellungen der Auferstehung trösten lässt, wichtig ist in meinen Augen die Zusage, dass kein Mensch verloren geht, dass die Liebe und Güte Gottes nicht am Sterbebett aufhören, sondern dass gilt, was der Apostel Paulus so formuliert:

>*»Leben wir, so leben wir in Gott.*
>*Sterben wir, so sterben wir in Gott.*
>*Darum, wir leben oder wie sterben, wir gehören zu Gott«.*

Deswegen ist die Trauerfeier auch ein Gottesdienst, in dem für die Trauernden durch die Pfarrerin oder den Pfarrer der Vergangenheit gedacht und so der Grund gelegt wird für Hoffnung in die Zukunft.

Da viele Menschen aus unterschiedlichen Gründen diesen Dienst der Kirche nicht mehr in Anspruch nehmen, bieten seriöse Bestattungsunternehmen Trauerfeiern ohne kirchlichen Bezug. Sie stehen den kirchlichen Feiern in nichts an Würde nach.

11 Taufe – wann, warum und wozu?

Hat jemand der Leserinnen und Leser noch den Kleinen Katechismus von Martin Luther im Kopf? Da steht:
»Viertes Hauptstück: Das Sakrament der heiligen Taufe
Zum Ersten: *Was ist die Taufe?*
Die Taufe ist nicht schlicht Wassertaufen,
sondern sie ist Wasser in Gottes Gebot gefasst
und mit Gottes Wort verbunden.«
Es folgt der Verweis auf Matthäi am Letzten, wo der Taufauftrag Jesu steht. Dann folgt:
»Zum Zweiten: *Was gibt oder nützt die Taufe?*
Sie wirkt die Vergebung der Sünden,
Erlöst vom Tode und Teufel
und gibt die ewige Seligkeit allen, die es glauben,
wie die Worte der Verheißung lauten.«
Es folgt wieder ein biblischer Verweis auf Markus am Letzten:
»*Wer glaubt und getauft wird, der wird selig.*«
Es folgen noch zwei weitere Punkte, bei denen es um das Wesen der Taufe geht, also weitere Antworten auf die Frage des Warum, aber nichts über das Wann! Diese Frage stellte sich Luther überhaupt nicht. Kinder getaufter Eltern wurden sofort getauft, wie Luther selbst auch: am 10.11. geboren, am 11.11. getauft. Weil der 11.11. der Martinstag ist, wurde er eben mit diesem Namen getauft.

Warum wissen so viele so wenig über die Taufe?

Wir haben in der Evangelischen Kirche nur zwei Sakramente, also zwei geistliche oder auch heilige Hauptstücke, deren Aussage und deren Vollzug das Zentrum unseres Glaubens und unserer Kirche bilden: die Taufe und das Abendmahl. Wir haben den Konfirmandenunterricht, der auch nachgeholter Taufunterricht ist. Viele haben Kinder, die sie haben taufen lassen, und Enkelkinder, die getauft sind. Viele sind Paten von ein oder mehreren Patenkindern und haben versprochen, diese Kinder mit im christlichen Glauben zu erziehen und haben dieses Versprechen natürlich gehalten. Und trotzdem müssen wir noch über die Taufe sprechen? Ich sage das ohne Häme und ohne Vorwurf. Der träfe dann ja auch mich, der es als Pfarrer einer Gemeinde in 30 Jahren nicht geschafft hat, hier Klarheit zu schaffen, trotz Tauffest und Tauferinnerungsgottesdiensten und vielen Taufen im Gottesdienst. Die Frage ist natürlich auch zeichenhaft dafür, dass mit unserem ganzen Christsein doch etwas nicht stimmt. Den Baptisten würde das nicht passieren, sie werden als Erwachsene getauft und fragen hoffentlich vorher. Die Evangelikalen fragen auch nicht, sie sind es gewohnt, dass sie gesagt kriegen, was sie zu fragen haben.

Warum taufen wir?
Die Taufe gilt deshalb als Sakrament, ist also eine heilige Handlung, weil sie von Jesus eingesetzt wurde, bzw. direkt auf ihn zurückgeht. Biblische Belegstellen sind die Taufe Jesu, erzählt von allen vier Evangelisten, und die Aufträge Jesu, die er nach der Auferstehung an seine Jünger gibt. Der Ausdruck »Taufbefehl« hat dabei zu schlimmen Folgen in der Ausbreitung des Christentums geführt. Wir sollten dieses Wort in dem Zusammenhang mit der Taufe nicht benutzen. Dazu später etwas mehr.

Dass der Bericht über diese Abschiedsrede Jesu erst später an Evangelium des Matthäus angehängt wurde, sollte uns nicht weiter irritieren. Die Berichte über Jesus sind zusammengeflickte Texte. Das bedeutet nicht etwa, dass die Taufe Jesu und der Taufauftrag an die Jünger nicht authentisch wären. Die Überlieferung ist nur andere Wege gegangen, als wir das gewohnt sind.

Die ältesten christlichen Bekenntnisse sind Taufbekenntnisse.

Damit ist klar: die Taufe wurde von Anfang an als Zugangs- und Aufnahmeritus praktiziert im Bewusstsein: Jesus wollte das so. Das besondere Merkmal der Taufe ist: **sie gilt immer.** Getauft ist getauft Selbst wenn hinterher jemand sagt: ich habe es nicht geglaubt und die Finger hinter dem Rücken gekreuzt, sie gilt. Selbst wenn der Taufende gar nicht berechtigt war zu taufen, gilt sie, wenn sie ordnungsgemäß ausgeführt wurde. Für immer! Sie gilt auch in allen anderen christlichen Kirchen, obwohl sich manche schwer tun mit der Anerkennung: Die Orthodoxen mit den Evangelischen, die Baptisten mit der Säuglingstaufe, Rückständige Katholische mit den Evangelischen…

Wie wird getauft?

Es gibt drei Grundformen: Eintauchen/Untertauchen, Wasser mit der Hand schöpfen und über den Kopf fließen lassen oder den Kopf mit Wasser benetzen

Prozedur 1 war Standard bei den ersten Christen bis in das Mittelalter hinein. Da wurden die Säuglinge ganz eingetaucht! Es ist heute üblich bei den Baptisten und einigen kleinen protestantischen Kirchen.

Prozedur 2 ist die übliche in den evangelischen und katholischen Kirchen, und zwar dreimal aus der Hand des Täufers über den Kopf des Täuflings Wasser fließen lassen.

Prozedur 3 gilt in der Orthodoxen Kirche.

Der Grundsatz ist: Wasser muss sein und die Worte: »Ich taufe dich im Namen des Vaters und des Sohnes und des Heiligen Geistes«. Die Taufe ist seit Mitte des 19. Jahrhunderts nicht mehr die Namensgebung. Der Name wird auf dem Standesamt entschieden. In der hier geschilderten Form gibt es die Taufe meines Wissens nur in den christlichen Kirchen! Der Taufe ähnlich sind allerdings die Reinigungsbäder in Qumran, einem Ort in der judäischen Wüste, an dem sich zur Zeit Jesu eine Gemeinschaft strenggläubiger Juden eingerichtet hatte. Vermutlich gehörte Johannes der Täufer zu ihnen. Viele Forscher glauben auch nachweisen zu können, dass Jesus sich einige Zeit in Qumran aufhielt.

Die Bäder der Hindus im Ganges und der Buddhisten erinnern an Qumran und an die christliche Taufe. Beide, das Bad der Hindus im Ganges und die Bäder der Buddhisten sind aber viel älter als das Christentum. Also erinnert die Taufe an die Bräuche der Hindus und der Buddhisten. Auf die Frage nach der Bedeutung des Wassers bei der Taufe habe ich das Folgende einmal mit einer Konfirmandengruppe erarbeitet. Das Ergebnis liest sich so:

1. Wasser ist Leben spendend und lebensnotwendig. Das bedeutet, Gott erhält, schützt Leben. 2. Wasser reinigt von Schmutz, so reinigt uns Gott von den Sünden. 3. Aus dem Wasser kommt das Leben, also wird deutlich: Gott stiftet das Leben. 4. Im Wasser kann man ertrinken. Die Symbolik ist: das Böse, das in jedem Menschen steckt, also auch in jedem Täufling, wird ertränkt. 5. Wasser verbindet Städte und Länder, die Taufe verbindet uns mit Gott

Sein Wort bildet bei der Taufe die geistliche Ebene oder auch: die Ebene des Glaubens. Gott sagt oder lässt dies sagen: »Du, der Täufling gehörst zu mir. Ich binde mich an dich. Was uns getrennt hat und jemals trennen könnte, ist abgewaschen. Du bist rein, was immer du auch tun wirst, denn du bist rein durch mein, Gottes, Tun. Dieser Bund gilt, auch wenn du ihn kündigst.

Mit anderen Worten: die Taufe ist die Zusage des ganzen Evangeliums an den Menschen, der getauft wird. Das alles bedeutet auch: in der Taufe handelt Gott. Der Taufende setzt lediglich die Zeichen für Gottes Handeln. Um etwas davon zu haben, muss man es allerdings glauben. Gleichzeitig bedeutet dies alles nicht, dass Gott für die Menschen, die, aus welchen Gründen auch immer, nicht getauft sind, nicht da wäre. Durch die Zusage an die einen, werden die anderen nicht ausgeschlossen.

Oft wurde ich auch gefragt, wann ein Mensch getauft werden solle? Die erste Antwort ist: » Wann immer er will!« Üblicherweise stehen aber heute bei uns zwei andere Antworten in Konkurrenz: Die Taufe an kleinen Kindern macht klar, dass Taufe ein Handeln Gottes ist und nicht vom Verstehen abhängig. Man kann den Sinn auch später erklären. Sie ist auch Zuspruch für die Eltern: Seht, Gott ist für euer Kind da! Als älteres Kind oder Erwachsener getauft zu werden, hat den Vorteil: dass man die Taufe bewusst erleben kann. Das kann hilfreich für den Glauben sein.

Oft wird gegen die Taufe der kleinen Kinder argumentiert: sie sollen später selbst entscheiden. Das ist ein sehr fadenscheiniges Argument, denn zu fragen ist: Wann sollen sie selbst entscheiden? Wer hilft ihnen dabei und bereitet diese Entscheidung wirklich vor? Es bedeutet oft/meistens: ich kann mich nicht entscheiden, also schiebe ich den Schwarzen Peter weiter!

Bisher überwiegt noch die Kindertaufe. Sie war von den Christen im zweiten Jahrhundert hart erkämpft worden, gegen die Tradition, die ein bewusstes Ja zur Taufe voraussetzten wollte. Dazu kam allerdings auch, dass sich die Überzeugung durchsetzte, Ungetaufte kämen in die Hölle, der Himmel sei den Getauften vorbehalten. Also ist da die Frage: was ist mit den Ungetauften? Nichts. Die Tatsache, dass wir taufen das wichtig finden und glauben, was ich bisher vorgestellt habe, sagt überhaupt nichts aus über all die anderen. Ganz banal gesagt: das ist Gottes Sache! Ich allerdings kann mir Gott nicht vorstellen als einen, der einen Menschen, ein Kind nicht liebt, nur weil es nicht getauft ist. Das wäre ein Barbarengott!

Die Angst vor dieser Engstirnigkeit Gottes ging zeitweise so weit, dass sich Leute für ihre längst verstorbenen Angehörigen taufen ließen, so geschehen in der Antike. Im 19. Jahrhundert überlegte man, Kinder schon im Mutterleib zu taufen.

Dazu kommt, dass es nach meinem Verständnis Hölle und Fegefeuer als Strafmittel bei Gott, der der Vater von Jesus Christus ist, nicht gibt.

Am Ende des Matthäusevangelium (28, 16-20) wird uns berichtet, wie Jesus seine Jünger beauftragt zu taufen:

»Die elf Jünger gingen nach Galiläa auf den Berg, zu dem Jesus sie geschickt hatte. Als sie Jesus da sahen, fielen sie vor ihm nieder. Einige aber zweifelten. Jesus trat näher und sprach zu ihnen: Mir ist gegeben alle Gewalt im Himmel und auf Erden. Darum geht und macht alle Völker zu Jüngern: tauft sie auf den Namen des Vaters, des Sohnes und des Heiligen Geistes und lehrt sie alles zu halten, was ich euch befohlen habe. Und seht, ich bin bei euch alle Tage bis zum Ende der Welt.«

Dieser Auftrag Jesu, als Befehl gedeutet, hat sich für die Christenheit auch zur Katastrophe ausgeweitet. Angefangen in der Mission als Vorbereitung und Vorstufe zum Kolonialismus über die Massentaufen unter Zwang wie in Russland oder bei Karl dem Großen (Sachsentaufe) bis hin zur Vertreibung und Ausrottung der Juden im mittelalterlichen Spanien, weil sie sich nicht christlich taufen lassen wollten. Das ist ein bitteres Kapitel.

Ich verstehe die Worte Jesu nicht als Befehl! Ich höre eine Zusage, eine Bitte oder einen Auftrag und einen Freibrief. Die Zusage hieße:

Ich, Jesus, bin bei dir! Immer, überall! Die Bitte und der Auftrag sind: führe meine Sache weiter. Sag allen, die du erreichen kannst, dass auch ihnen Gottes Liebe gilt. Sag es ihnen, zeige es ihnen, lass es sie spüren, Der Freibrief ist: »einige aber zweifelten«. Jesus geht darauf nicht ein. Seine Zusage und sein Auftrag schließt sie alle ein, die Glaubenden und die Zweifelnden. Ich darf zweifeln und bin trotzdem Jünger Jesu, gehöre also zu ihm. Ich gehe davon aus, Dass Jesus das bestätigen würde. Gottes Herz ist weiter als vielen Frommen lieb ist! Das alles ist eine Frage des Glaubens. Man muss es eben glauben. Niemand kann beweisen, dass die Zusage Gottes stimmen und zutreffen. Und wenn jemand nicht glaubt: So eine Tauffeier ist einfach auch ein schöner feierlicher Ritus, um ein Neugeborenes in diese unsere Welt aufzunehmen.

12 Das Abendmahl

Das Abendmahl in unseren Gemeinden ist der Nachfolger des letzten Mahles, das Jesus mit seinen Jüngern als Abschiedsmahl feiert. Es war ein typisches Passamahl. Passa wird im Judentum gefeiert in Erinnerung an die Flucht aus Ägypten. Jesus hat es umgedeutet als ein Mahl der Gemeinschaft mit ihm und mit Gott. In der Feier, wie wir sie inzwischen in unseren Gottesdienste begehen, soll genau dies erlebt werden: Wir stehen zusammen, essen alle ein symbolisches Stück Brot, trinken alle von dem Kelch und reichen uns am Schluss die Hände. Jetzt ist Jesus ganz dicht bei uns, als stünde er auch in unserer Mitte. Wir gehören zusammen, wir Menschen der Gemeinde und Jesus. Gott ist bei uns.

In dieser Aussage ist die Vergebung der Sünden eingeschlossen ebenso wie die Erinnerung an Jesus und unser Wille, nach Gottes Gebot zu leben Um nichts anderes geht es, als um diesen Glauben und dieses Erlebnis. Da es von je her eine »heilige Handlung« war, wurde immer schon viel von Geheimnissen geredet und dann über ihre Bedeutung gestritten.

»Muss ich vorher zur Beichte gehen?« »Nein, muss ich nicht. Im Mahl wird mir vergeben«

.«Ist es nicht besser, eine so heilige Handlung nur ein- oder zweimal im Jahr zu feiern?« Warum? So etwas Schönes und Wichtiges wie das Zusammensein mit Gott, kann doch öfter genießen«.

»Was ist mit dem Kelch und der Oblate, ist und bleibt es Wein oder Saft oder Wasser und Brot oder Oblate oder ist es doch Fleisch und Blut Jesu?«

Das ist es nicht, auch wenn immer etwas anderes gesagt und gedacht wurde und wird. Luther hat hier nicht Recht und die Katholische Kirche schon gar nicht. Luther hat versucht, einen Ausweg zu finden, indem er erklärte: Im Glauben des Teilnehmenden wird der Wein zum Blut Christi, bleibt aber real Wein. Zwingli und Calvin waren da konsequenter. Sie sagten, das sei nur symbolisch so. Auch das halte ich noch für falsch. Wir essen weder symbolisch noch real den Leib Christi und wir trinken auch kein Blut. »Das sei ferne«, würde Paulus sagen. Wir sind keine Menschenfresser, auch nicht symbolisch.

Wir sind mit Jesus verbunden, ganz eng, ganz innerlich, ganz fest! Das zu bestätigen und zu »erleben«, darum essen und trinken wir zusammen und sprechen heilige Worte.

Als jemand, der alkoholabstinent lebt, bin ich vom Abendmahl mit Wein ausgeschlossen. Ich bin nicht der einzige, dem das so geht. Abstinenz ist auch nicht der einzige Grund, keinen Wein zu trinken. Es ist keine Frage, dass in dem Kelch, den Jesus herumreichte, damals Wein war. Aber auf dem Tisch stand auch richtiges Brot, das man brechen konnte. Wieso ist es kein Problem das Brot durch ein Industrieerzeugnis, das wir Oblate nennen, zu ersetzen und das überall zu praktizieren? Beim Kelch hingegen beharren erstaunlich viele auf dem Wein. Saft oder gar Wasser, das gehe gar nicht. In unserer Gemeinde haben wir den Streit schon in den 70er Jahren des vorigen Jahrhunderts gelöst. Wir nahmen und nehmen, wie übrigens inzwischen die meisten Gemeinden in Berlin und Brandenburg, Traubensaft. Und siehe da: Gott hat keinen Blitz einschlagen lassen.

Ich schiebe hier einen Brief ein, den ich in Sachen Abendmahl mit Saft 2012 geschrieben habe:

Offener Brief zum Thema »Abendmahl ohne oder mit Alkohol«
in den evangelischen Kirchen St. Marien und Domkirche in Mitte
und der Kaiser-Wilhelm-Gedächtnis-Kirche in Charlottenburg.

Berlin, 12. 4. 2012
An den Kirchenvorstand der Ev. St. Marien/Petri – Gemeinde
An den Kirchenvorstand der Ev. Kaiser- Wilhelm- Gedächtnis-
Kirchengemeinde
An das Domkirchenkollegium
An den Bischof der EKBO, Dr. Martin Dröge

Liebe Schwestern und Brüder!

Nicht nur der Einfachheit halber wähle ich diese Anrede, sondern
auch, um von vornherein deutlich zu machen, dass ich meine Kritik
und Anfrage nicht als Äußerung eines Gegners verstanden wissen
möchte, sondern als eines betroffenen Bruders.

Am Ostersonntag erlebte ich zusammen mit meiner Frau in der
Marienkirche einen wohltuenden Gottesdienst, leider nur bis zur
Einladung zum Abendmahl.

Bevor wir uns in die Reihe der Gottesdienstbesucher stellten, die
der Einladung zum Abendmahl folgen wollten, las ich im Beiheft
zum Gottesdienst, sinngemäß: Für Menschen mit einer Glutenun-
verträglichkeit halten wir glutenfreie Oblaten bereit.

Den Menschen, die keinen Alkohol trinken, wird anstelle des
Kelches ein Segenswort zugesprochen

Ich freute mich über die Einfühlsamkeit gegenüber den Menschen,
die Gluten nicht vertragen und ärgerte mich über die Unbarmherzigkeit gegenüber den Alkoholkranken. Ich bin alkoholkrank und
betroffen vom »Ausschluss« vom Kelch. Ich bin nicht gewillt, mich
mit einer Ersatzhandlung abspeisen zu lassen, so gut auch ein Segenswort sein mag. Zu deutlich habe ich von der Einsetzung des
Abendmahls noch die Worte im Ohr: »Brot des Lebens« und »Kelch
des Heils«. Leben für Alkoholiker Ja, Heil Nein? Können die Verantwortlichen in diesen Kirchen nicht nachfühlen, wie diskriminierend
solche Regelungen auf die Betroffenen wirken können.

Wir verlassen verärgert und enttäuscht den Gottesdienst!

Auf meine Nachfrage im Gemeindebüro der St. Marien/St.Petri-Gemeinde erhalte ich die Auskunft: der Gemeindekirchenrat habe entschieden, dass das Abendmahl ausschließlich mit Wein gefeiert wird. Ein zweiter Kelch mit Traubensaft wird nicht bereitgehalten. Vom Gemeindebüro der Kaiser-Wilhelm-Gedächtnis-Kirche erhielt ich dieselbe Auskunft.

Etliche Wochen vorher hatte ich im Dom dieselbe Erfahrung gemacht wie in der Marienkirche. Als ich Pfarrerin Zimmermann am Ausgang auf die Problematik hin ansprach, erhielt ich zur Antwort: In der Oblate sei doch auch der ganze Zuspruch Gottes enthalten. So richtig das sein mag, es wirft ja wohl doch die Frage auf, warum den Reformatoren die Austeilung des Abendmahls in beiderlei Gestalt an die ganze Gemeinde so wichtig war und zunehmend sogar inzwischen auch in einzelnen katholischen Gemeinden praktiziert wird. Darüber hinaus weiß ich, dass sehr viele evangelische Gemeinden in Berlin sonntäglich das Abendmahl mit Traubensaft oder mit zwei Kelchen feiern.

Was steht dem in den drei »Hauptkirchen« entgegen? Starres Traditionsdenken? Fehlende Bereitschaft, auf die (wenigen?) Alkoholkranken zuzugehen?

Ich stelle fest: Die Verantwortlichen der drei großen Kirchen in Berlin, die auch von vielen Touristen besucht werden und mit Sicherheit Ausstrahlungskraft über ihre eigenen Grenzen hinaus haben, nehmen es billigend in Kauf, dass Alkoholkranke und Menschen, die aus anderen Gründen keinen Wein trinken, in den Abendmahlsfeiern gesondert behandelt oder gar ausgeschlossen werden.

Ich empfinde das als Diskriminierung und damit ist es in meinen Augen ein Skandal!

Es gibt keinen theologischen, biblischen Grund, das Abendmahl ausschließlich mit Wein zu feiern. Das biblische Wort der Einsetzung und der Glaube der Teilnehmenden sind entscheidend, nicht die Substanz.

Es gibt aber gute Gründe für das Abendmahl ohne Alkohol, und wenn es nur der ist, kranke Menschen in ihrer Abstinenz zu stärken. Denn, auch dies sei noch angemerkt: sie bedürfen der Stärkung. Es ist nicht immer leicht, Abstinenz durchzuhalten. Alkoholismus ist eine Krankheit, die nicht heilbar ist, sie ist nur durch Abstinenz beherrschbar. Es gibt mehr Betroffene in unseren Gemeinden als viele meinen. Die Marienkirche ist auch unsere »Bischofskirche«. Gerade ihr stünde es gut an, wo sie es schon versäumt hat, mit gutem Beispiel voranzugehen, nun wenigsten dem Beispiel anderer Gemeinden zu folgen.

Ich rufe Sie, Bruder Dröge, den Bischof, und Sie, die Schwestern und Brüder in den leitenden Gremien der St. Marien-Kirche, der Kaiser-Wilhelm- Gedächtnis-Kirche und der Domkirche auf, endlich in unserer Zeit anzukommen und nicht um eines Prinzips der Tradition willen weiterhin kranke Schwestern und Brüder als zweitrangig zu behandeln.

Gestatten Sie mir zum Schluss drei Sätze zu meiner Person: Inzwischen bin ich fast 75 Jahre alt, verheiratet und war von 1971 bis zum Jahr 2000 Pfarrer in der Gemeinde Neutempelhof. Mit meiner Pensionierung geriet ich in die Alkoholabhängigkeit. Seit 2004 lebe ich abstinent und bin seit 2006 Mitglied des Guttemplerordens In der Hoffnung bei Ihnen, liebe Schwestern und Brüder, auf Verständnis zu stoßen, verbleibe ich mit geschwisterlichen Grüßen
Christian Wossidlo

Nachrichtlich an die Superintendenten der Kirchenkreise Stadtmitte und Charlottenburg,
    an die Generalsuperintendentin, Pfarrerin U. Trautwein
    an die Zeitungen »Die Kirche« und »TrokkenPresse«,
    an die Distriktsleitung des Guttemplerordens

Nachtrag 2018: *Meines Wissens hat die Gemeinde der Kaiser-Wilhelm-Gedächtnis-Kirche inzwischen ihre Abendmahlspraxis in meinem Sinne geändert. Die Gemeinde der Marienkirche bietet ebenfalls einen Kelch mit Traubensaft. Es bedarf hier aber der Nachfrage. Die Domgemeinde verweigert eine Änderung.*

III Wegweiser durch den Alltag –

Das Reich Gottes besteht aus solchen, die da tragen,
und aus solchen, die da getragen werden.
Martin Luther

Durch die Bibel wird festgelegt, welche Werte, Gesetze und Richtlinien für Christen verbindlich sind. Da stehen an erster Stelle die Zehn Gebote, lange vor Jesus aufgeschrieben und auch im jüdischen Glauben gültig. Jesus hat sie nicht nur immer wieder betont, sondern auch radikaler ausgelegt, als wir das heute gewohnt sind und wie es in seiner Zeit üblich war. Mit den Seligpreisungen und der Bergpredigt machte Jesus deutlich, dass seine Worte eine Botschaft des Friedens und der Liebe sind.

Mit im wahrsten Sinne des Worte wunderbaren Geschichten wird zusätzlich in der Bibel dargelegt, welche Werte es zu leben und zu erhalten gilt. Diesen Werten gehe ich in den nächsten Kapiteln nach. Zusätzlich greife ich Stichworte auf, die immer wieder für Missverständnisse sorgen, wie Erbsünde und Hölle. Ich versuche, sie zu »entschärfen«.

Mein Ziel ist es auch hierbei, Christen zu befreien von den Lasten der Tradition und falscher Deutungen aus der Vergangenheit

Wasser oder Bier trinken ist ein Mittel gegen den Durst.
Ein Stück Brot vertreibt den Hunger.
Christus ist ein Mittel gegen den Tod.
Martin Luther

1 Die zehn Gebote, alltagstauglich!

Vorbemerkungen:

1. Ohne Rechtsordnung, also ohne Gebote und Verbote, kommt keine Gemeinschaft aus.
2. Ordnungen müssen an der Lebenswirklichkeit ausgerichtet sein, Gebote und Verbote müssen einsichtig sein, sie müssen sinnvoll erscheinen.
3. Ich behaupte, wir alle haben die 10 Gebote aus der Bibel verinnerlicht, sie prägen unser Denken und unser Unterbewusstsein!
4. Die bekannten 10 Gebote wurden in einer ganz bestimmten Zeit formuliert und aufgeschrieben in einem Volk, das in einer ganz anderen Welt lebte als der unseren.
5. Trotzdem haben sie eine Allgemeingültigkeit, die über Kulturgrenzen hinausgeht und weltweit anerkannt wird.
6. Vor etwa 3.000 Jahren wurden sie aufgeschrieben, etwa 1.000 Jahre lang vorher schon mündlich überliefert. In ihrem Ursprung sind sie eindeutig an ein Volk gerichtet:»Du, Israel, höre...«, sie regeln den Alltag dieses Nomadenvolkes, das Miteinander, das Füreinander und das Verhältnis zu Gott!

Die 10 Gebote

So stehen sie im Kleinen Katechismus, übersetzt von Martin Luther:

1. Gebot: Ich bin der Herr, dein Gott. du sollst nicht andere Götter haben neben mir.
2. Gebot: Du sollst den Namen des Herrn, deines Gottes, nicht unnütz gebrauchen, denn der Herr wird den nicht ungestraft lassen, der seinen Namen missbraucht.
3. Gebot: Du sollst den Feiertag heiligen.
4. Gebot: Du sollst deinen Vater und deine Mutter ehren, auf dass es dir wohlergehe und du lange lebst auf Erden.
5. Gebot. Du sollst nicht töten.
6. Gebot: Du sollst nicht ehebrechen.
7. Gebot: Du sollst nicht stehlen.

8. Gebot: Su sollst nicht falsch Zeugnis reden wider deinen Nächsten.
9. Gebot: Du sollst nicht begehren deines Nächsten Haus.
10. Gebot. Du sollst nicht begehren deines Nächsten Weib, Knecht, Magd, Vieh noch alles, was sein ist.

Es fällt auf: das neunte und das zehnte Gebot gehören eigentlich zusammen. Sie klingen wie ein Gebot. Sie sind tatsächlich auch eins in dem Text der Bibel im 2.Buch des Mose Kap.20. 20ff. In unserem Kleinen Katechismus, nach dem wir die Gebote kennen und lernten, fehlt dafür eines, das in der Bibel aber als das 2. Gebot steht. Es sorgte kürzlich für Wirbel im Zusammenhang mit dem Islam, genauer mit dem so genannten Karikaturenstreit. Es ist das Gebot: Du sollst dir kein Bildnis machen!

Muslimen ist es verboten, Bilder von Gott gleich Allah zu machen. Sie dehnen dieses Verbot aus auf den Propheten Mohammed und dulden natürlich dann schon gar keine Karikaturen! Die Ironie ist: das Verbot steht nicht im Koran, es steht aber in der Bibel.

Damals in der Reformationszeit sorgte es auch schon für Wirbel: es gab unter den Anhängern Luthers Eiferer, die alle Bilder aus den Kirchen heraus haben wollten. Man nannte sie die Bilderstürmer, weil sie anfingen, äußerst rabiat vorzugehen. Luther wollte sie stoppen und nahm dieses Gebot aus den zehn Geboten heraus.

Nun waren es aber nur noch neun. Luther teilte das letzte Gebot in zwei Gebote, so dass es wieder zehn waren. Luther brauchte nicht zu befürchten, dass man ihm auf die Schliche kam: die wenigsten Menschen konnten lesen, die Bibel gab es ohnehin nur in der lateinischen Sprache, und eine Bibel, ein Buch konnten sich noch weniger Menschen leisten. Das Gebot, so wie es in der Bibel steht, lautet vollständig: Du sollst dir kein Bildnis machen, um es anzubeten! Es geht also um das Anbeten von Götzenbildern, nicht darum, ob man sich Bilder machen darf oder nicht!

Eine Auslegung der einzelnen Gebote folgt nun, aber nicht in der Reihenfolge, in der wir sie gelernt haben.

Das erste Gebot nehme ich aus. Ob jemand an Gott glauben will oder nicht, muss jede und jeder mit sich selbst ausmachen. Darüber diskutiere ich nicht. Aber für mich steht fest: Gebote brauchen wir alle, ob wir an Gott glauben oder nicht.

Ich beginne mit dem **9. und 10. Gebot,** in der Bibel ist es das 10. Die Aufzählung allein ist schon in ihrer Reihenfolge eine Aufregung wert: Haus, Weib, Knecht, Magd, Vieh oder alles, was sein ist: Das Weib kommt erst nach dem Haus! Das Weib in einer Reihe mit Sachen! Knecht und Magd als Besitz!

Weib als Besitz! Das geht heute ganz und gar nicht!

Für mich ist aber deutlich: es geht um alles, was den engsten Lebensraum ausmacht, zugegeben, aus der patriarchalischen Ordnung betrachtet, aber so war das damals! Bei uns ist es anders. Ich muss also als erstes ergänzen: du sollst nicht begehren deines Nächsten Mann!

Aber wichtiger ist, zu erkennen: es geht hier um die Lebensgrundlagen! Jeder und jedem gebührt eine gewisse Lebensqualität. Niemandem dürfen die Lebensgrundlagen genommen werden, s. Menschenrechte! Es geht also nicht, wie ich es noch gelernt habe, um den Neid, um haben zu wollen, was der andere hat. Darum wohl auch. Neid ist ein Übel, das die Seele zerfressen kann! Im tieferen Sinn geht es um die soziale Ordnung: Jeder muss haben, was er zum Leben braucht. Es geht um die gerechte Verteilung der Güter, die ein Volk hat. Hartz 4 ist nicht gerecht und die Millionen-Gehälter auch nicht! Unsere soziale Ordnung hält dem 9./10. Gebot nicht Stand.

Das 2. und das 8. Gebot: redet vom Missbrauch des Namens Gottes und das falsche Zeugnis. Mit anderen Worten, es geht um den Meineid und um die Falschaussage bei Gericht. Und um die üble Nachrede. Auch die ist strafbar!

Die folgenden Stichworte benennen die Orte, an denen heute am Häufigsten gegen dies beiden Gebote gedacht und gehandelt wird: Wahlkampf, Vorurteile, Rassismus, Mobbing, manchmal auch Klatsch und Tratsch!

Nehmen wir als nächstes das **3. Gebot.** Das ist das mit dem Feiertag. Das Ziel ist, der Mensch soll Zeit haben, um auszuruhen. Er soll Zeit haben, um Gottesdienst zu feiern. Das erste braucht der Mensch, um arbeiten zu können. Das zweite braucht er, um glauben zu können. Beides gilt den Israeliten und den Christen als Grundbedürfnis!

Die Bibel begründet den Ruhetag/den Feiertag mit der Ruhe Gottes nach der Schöpfung (der siebente Tag), die Christen sehen in diesen Tag, den Sonntag, später vor allem den Tag der Auferstehung Jesu. Für sie war es damit auch der erste Tag der Woche (s. alte Kalender!) Für uns kommt heute noch die weitere Bedeutung des Sonntags hinzu für die Pflege des sozialen Lebens: Familie, Sport. Verein, Feier und Feste. Brauchen wir den Sonntag? Ja, wir brauchen den Sonntag, aber wir brauchen ihn nicht wirklich als Einkaufstag. Sicher, viele Menschen müssen in unserer Welt am Sonntag arbeiten. Anders lassen sich unser Zusammenleben und unsere Arbeitsabläufe nicht mehr gestalten. Aber wir sollten die Arbeit nicht auch noch auf die ausdehnen, die es eigentlich nicht müssten, wie Verkäuferinnen und Verkäufer! Zur Zeit sieht es so aus, als ob unsere Gesellschaft an dieser Stelle die alte Ordnung nicht mehr haben wolle. Die Abschaffung der der Feiertage als Ruhetage darf nicht sein. Die Gesellschaft wird daran Schaden nehmen, dessen bin ich sicher.

Das 7. Gebot: Du sollst nicht stehlen.
Es ist offensichtlich ein »einfaches« Gebot, eindeutig und schnell zu verstehen. Und doch ist es weiter verzweigt, als es auf den ersten Blick scheint. Du darfst dir nicht nehmen, was dir nicht gehört. Du darfst dir nicht nehmen, was einem anderen gehört. So weit, so einfach.

Gehört Ladendiebstahl dazu? Oder Büromaterial von der Arbeit mit nach Hause nehmen? Oder Bezahlung unter Tarif? Oder Mehrarbeit ohne Vergütung? Oder Schwarzarbeit? Oder Lohndumping? Oder Steuerhinterziehung? Wo fängt die an? Aus meiner Sicht sind alle Fragen mit ja zu beantworten. Sie verstoßen gegen das 7. Gebot. Es braucht nicht sehr viel Fantasie, um noch mehr Beispiele in unserer Welt zu finden.

Das Verbot hat es in sich!

Noch ein eindeutiges **Verbot, das 5**: Du sollst nicht töten!
Ursprünglich war es einmal eindeutig für alle. Es hieß: Du sollst nicht morden!

Töten im Krieg und die Todesstrafe fielen nicht unter das Gebot. Erst seit Jesus ist das anders, er hat das Gebot auf jegliches Töten ausgedehnt. Damit ist es zu einem schwierigen Gebot geworden. Wie ist es mit der oft zitierten Notwehr? Wie ist es mit der Landesverteidigung? Erübrigt sich bei strenger Einhaltung dieses Verbots nicht auch eine Verteidigungsarmee?

Wenn wir noch weiter denken: Wie ist es mit dem Töten von Tieren?

Man muss, wenn man es so ausdehnen will, aber auch wissen, dass zur Zeit des Alten Testaments und auch zur Zeit Jesu, der so weitgehende Schutz von Tieren nicht zur Debatte stand. An Tiere hat Moses nicht gedacht, als er dieses Verbot aufschrieb. Dieser Gedanke kam vor allem durch Albert Schweitzer ins Spiel: Recht auf Leben für die gesamte Schöpfung. A. Schweitzer war aber trotzdem kein Vegetarier. Bedenkenswert ist ein Satz von Berthold Brecht: Man kann auch mit Wohnungen töten! Gemeint waren die Elendsquartiere in der Zeit der industriellen Revolution. Vor allem nach dem tausendfachen Töten im Zweiten Weltkrieg verlangten immer mehr engagierte Christen, auch das Töten im Krieg unter dieses Verbot zu stellen. Das konnte bisher noch nicht durchgesetzt werden. Die Abschaffung der Todesstrafe ist dagegen bei uns gelungen, allerdings nicht nur auf Grund dieses Gebots. Es gab und gibt dafür auch gute Argumente aus der Justiz, dem Strafvollzug und den allgemeinen Menschenrechten.

So, das waren jetzt acht, es verbleiben zwei Gebote: Das Vorletzte ist das **4. Gebot**, das einzige, das mit einer Zusage, mit einer Verheißung verbunden ist:

Du sollst Vater und Mutter ehren, auf dass es dir wohl ergehe und du lange lebest auf Erden.

Eigentlich heißt es am Ende statt »auf Erden« »in dem Land, das dir Gott geben wird.«

Zur Erinnerung: die Gebote werden aufgeschrieben am Berg Sinai. Das Volk Israel ist in der Wüste, auf dem Weg in das »Gelobte Land«. Hier wird ganz deutlich, dass die Gebote für dieses Volk formuliert wurden. Jesus und die ersten Christen haben sie übernommen, denn sie waren ja Juden, Israeliten.

Im Hintergrund steht: für viele Nomadenvölker war es manchmal überlebensnotwendig, Alte und Kranke, die das Fortkommen behinderten und zu sehr aufhielten, zurückzulassen! Grausam, aber eben für das Überleben aller unumgänglich. Meinte man. »So soll es bei euch nicht sein!«, sagt dieses Gebot, sagt Gott. Ganz im Gegenteil, sagt es weiter: Wenn du dich der Alten annimmst, wird es dir erst recht gut gehen. Dein Volk wird lange im Lande leben und nicht mehr weiter wandern müssen! Das Gebot beschreibt die Fürsorgepflicht für die Alten. Es ist die Pflicht aller, des ganzen Volkes. nicht nur der betroffenen Familien. Es ist also eine Frage an unsere Gesellschaft: Welchen Platz geben wir den Alten? Wie kümmern wir uns um sie? Was ist mit Altenheimen, altengerechten Wohnungen? Versorgung? Pflege?

Es ist, wenn es nach der Bibel geht, eine gesellschaftliche und damit auch eine politische Aufgabe! Familie oder Heim, das darf nicht gegeneinander stehen. Beides muss gut und möglich sein.

Es bleibt das **6. Gebot:** Du sollst nicht ehebrechen!
Ich erinnere wieder an die Zeit der Entstehung. Es gab die Vielehe, jedenfalls für Männer. Es war eine patriarchalisch organisierte Gesellschaft. Die Eheschließung war ein Rechtsgeschäft zwischen den Eltern von Braut und Bräutigam. Es gibt durchaus einen Zusammenhang mit dem 9./10. Gebot.

Zweitrangig war damals, was uns heute erstrangig erscheint: eine Liebesbeziehung, das Selbstbestimmungsrecht der Frau, der Gedanke an Partnerschaft. Es gilt auch, die Frage zu stellen, wenn es, wie heute häufig, um Scheidung geht: wodurch zerbricht eine Ehe? Sicher auch durch Untreue, aber nicht nur! Ehebruch geht auch anders! Zum Beispiel mit Aufkündigung einer wirklichen Partnerschaft, durch Missachtung des Partners oder/und, indem eine oder einer die Arbeit über die Familie stellt, oder indem die Ehe nur als Versorgungsgemeinschaft gesehen wird. Ehen zerbrechen so gut wie immer von innen heraus. Einbrüche von außen sind zwar nicht gerade selten, aber in der Regel die Folge von Einbrüchen im Inneren. Und auch dies sei deutlich gesagt: Das Gebot richtet sich nicht gegen eine Scheidung! Wenn die Gemeinschaft zerstört ist, ist das »bis dass der Tod euch scheidet« eine grausame Verurteilung. Das müssen auch ernsthafte Christen sich nicht antun.

Wenn ich aus dem Verbot ein Gebot mache, heißt das also: »Tue alles, was du kannst, um eine einmal geschlossene Ehe lebendig zu erhalten.« Wir wissen, es gelingt nicht immer, aber es könnte öfter gelingen, wenn man sich früher kümmerte!

Heute müssten wir auch noch den Schritt tun und generell Beziehungen unter das Gebot mit einbeziehen. Denn viele Partnerschaften, auch mit Kindern, werden nicht mehr als Ehe geführt. Nicht die Ehe zu schließen, darf kein Freibrief sein, nicht alles zu tun, um eine Partnerschaft oder Beziehung gelingen zu lassen.

Die Gebote und die Verbote sollen den Menschen helfen, wenn er an Gott glaubt, mit Gott klarzukommen. Dazu dienen die Gebote 1 + 2 + 3. Die anderen sieben sollen helfen, dass Menschen in einer guten Gemeinschaft leben. Sie sind für mich so eine Art Urgrund menschlichen Seins und deshalb für jede Gesellschaft aktuell und durch nichts zu ersetzen.

Die zehn Gebote kann man aber auch aus anderer Sicht betrachten. Es fiel auf, dass, genau besehen, nur zwei wirkliche **Ge**bote sind und die anderen acht **Ver**bote. Das dritte und das vierte bilden dabei die Ausnahme. Sind tatsächlich Gebote. Die acht anderen sind Verbote. Der Philosoph Sloterdijk (1947 geboren) kehrte einmal die letzten beiden Verbote um., so dass sie Gebote wurden. Er zeigte, dass in unserer Zeit, die unter der Herrschaft des Kapitalismus steht, eben das, was in diesen Geboten verboten wird, zur allgemeinen Ideologie des Handelns geworden ist. »Versuche, alles zu kriegen, was du kriegen kannst. Es ist völlig gleich, ob es jemand gehört oder nicht. Wer nicht halten kann, was er hat, verdient es auch nicht.« So läuft Kapitalismus ab. So denken heutzutage erschreckend viele Menschen, auch wenn sie das nicht gerne hören.

Wohl wissend, dass ich an M.L. nicht heranreichen werde, versuche ich das mit den anderen Geboten, bzw. Verboten. Das heißt, ich versuche sie als Gebote zu formulieren, und so ist das Folgende herausgekommen. Dabei gehe ich beim zweiten Gebot davon aus, dass es ein Gebot ist zum Verhalten vor Gericht. Zum anderen gehe ich davon aus, dass das Wort Blasphemie, d.i. Gotteslästerung, für Christen nicht geben kann. Gotteslästerung ist ein Widerspruch in sich. Über jemanden lästern, bedeutet doch, sich über ihn zu erheben. Da Gott für mich unerreichbar ist, kann ich ihn auch nicht mit Lästerung herabsetzen. Sehr wohl aber kann ich die Gefühle von Glaubenden verletzen. Das wird meines Wissens bei Gericht auch so gehandhabt. Mit Strafe bedroht, ist das Verletzen von Gefühlen von glaubenden Menschen.

Die Verbote als Gebote gefasst und unserem Sprachgebrauch angepasst:

1. Gott ist. Wo und wie auch immer. Das gilt, ob du es glaubst oder nicht.
2. Du kannst Gott nicht beleidigen, weil du nicht an ihn heranreichen kannst. Aber auf die Gefühle der Glaubenden solltest du Rücksicht nehmen.
3. Ausruhen, feiern, innehalten, Zeit für Vieles haben, das erst den Menschen ausmacht.
4. Gott segnet auch eure Gemeinschaft. Kümmert euch um alle, gebt niemanden auf. Alle, auch die Alten, sind wichtig für euer Leben und Glück. Die Gesellschaft, ihr alle, seid in der Pflicht, nicht der Einzelne. Alle müssen Sorge tragen, dass es den Alten gut geht.
5. Das Recht auf Leben eines jeden Menschen gilt uneingeschränkt Kriege und Todesstrafe sind vor Gott nicht verantwortbar. Es ist nachzudenken und zu formulieren, wieweit das für Tiere und auch für Pflanzen gilt.
6. Wenn Menschen weniger anhäuften und mehr teilten, reichte es für alle mit Land, Wohnung, Nahrung, Kultur und Muße.
7. Beziehungen wollen gepflegt sein. Erst dann entfalten sie ihre volle Schönheit, ihre Kraft und eine lange Dauer.

8. Hehle nimmer mit der Wahrheit, bringt sie Leid, nicht bringt sie Reue, doch weil Wahrheit eine Perle, wirf sie auch nicht vor die Säue. (Th. Storm. An meine Söhne)
9. u. 10. Setze dich dafür ein, dass es den Anspruch auf Grundversorgung für alle Menschen gibt und auch er gewährt wird. Ersticke alle Neiddebatten mit dem Abbau der Unterschiede von Arm und Reich.

Ich gehe davon aus, dass viele Menschen die Verbote auch so verstehen und versuchen, das so umzusetzen. In den Erklärungen zu den Geboten im Kleinen Katechismus ist Luther ja auch so verfahren. Es ist auch klar, dass neue Formulierungen gegen so uralte Texte wie die 10 Gebote keine Chance haben. Also lassen wir es bei dem alten Text und denken sie so, wie ich es versucht habe zu schreiben.

2 Die Bergpredigt, die Seligpreisungen und das Beten

Der Evangelist Matthäus überlieferte uns eine längere Rede oder Predigt von Jesus, die er außerhalb einer Ortschaft an einem Berg gehalten haben soll. Mit dieser Formulierung stelle ich nicht die einzelnen Teile und Sätze dieser Predigt in Frage, sondern gebe weiter, was die historisch-kritische Forschung herausgefunden hat: Diese Predigt ist von Matthäus zusammengesetzt aus einzelnen Abschnitten, die alle von Jesus stammen, aber an verschiedenen Orten zu verschiedenen Zeiten gesagt wurden. Alle Absätze dieser Predigt stammen also von Jesus. Die Komposition als zusammenhängende Predigt ist jedoch Arbeit von Matthäus.

Am Anfang, im 5. Kapitel seines Evangeliums, stehen die Sätze, die wir die Seligpreisungen nennen. Jesus nennt Verhaltensweisen, die er von seinen Anhängern erwartet und die ihm so wichtig sind, dass sie den Menschen zur »Seligkeit« verhelfen sollen. Einige Übersetzer schreiben auch von Glückseligkeit oder nennen diese Menschen, die Jesus so folgen, glücklich. Diese Sätze stellt Matthäus an den Anfang der Bergpredigt, einer Predigt, mit der Jesus die Gebote vertieft und ihre Wichtigkeit unterstreicht. Die Zehn Gebote und die Seligpreisungen plus Auslegung der Gebote sind gewissermaßen ein Grundgesetz in der Nachfolge Jesu.

Als Jesus das Volk sah, ging er auf einen Berg und setzte sich, und seine Jünger traten zu ihm. Und er tat seinen Mund auf und sagte:

Selig sind, die geistlich arm sind. Ihnen gehört das Himmelreich.

Selig sind, die da Leid tragen. Sie sollen getröstet werden.

Selig sind die Sanftmütigen. Sie werden das Erdreich besitzen.

Selig sind, die hungert und dürstet nach Gerechtigkeit. Sie sollen satt werden.

Selig sind die Barmherzigen. Sie werden Barmherzigkeit erlangen.

Selig sind, die reinen Herzens sind. Sie werden Gott schauen.

Selig sind die Friedfertigen. Sie werden Gottes Kinder heißen.

Selig sind, die um der Gerechtigkeit willen verfolgt werden. Ihrer ist das Himmelreich.

Selig seid ihr, wenn euch die Menschen um meinetwillen schmähen und verfolgen und sagen Übles über euch, wenn sie damit lügen.

Seid fröhlich und getrost, es wird euch im Himmel reichlich entlohnt werden, denn ebenso haben sie die Propheten, die vor euch waren, verfolgt.

Es folgen kurze Abschnitte, die den Zuhörern deutlich machen, was das Befolgen der Preisungen bedeutet:

1. Wenn ihr so handelt und lebt, seid ihr das Salz und das Licht für die Erde.
2. Bis Himmel und Erde vergehen, wird nicht vergehen der kleinste Buchstabe von den Geboten.

3. Das Töten beginnt schon mit den Gedanken des Hasses.
4. Wenn ihr ehrlich genug seid, ist alles Schwören überflüssig.
5. Strafe und Vergeltung sollen im angemessenen Verhältnis zur Tat stehen. Das berühmt/berüchtigte »Auge um Auge, Zahn um Zahn« ist so gemeint.
6. Liebt eure Feinde und betet für die, die euch verfolgen.
7. Almosen zu geben, ist eine Selbstverständlichkeit und verdient kein besonderes Lob.
8. Betet, wie ich es euch mit dem »Vater unser...« gelehrt habe.
9. Das Einhalten der Fastenzeiten soll ohne großen Aufhebens geschehen.
10. Schätze sammeln und Sorgen bringt kein Heil. Vertraut Gott. Er gibt es euch.
11. Richtet nicht, damit ihr nicht gerichtet werdet.
12. Bittet, so wird euch gegeben, suchet, so werdet ihr finden, klopft an, so wird euch aufgetan.
13. Achtet auf euer Tun. Ein guter Baum bringt gute Früchte.
14. Wer mich hört und sich nicht nach meinen Worten richtet, ist ein Narr.

Es ist sehr deutlich, dass Jesus hier die Messlatte für »christliches Verhalten« sehr hoch legt, in manchen Punkten sogar so hoch, dass wir sie nicht überspringen können. Diese radikalen Forderungen können uns erschrecken. Sie können uns aber auch bewusst machen, dass unser Gutsein nicht die göttliche Liebe ersetzen kann, dass es aber trotzdem lohnt, gut zu sein. Denn nur so kann die Welt besser werden.

Vom Beten
Beten bedeutet reden mit Gott. Mit Gott kann man über alles reden. Man kann ihm von den Sorgen und Nöten erzählen, man kann um etwas bitten, auch um Hilfe für schwierige Entscheidungen, man kann ihm danken für schöne Dinge, die man gesehen oder erlebt hat. Das alles kann man für sich selbst tun und auch für andere. Beim Beten ist niemand auf bestimmte Formen angewiesen,. Eigene Gedanken und Worte sind genauso gut wie bekannte Gebetstexte.

Jesus wollte erreichen, dass Menschen sich nicht endlos in Gebete verlieren, sondern einfach sagen, was wichtig ist. So ist das Gebet entstanden, das wir das **Vater-unser** nennen. Von diesem Gebet glauben die Christen, dass Jesus es so gesprochen hat. Es ist nicht zu beweisen, dass das stimmt. Auf jeden Fall stimmt es, dass dieses Gebet sehr alt ist.

Nach Matthäus sagt Jesus: »So sollt ihr beten:

Vater unser im Himmel!
Dein Name werde geheiligt,
dein Reich komme,
dein Wille geschehe, wie im Himmel so auf Erden.
Unser tägliches Brot gib uns heute
und vergib uns unsere Schuld, wie auch wir vergeben
unseren Schuldigern,
und führe uns nicht in Versuchung, sondern erlöse uns
von dem Bösen.
(denn dein ist das Reich und die Kraft und die Herrlich-
keit in Ewigkeit)
Amen«

Der letzte Satz steht in Klammern, weil er in den ältesten Bibelhandschriften nicht zu finden ist, sondern erst etwas später auftaucht. Er ist ja auch keine Bitte, sondern eine Feststellung. Oft stolpern Menschen über das »führe uns nicht in Versuchung«. So, wie es geschrieben steht, scheint diese Bitte ja auch zu unterstellen, dass Gott uns manchmal in Versuchung führt. Wozu sollte er das tun? Um uns auf die Probe zu stellen? Um uns zu ärgern? Um uns klein und demütig zu halten? Um sich selbst dann als Retter zu zeigen? Das kann es nicht sein, es passt nicht zu dem Gott, von dem Jesus redet. Besser wäre die Übersetzung »**Bewahre uns vor Versuchungen!**« So ist es mit Sicherheit gemeint.

Zu der Bitte um Vergebung und der Zusicherung, selbst zu vergeben, sagt Jesus auf die Frage, wie oft man denn einem Anderen vergeben müsse: sieben mal siebzig Mal. Das steht für: »immer wieder«. Auch hier müssen wir feststellen, dass die Maßstäbe, die Jesus anlegt, viel von uns fordern. Auf der anderen Seite sichert er uns allerdings auch zu, dass Gott uns ganz viel gibt. Dabei wird oft beklagt, dass Gott nicht antwortet, dass Gott Bitten nicht erfüllt, dass Gott nicht eingreift. So erleben wir das, oft, aber nicht immer. Zum einen sollten wir uns klar machen, dass eine Bitte eine Bitte ist. Wenn eine Bitte erfüllt werden muss, ist sie in Wirklichkeit keine Bitte, sondern ein Befehl. Wer von uns wollte Gott etwas befehlen? Zum anderen sind wir in der Regel nicht geschult, auf Gottes Stimme zu hören. Seine Antworten kommen oft ganz unerwartet oder versteckt oder ganz anders, als wir das möchten oder später oder auch gar nicht. Das muss man bei Bitten mit in Kauf nehmen. Zu bedenken ist auch: Wieviel von dem, was wir von Gott erbitten, könnten wir wohl selbst erledigen, oder haben wir selbst verschuldet? Dass es Krieg gibt, ist Schuld der Menschen, es liegt nicht an Gott. Waldbrände und Überschwemmungen werden von Menschen verursacht oder könnten von ihnen bei rechtzeitigem Eingreifen verhindert werden. Schließlich gilt auch, Krankheit und Tod sind Teile unseres Menschseins. Wir müssen lernen, es auszuhalten. Ein bekanntes Gebet lautet:

Gott, gib mir die Gelassenheit auszuhalten, was ich nicht ändern kann, gib mir den Mut, das zu ändern, was ich ändern kann und gib mir die Weisheit, das eine von dem anderen zu unterscheiden.

Zu unseren sehr großen Gütern gehören die Freiheit und das Recht auf Selbstbestimmung. Das bedeutet auf der anderen Seite aber auch, dass wir vieles zu verantworten haben, selbst regeln müssen und lernen, viel auszuhalten. Wenn wir beten: »dein Wille geschehe«, heißt das auch: ich begebe mich vertrauensvoll in Gottes Hände und nehme an, wie er es geschehen lässt.

Da hilft kein Beten – ein praktisches Beispiel
Immer gibt es Menschen, denen eines Tages aufgeht: Ich trinke zu viel. Die meisten schieben diesen Gedanken ganz schnell zur Seite und lassen alles, wie es ist. Wenige werden versuchen, weniger zu trinken. Das klappt nicht immer so ganz problemlos. Oft genug

machen die meisten die Erfahrung, dass es nicht gelingt, wirklich und dauerhaft zurückzustecken. Sie schaffen es nicht. Bis zu der Erkenntnis, dass nur noch ein Weg bleibt, um vom Alkohol loszukommen, nämlich ganz aufzuhören zu trinken. Das ist es meist ein langer und schmerzhafter Weg. Nur Wenige machen diesen letzten Schritt und halten das dann auch durch. Ich bin einer von denen, und ich bin glücklich, ihn ziemlich früh getan zu haben.

Allerdings machte auch ich die Erfahrung, dass der Vorsatz nicht ausreicht. Das Verlangen nach dem Stoff wurde stärker, das Verstecken, Verheimlichen, Lügen ging weiter. Damit einher gingen auch der Verlust des Selbstwertgefühls, das Gefühl des Versagens und der Minderwertigkeit.

Als ein an Gott glaubender Mensch, der ich bin, schlug sich das alles auch in meinen Gebeten nieder. Sie wurden drängender, klagender, schärfer, auch fordernder und wütend: »Gott, nun tu doch endlich etwas! Befreie mich! Mach mich stark genug!«, bis hin zu der vorwurfsvollen Frage: »Warum lässt du das alles zu bei mir, der ich doch dein Bote bin?« Es geschah nichts. Gott tat nichts, jedenfalls nichts, das ich erkennen konnte. Ich hörte dann doch auf zu trinken. Aber nicht, weil Gott das für mich tat, sondern weil ich es selbst wirklich wollte. Im Bilde gesprochen: Mein Kopf sagte so lange nein, bis der Bauch auch nicht mehr nach dem nächsten Glas verlangte. So ist es bis heute geblieben, inzwischen 14 Jahre lang.

Ziemlich bald nach meinem Schritt in das »trockene Leben« habe ich mich auch wieder mit Gott ausgesöhnt. Ich habe begriffen: Deinen Dreck musst du immer selbst wegräumen, dafür kannst du Gott nicht missbrauchen. Du bist selbst zuständig. So stimmt es. Ich habe mich selbst in die Abhängigkeit hineingetrunken, lange Zeit auch mit Genuss. Also muss ich mich da auch selbst wieder herauskämpfen. Das geht, wenn man es wirklich will und die Hilfen in Anspruch nimmt, die es ja gibt – von Familie und Freunden über Therapeuten bis zu den Selbsthilfegruppen. Gott hilft dir dabei auch, wenn du es zulässt.

3 Der Barmherzige Samariter.

Von allen Gleichnissen, die Jesus erzählt hat, ist dieses wohl das Bekannteste.

Gleichnisse sind erfundene Erzählungen, die sich an der Wirklichkeit und den Lebensverhältnissen der Menschen, denen sie erzählt werden, orientieren und zwar so, dass sie sich tatsächlich so hätten zutragen können. Die Erzählung vom Barmherzigen Samariter wurde uns vom Evangelisten Lukas, einem Arzt und Begleiter des Paulus, überliefert. Sie steht im 10. Kapitel seines Evangeliums, also in der Bibel, im Neuen Testament.

Das Gleichnis hat eine große Wirkungsgeschichte bis heute: es gibt den Sozialverband »Arbeiter-Samariter-Bund«, einen Dienst an einem Hilfesuchenden nennen wir einen Samariterdienst. Als Pfarrer Bodelschwingh vor 150 Jahren Einrichtungen für Obdachlose und Trinker einrichtete, berief er sich auf diese Erzählung. Im Guttemplerorden wird sie bei der Verleihung des zweiten Grades, des Grades der Nächstenliebe, vorgelesen.

So steht sie in der Bibel:

Ein Mann, der sich in den Gesetzen des Mose gut auskannte, stand eines Tages auf, um Jesus mit einer Frage auf die Probe zu stellen. Er sagte: »Meister, was muss ich tun, um das ewige Leben zu bekommen?« Jesus erwiderte: »Was steht im Gesetz des Mose? Was liest du dort?« Der Mann antwortete: »Du sollst den Herrn, deinen Gott, lieben von ganzem Herzen, von ganzer Seele, mit aller deiner Kraft und mit allen Gedanken. Und liebe deinen Nächsten, wie dich selbst!« Jesus bestätigte ihm: »Das ist richtig. Tu das und du wirst leben«.. Der Mann gab aber noch keine Ruhe, er fragte weiter: »Und, wer ist mein Nächster?« Da antwortete Jesus:

»Ein Mann ging die Straße von Jerusalem nach Jericho. Er wurde von Räubern überfallen. Sie raubten ihm seine Kleider und sein Geld, prügelten auf ihn ein und ließen ihn halb tot am Straßenrand liegen. Zufällig kam ein Priester vorbei. Als er den Mann sah, wechselte er auf die andere Straßenseite und ging vorüber. Dann kam ein Tempeldiener und sah ihn ebenfalls dort liegen. Aber auch er ging vorüber. Schließlich näherte sich ein Samaritaner. Als er den Mann sah, hatte

er Mitleid mit ihm. Er kniete sich neben ihn, behandelte seine Wunden mit Öl und Wein und verband sie. Dann hob er den Mann auf seinen Esel und brachte ihn zum nächsten Gasthaus, wo er ihn versorgte. Am nächsten Tag gab er dem Wirt zwei Denare und bat ihn, für den Mann zu sorgen. »Sollte das Geld nicht reichen« sagte er, »dann werde ich dir den Rest bezahlen, wenn ich auf dem Rückweg wieder vorbeikomme.«

»Wer von den dreien war nun deiner Meinung nach der Nächste für den Mann, der von den Räubern überfallen worden war?« fragte Jesus.

»Der, der Mitleid mit ihm hatte und Barmherzigkeit übte.«

Jesus antwortete: »Ja, so ist es. Dann geh und mache es genau so.«

Am Anfang fragte der Schriftgelehrte, der dem gesellschaftlich wichtigen Stand der Pharisäer angehörte, nach dem ewigen Leben. Das heißt etwa auch: nach einem Gott wohlgefälligen Leben. Dazu fällt der berühmt gewordene Satz:

Du sollst Gott, deinen Herren, lieben von ganzem Herzen, von ganzer Seele, mit allen Kräften und von ganzem Gemüt, und deinen Nächsten wie dich selbst.

Alle sind sich einig: So soll es sein. Die dreifache Liebe ist es, die den Menschen gut tut:

Die Liebe zu Gott.
Die Liebe zum anderen Menschen, die Nächstenliebe also.
Und die Liebe zu sich selbst.

Klar ist: Sich selbst kann man lieben, ohne an andere zu denken. Egoismus nennen wir das. Den Nächsten kann man lieben und ihm helfen ohne Rücksicht auf sich selbst. Wir sprechen dann vom Helfersyndrom. Nächstenliebe kann man auch üben, ohne an Gott zu glauben. Es gibt auch Menschen, die an Gott glauben und ihn lieben, ohne den anderen Menschen zu beachten.

Im Sinne von Jesus ist es erst, wenn alle drei Arten der Liebe einander ergänzen.

Dies sollte man zum besseren Verständnis des Lehrstücks von Jesus auch noch wissen: Der Weg zwischen Jerusalem und Jericho war als gefährlich bekannt. Auf den knapp 30 Kilometern gab es oft Raubüberfälle. Aus dieser Sicht war für viele Zuhörer sicher »vernünftig«, dass der Priester und der Tempeldiener zusahen, so schnell wie möglich weg zu kommen. Ein Denar war eine Silbermünze im Wert etwa eines Tageslohnes für einen Landarbeiter. Dem Beispiel des Samariters, mit Öl und Wein eine Wunde säubern zu wollen, sollte man besser nicht folgen. Bemerkenswert ist, dass der Samariter nicht nur augenblicklich hilft, sondern weiter denkt und den Wirt mit in die Pflicht nimmt. Die Stadt Jerusalem lag im Landesteil Judäa, nördlich davon lag die Provinz Galiläa mit der Hauptstadt Nazareth. Von Osten her schob sich das Gebiet der Samaritaner oder Samariter halb dazwischen. Judäa war das Kernland der römischen Provinz und der Israeliten. Hier in Jerusalem stand der Tempel. Die Menschen aus der Provinz Galiläa, waren zwar auch Juden, galten aber als grob und hinterwäldlerisch. Samarien war eine eigene Provinz. Die Samariter galten als eine Art Sekte, vom Judentum abgespalten. Juden und Samariter waren tief verfeindet. Einen Menschen aus dieser Gegend als Vorbild hin zu stellen, war für fromme Juden eine heftige Provokation.

Die Geschichte vom Barmherzigen Samariter ist ein Lehrstück aus dem inneren Kern christlicher Moral. An ihr kommt kein Christ vorbei. Jesus macht erzählend deutlich: Hilf, wo du helfen kannst. An deinem Weg durch das Leben wirst du genug Gelegenheiten finden. Du musst aber nicht das ganze Leid dieser Welt auf dich nehmen. Lass deine Vorurteile zu Hause. Wer Hilfe braucht, dem sollte geholfen werden, unabhängig von Grenzen oder Sympathie. Wenn du hilfst, dann denk auch über den Augenblick hinaus. Überleg dir, welche Hilfe gebraucht wird und auch wo und wie du sie weiterleiten kannst. Samariter kann man sein, indem man spontan Hilfe anbietet und leistet, wo einem Not begegnet. Man hilft, und damit ist es gut. Manchmal kann es aber auch sinnvoll und nicht nur gut sondern besser sein, darüber nachzudenken, wie in bestimmten Situationen weitreichend und nicht nur für den Augenblick geholfen werden kann. Dem Menschen mit dem Pappbecher vor dem Supermarkt ein Geldstück zu geben, ist in Ordnung. Bei »Laib und Seele mitzuarbeiten ist ein weiter gehender Schritt. Noch weitreichender ist es, sofern man politischen Einfluss hat, diesen auch zu nutzen, um den weit klaffenden Riss zwischen den Reichen und den Armen in unserer Gesellschaft kleiner werden zu lassen. Unsinn und wenig samariterhaft ist es, zu sagen: Es ist doch alles gut, wie es ist. Es ist nämlich nicht alles gut.

Auch dies ist mir klar: durch unsere kleineren oder auch größeren Samariterdienste wird unsere Welt nicht heil. Aber sie wird ein wenig besser und das ist viel. Aus der Sicht Jesu wird mir auch klar: Zu helfen, wo man helfen kann, ist eine Selbstverständlichkeit. Es ist kein Grund, sich als besserer Mensch zu fühlen oder gar aufzuspielen. In manchen Fällen zu sagen »Ich schaffe das nicht« oder auch »Ich kann das nicht« ist kein Grund, sich mit schlechtem Gewissen zu plagen. Wer wann wie und wieviel hilft, ist jeweils selbst zu entscheiden. Sich zum Richter aufzuspielen, über andere und eben auch über sich selbst, ist nicht im Sinne des »Barmherzigen Samariters«.

4 »Ich kann nicht glauben«

»Ich kann nicht glauben« heißt in Wirklichkeit »Ich will nicht glauben.« Es mag dafür Gründe geben nicht an Gott zu glauben. Das ist das zu akzeptieren. Niemand soll und darf gezwungen werden, es zu tun. Aber »Ich kann nicht glauben«, stimmt nicht. Ich weiß, dass ist eine Behauptung, die mit Sicherheit von Vielen bestritten werden wird. Ich stütze meine Behauptung mit einem Verweis auf die Liebe. » Ich kann dich nicht lieben« enthält die endgültige Aussage »Ich will dich nicht lieben.« Das ist hart für die oder den anderen, aber wenn es denn so ist, muss es auch so gesagt werden. Es ist bitter, aber wahr. Auch diese Behauptung werden andere bestreiten oder sogar als Unsinn abtun. Ich ziehe einen Vergleich.

In der Suchttherapie lernen die Süchtigen, die ihre Sucht überwinden wollen, als erstes: »Du musst es wollen! Du musst es mit allen Fasern deines Leibes und Kopfes wollen! Wenn du es nicht wirklich willst, wirst du scheitern und rückfällig werden«.

Nur die, die diesen Satz in ihrem Denken und Fühlen bedingungslos durchsetzen können, haben eine wirklich Chance zur Überwindung ihrer Sucht,

Wir alle können glauben, wenn wir es wirklich wollen.. Wir glauben im Leben so vieles. Wir glauben es, weil wir es glauben wollen, weil es immer schon so war, weil es uns gut tut, weil wir es so gelernt haben, weil wir gar nicht darüber nachgedacht haben. Wenn jemand sagt, er glaube nicht an Gott, aber glaubt, dass ein Schicksal sein Leben bestimmt oder die Gestirne es beeinflussen oder die Natur alles regelt oder der Zufall, wo ist da der Unterschied? Nichts von alldem ist beweisbar, nur glaubbar. Wenn ich an das eine glauben kann, wieso dann nicht an das andere? Die Antwort kann nur sein: Es fehlt der entscheidende Impuls, das Wollen.

Manche sagen, ich glaube nicht an Gott, weil in der Bibel so viel unglaubliche Dinge stehen: Wundergeschichten, Widersprüche, Merkwürdigkeiten vor allem, was Zahlen angeht. Ja, das stimmt, aber das ist doch kein Grund, nicht an Gott zu glauben. Er hat die Bibel doch nicht geschrieben. Sie ist von Menschen geschrieben worden. Sie haben ihre Erfahrungen mit Gott aufgeschrieben, sie schreiben von ihrem Glauben. Es sind Menschen, die da geschrieben haben, Menschen, die begeistert waren von Gott, die »Gottes Wort« weitersagen wollten, wie sie es gelernt und gehört und bedacht und gelebt haben, und es sind Menschen, die ihre eigene Meinung haben und hatten und die irren können. Wir Bibelleser müssen lernen, das immer im Kopf zu haben.

Auch bei den Wundern, die von Jesus erzählt werden, ist nicht jedes so »wunderbar«, dass es als Wunder bezeichnet werden muss. Es gilt doch: Wenn ein Arzt einen Kranken heilt, ist das kein Wunder. Es wird von ihm erwartet, dass er helfen kann. Nur wenn eine Heilung der Krankheit als aussichtslos gilt, aber doch eintritt, reden wir von einem Wunder. Warum sollte das zu Zeiten Jesu anders gewesen sein. Wenn Jesus sich kranken Menschen zuwendet, die bisher niemand beachtet, geschweige denn untersucht hat, kann die Zuwendung von ihm, dem ein Ruf vorausgeht, ein von Gott gesandter Heiler zu sein, durchaus eine Gesundung bewirken. Das erklärt sicher nicht Alles, aber Einiges. Könnte es sein, dass es so war bei einer der Auferweckungen eines Toten: Jesus wendet sich dem trauernden Vater zu, tröstet ihn über den Tod seines Kindes, tröstet ihn so sehr und so tief, dass er für einen Augenblick seine Trauer verdrängt und ihm so ist, als sei sein Kind gar nicht gestorben? Könnte das eine Erklärung für das »Wunder« sein?

Wenn man alles daran setzt, kann man fast alle Wundergeschichten psychologisch aufarbeiten und ihnen das Wunder abnehmen. Aber genau das will ich gar nicht. Jesus war ein besonderer, ein wunderbarer Mensch, warum soll er nicht auch Wunderbares tun können. Das erleben wir bei uns doch auch.

Aber wie ist das mit den Auferweckungen von Toten? Geht es nicht ein bisschen zu weit, so eine weitgehendes Geschehen wie das Sterben wieder aufzuheben? Schließlich ist der Tod doch eine Grenze, die zu überschreiten uns als Menschen nur gewährt wird, wenn wir selber sterben. Genau darum geht es. In diesen Geschichten wird erzählt, dass Jesus mit Gott zu tun hat, denn nur Gott ist Herr über den Tod. In dem Glauben der Menschen, die Jesus nachfolgten, hat Jesus genau diese Kraft von Gott, er ist eben wie Gott, obwohl er ein Mensch ist. Er ist kein Zauberer und kein Scharlatan, aber er ist ein Mensch, dem es gegeben war, in die Seele seiner Anhänger vorzudringen. Darin liegt das eigentliche Wunder. Auch ohne die Wunder, ist Jesus zu bewundern und es ist gut, auf ihn zu hören.

Es läuft darauf hinaus, dass schon Glaube ein Wunder ist. So wie Liebe auch ein Wunder ist. Beides ist nicht auf Kommando verfügbar, aber beides gibt es und beides tut dem Menschen gut. Also tun wir doch, was uns gut tut. Wir können glauben, wir müssen es nur wirklich wollen.

5 Thomas, der Zweifler

Im allgemeinen Sprachgebrauch ist der Begriff »Zweifel« negativ besetzt, der Begriff »Glaube« dagegen positiv. Der hat vor allem im religiösen Bereich einen sehr hohen Stellenwert, und viele glaubende Menschen leben in dem Glauben, sie dürften keine Zweifel haben. Allerdings lassen einige Redensarten auch den Zweifel gut aussehen.

Man spricht vom »gesunden Zweifel« bei zweifelhaften Aktionen und sagt abwartend »Ich habe da so meine Zweifel.« Im Gegenzug kann auch der Glaube kritisch gesehen werden. Gutgläubig zu sein ist trotz des guten Wortes nicht unbedingt ein Kompliment. Kindern rät man aus gutem Grund: »Du darfst nicht alles glauben.« Tatsächlich gibt es in dieser Welt viel zu zweifeln, und man darf wirklich nicht alles glauben, was einem täglich serviert wird. Beide, Glaube und Zweifel können gut und richtig sein oder töricht und dumm. Glaube, der keine Zweifel zulässt, ist blind und Zweifel, die jeden Glauben ersticken, machen die Seele kaputt. Wir haben es mit zwei Brüdern oder Schwestern zu tun, denn meist treten sie gemeinsam auf und sind wie die beiden Seiten einer Medaille. Ein geflügeltes Wort aus der Bibel ist die Anrede eines Schülers an Jesus: »Ich glaube, hilf meinem Unglauben.«

Damit sind wir bei dem Thema, bei dem es ohne Glauben nicht geht, und viele glauben Wollende vom Zweifel geplagt werden. Das ist hinderlich, aber keine Sünde. Es gibt kein Gebot, das uns sagt: Du sollst nicht zweifeln. Für alle, die Statistiken lieben, sei gesagt ,in der Bibel kommt das Wort »glauben« 201 Mal vor, das Zweifeln taucht nur 15 Mal auf. Dahinter verbirgt sich eine eindeutige Stellungnahme und Wertung. Es reizt mich aber auch, beim Zweifeln einmal genau hinzuschauen. Der Evangelist Matthäus erzählt am Ende seines Evangeliums, wie Jesus die Jünger beauftragt, den Glauben weiterzutragen und Menschen als Zeichen, dass sie zu Gott gehören und das glauben zu taufen. Über die Jünger sagt er ausdrücklich:« etliche aber zweifelten.« Jesus sagt dazu kein Wort, er schickt die Zweifelnden nicht weg, er beauftragt und segnet sie genauso wie die Anderen. Welch ein Vertrauen!

Paulus begeistert in Thessaloniki viele Menschen und überzeugt sie so, dass sie der Gemeinde beitreten. Er rät ihnen dabei aber: »Prüft alles, was euch gesagt wird, manches ist falsch und führt zu Irrglauben«. Deutlicher kann man doch gar nicht auffordern, Zweifel zuzulassen.

Ein echter Prüfstein für den Glauben ist die Botschaft von der Auferstehung Jesu. Sie ist gleichzeitig eine der großen Herausforderungen für Zweifel. Einer seiner Jünger, Thomas mit Namen, hatte so seine Zweifel und betonte: »Ehe ich nicht den Auferstandenen sehe und mich überzeugen kann, dass es wirklich Jesus ist, glaube ich es nicht«. Jesus überzeugte ihn, zu glauben und ließ es damit gut sein.

Es ist durchaus erlaubt, sich Thomas zum Vorbild zu nehmen, was das Zweifeln anbetrifft. Mit dem Überzeugt-werden muss man aber auf ein anderes Zeichen von Jesus warten und rechnen, als Thomas damals. Jesus wird nicht kommen und seine frischen Wunden von der Kreuzigung zeigen. Wir sind ganz viel auf Vertrauen angewiesen und brauchen ganz sicher auch immer wieder kräftige Stützen für unseren Glauben. Eine wichtige Stütze sind Menschen, die auch glauben und denen wir das auch abnehmen Denn das sind die besten »Missionare«, die durch ihr Tun, durch ihre Haltung, durch ihr Beispiel überzeugen.

Worte sind gut und können mächtig sein. Gute Taten und Beispiele sind alle Mal überzeugender.

Leider müssen wir eingestehen, man kann auch sehr gut leben, ohne an Gott zu glauben. Man kann sogar im besten ethischen und auch christlichen Sinne gut sein, ohne an Gott zu glauben. Noch schwieriger wird das alles, wenn wir auch dies ehrlicherweise eingestehen müsse, dass es gibt Menschen gibt, die an Gott glauben und so gut wie nichts tun, was im Sinne Jesu wäre. Es ist gewiss nicht leicht mit dem Glauben, aber wenn man glaubt, ist es schön!

6 Petrus und die Vergebung

Petrus war einer der ersten Jünger. Ihn, seinen Bruder und ein paar Kollegen, allesamt Fischer, sammelte Jesus mit seiner Predigt am Ufer des Sees Genezaret ein. Wir wissen nicht, womit Jesus diese Fischer so sehr begeisterte, dass sie ihren Beruf, ihre Familie, ihr Zuhause aufgaben, um mit ihm zusammen ein unruhiges und ungewisses Wanderleben in Galiläa zu führen. Petrus war offenbar ein Mann, nicht gewandt mit Worten, aber schnell mit der Tat. Das bewies er, als er bei der Verhaftung Jesu durch die römischen Soldaten zum Schwert griff und auf einen der Soldaten einschlug. Jesus hinderte ihn an mehr, heilte den verwundeten Soldaten und ließ sich widerstandslos abführen. Petrus hat in dem Augenblick offenbar alles vergessen, was er von Jesus über Gewaltlosigkeit und Feindesliebe gehört und gelernt hatte. Schon allein die Tatsache, dass er ein Schwert dabei hatte, zeigt, dass er nicht alles von Jesu Lehre begriffen hatte. Aber Nachdenken war wohl nicht seine Stärke.

Dazu hatte er später gute Gelegenheit. Er war dem Trupp der Soldaten mit Jesus als Gefangenem, gefolgt bis zu dem Hof, in dem die Wache ihre Station hatte. Eine Frau meinte, ihn als einen zu erkennen, der mit Jesus zusammen war, und sprach ihn darauf an. In Petrus kroch die Angst hoch, auch verhaftet zu werden. Er leugnete dreimal, Jesus zu kennen. Das hatte Jesus ihm prophezeit, als er einmal seinen Mund zu weit aufriss und von der Unerschütterlichkeit seiner Treue redete: »Ehe der Hahn kräht, wirst du mich dreimal verraten.«. Nun hatte er es getan und war todtraurig. Seine Angst war berechtigt und damit auch verständlich. Den Römern kam es auf eine Verhaftung und Verurteilung mehr nicht an. Er war vermutlich von sich selbst enttäuscht. Er wollte doch so gern anders sein. Nun war er ein Verräter. Gut, seine Treue hätte Jesus auch nichts mehr genützt, aber eine Ruhmestat war Verleugnung ja nun wirklich auch nicht.

Die Geschichte der Christenheit ging über diesen Vorfall hinweg. Er blieb ohne Folgen. Petrus wurde Jahre später in Rom Leiter der Gemeinde und in der Geschichte der Katholischen Kirche der erste Papst. Die Kirche der Päpste in Rom heißt deshalb auch Petersdom. Es gibt keine bekannte Erzählung über die Reue des Petrus, aber dennoch ist ihm verziehen worden. Er war in der ersten Gemeinde in Jerusalem mit dabei und später dann in der Gemeinde in Rom. Im Neuen Testament stehen auch zwei Briefe, die unter seinem Namen geschrieben wurden. Wir wissen heute, dass Petrus sie nicht verfasst hat, wissen aber nicht, wer hier seinen Namen benutzt hat. Auf jeden Fall war es ein guter Name, sonst stünden die beiden Briefe nicht in der Bibel.

Die Geschichte des Petrus hat also einen sehr dunklen Flecken und trotzdem ist er einer der Großen der Christenheit in ihren Anfängen. Und ist er damit ein Vorbild.

Natürlich nicht wegen seines Verrats. Ich glaube auch nicht, dass er sich selbst als ein Vorbild ansah, obwohl seine Treue zu Jesus in Rom hielt: er starb als Märtyrer bei den Christenverfolgungen. Seine Geschichte kann man einordnen als ein gutes Beispiel, wie die Christen mit einem, der offenkundig einen sehr schweren Fehler gemacht hat, umgehen sollten und es in diesem Fall auch taten.. Seine Geschichte macht die Kraft der Vergebung deutlich. Überspitzt könnte ich sagen: Vor Gott zählt nicht, was man getan hast, sondern das, was man jetzt tut. Und machst du wieder einen Fehler, gilt das Ganze von vorne. Die Jünger, und ich nehme an, dass Petrus dabei war, hatten Jesus gefragt: wie oft muss ich eigentlich einem Widersacher vergeben.? Die Antwort von Jesus war: »Sieben mal siebzig Mal«. Mit anderen Worten heißt das: immer wieder. Ich möchte es nicht darauf ankommen lassen, ob ich das könnte, aber ich glaube, Gott macht es so. Letztlich bin ich darauf angewiesen, um vor Gott bestehen zu können. So gesehen ist zumindest die Geschichte von Petrus »vorbildlich«.

7 Maria Magdalenas vergebliche Treue

Die Bibel ist voll von Geschichten über Männer. Es reicht von Adam bis Paulus. Berichte über bemerkenswerte Frauen gibt es auch, aber verglichen mit der Zahl derer über Männer sind es verschwindend wenige. So tauchen in den Evangelien im Neuen Testament in den Geschichten über Jesus auch nur sporadisch Frauennamen auf und in den Listen der Jünger Jesu stehen nur die Namen von zwölf Männern. Dabei wissen wir genau, dass auch Frauen zu diesem Kreis gehörten. Warum werden ihre Namen nicht genannt?. Auch in der Apostelgeschichte wird nur erzählt, dass es zwölf Jünger gab, von denen sich einer, Judas, selbst tötete. An seiner Stelle wurde ein anderer Mann gewählt, Matthias, damit es wieder zwölf waren. Sie nannten sich nun Apostel. Auch hier fehlen die Frauen!

Lydia war Gemeindeleiterin in Philippi, von Paulus selbst eingesetzt, Phoebe war Mitarbeiterin des Paulus, Salome stand mit anderen Frauen unter dem Kreuz, und Maria Magdalena war eine

Jüngerin. Allesamt werden sie in der Überlieferung nur am Rande erwähnt, und ihre Leistung wurde in der Kirchengeschichte nicht gewürdigt

Deutlicher kann man gar nicht aufzeigen, dass die Zeiten, in denen die Texte der Bibel geschrieben wurden, Zeiten waren, die von Männern dominiert wurden. Sie waren durch und durch patriarchalisch. Das hat sich auch im Christentum durchgesetzt. In der Römisch-katholischen und den Orthodoxen Kirchen gilt das bis heute. In den protestantischen Kirchen, in denen es seit rund 60 Jahren Pfarrerinnen und jetzt auch Bischöfinnen gibt, ist das Patriarchalische aufgeweicht, aber nicht gänzlich überwunden. Mit dem Wachstum der afrikanischen Kirchen könnte ein Rückfall in die alten Strukturen drohen, wenn die europäischen und amerikanischen Kirchen nicht aufpassen und sich durchsetzen.

Dagegen hatte es am Anfang mit der Gleichberechtigung so gut ausgesehen.

Von Jesus wissen wir, dass er sich Frauen zuwandte und sie in den Kreis der Jüngerschaft aufnahm. Maria Magdalena war eine von ihnen, Martha eine andere. Eine weitere Maria wird erwähnt, Salome und auch die Mutter Jesu gehörten wohl zu seinen Begleiterinnen. Die Evangelisten betonen, dass die Frauen wesentlich zum Unterhalt der wandernden Gruppe beitrugen. Wie kommt es, dass sie alle in den Listen der Jüngerschaft nicht genannt werden?

Es gibt darauf nur eine Antwort: In den ersten dreihundert Jahren, als sich aus der kleinen jüdischen Sekte in Jerusalem die Kirche entwickelte, die wir aus der Geschichte kennen, gaben Männer den Ton an und drängten systematisch und konsequent die durch Jesus ermutigten Frauen in ihre alten Rollen zurück. Das geschah nicht immer nur sanft und fein, sondern »Mann« bediente sich auch der Fälschung, der Unterdrückung und sogar der Verleumdung.

Eines der bekanntesten Opfer ist Maria aus Magdala, einem kleinen Ort am See Genezareth in Galliläa. Sie war Jesus gefolgt wie eben Petrus und Andreas und Simon und Judas auch. In den Evangelien des Matthäus, des Markus, des Lukas und des Johannes, die im Neuen Testament die Geschichte Jesu erzählen, wird ihr Name acht Mal genannt. Sie war es, die mit zwei anderen Frauen nicht davonlief bei der Kreuzigung Jesu, sondern am Kreuz stand, als er starb. Sie war es, die sich mit anderen um die Beerdigung kümmerte. Sie war es dann auch, der der Auferstandene als Erster begegnete und die er beauftragte, die anderen Jünger zu informieren. Zum Glück gibt es außerbiblische Quellen, die über Jesus, über die ersten Gemeinden und die Entstehung des Christentums berichten.

Über die Entwicklung des Gemeindelebens und der Theologie in den nächsten 200 Jahren gibt es dann etliche schriftliche Zeugnisse außer denen, die im Neuen Testament stehen, sind zu allererst einige Evangelien, die nicht in den Kanon des Neuen Testaments aufgenommen wurden, wie die Evangelien des Thomas, des Philippus, des Judas und der Maria Magdalena. Als um das Jahr 300 der Kanon (so nennen die Theologen die Sammlung der Bücher des Neuen Testaments) geschlossen wurde, galten diese Evangelien als nicht zuverlässig, wie das Thomasevangelium, oder als nicht authentisch, wie das Evangelium des Judas, oder als nicht erwünscht, wie das der Maria Magdalena.

Es war unerwünscht, weil das herrschende Patriarchat der Kirchenväter, so nennt man die Theologen der ersten Zeit der christlichen Kirchen-, keine Einmischung einer Frau wollten. Schon gar nicht wollte man Maria Magdalena dabeihaben. Sie vertrat eine andere theologische Richtung als die Kirchenväter in der Zeit um 300 n. Chr.

In den ersten drei Jahrhunderten, in denen sich das Christentum im römischen Reich ausbreitete, gab es verschiedene theologische Zentren wie Jerusalem, Antiochien, Alexandrien, Byzanz, Rom, Mailand, Karthago. Es ergaben sich durch unterschiedliche Schwerpunktsetzung und Auslegung der Überlieferungen über Jesus und in Auseinandersetzung mit vorhandenen religiösen Strömungen im Judentum und in den hellenistischen Mysterienreligionen vor allem in Kleinasien immer wieder unterschiedliche Ausrichtungen in den theologischen Aussagen der Christen. Die Kommunikation war schwierig und zeitaufwendig. Kaiser Konstantin (306 – 337) erzwang mit dem Konzil zu Nizäa (325) eine Einheit und machte das Christentum zur Staatsreligion. Dieses Bündnis mit der Staatsmacht besiegelte unter anderem auch das Schicksal des Evangeliums der Maria Magdalena.

In diesem Evangelium, dessen Aussagen durch eine andere Schrift, die »Pistis Sophia« aus dem dritten Jahrhundert bestätigt werden wird, wird Maria Magdalena von Jesus zur ersten Stellvertreterin vor Petrus erklärt und mit der Leitung der Kirche beauftragt. Ihre Lehre leitet sich ab aus den Seligpreisungen der Bergpredigt und stellt damit Friedfertigkeit, Gewaltlosigkeit, Barmherzigkeit, Armut und geistliche, meditative Ausrichtung in den Mittelpunkt. Zusätzlich wird berichtet, dass sie Jesus sehr nahe stand und dass Jesus »sie oft auf den Mund« küsste. Das nun wiederum führte zu dem Schluss, dass Maria eben nicht nur eine Jüngerin und gute Freundin Jesu war, sondern seine Geliebte, wenn nicht sogar seine Ehefrau. In diesen Aussagen stecken zwei »Unmöglichkeiten« für die junge Christenheit. Die Vorstellung, Jesus sei an eine Frau gebunden gewesen und hätte sie auch noch zu seiner Stellvertreterin, gewissermaßen zur ersten Päpstin, ernannt, sprengte das Weltbild der Kirchenväter. Die Ausrichtung des Christentums als Religion der Gewaltlosigkeit hätte die Pläne Konstantins zunichte gemacht, mit dieser Religion sein riesiges Reich zusammenzuhalten, zu einen und so zu regieren. Beide Gründe führten dazu, dieses Evangelium verschwinden zu lassen. Zusätzlich wurde Maria Magdalena als persona non grata abgestempelt, in dem sie fälschlicherweise mit einer Sünderin gleichgesetzt wurde, von denen die Evangelien der Bibel berichten, dass sie Jesus um Gnade für ihre Vergangenheit bat, ihm die Füße wusch und sein Haupt salbte. Die Vergangenheit soll Prostitution gewesen sein. So wurde Maria zur Prostituierten und damit unmöglich gemacht. Die Gleichsetzung ist aber eindeutig falsch. Die namenlose »Sünderin« ist nicht Maria Magdalena.

Außerdem durfte die Gewaltlosigkeit sich nicht durchsetzen und womöglich zum Dogma werden. Konstantin brauchte eine Religion als Partner, die seine kriegerischen Aktivitäten unterstützte. Die Kirche wollte sich die Chance nicht entgehen lassen, als Staatskirche in den geschützten Raum einzuziehen. Das mag aus den Erfahrungen der Christenverfolgungen unter der Regie der römischen Kaiser gar nicht so verwunderlich erscheinen. Falsch war es nach meinem Verständnis trotzdem, denn die Teilhabe an der Macht korrumpiert.

Wie auch immer, das Evangelium der Maria wurde verboten, vernichtet und zur Häresie erklärt. Es wurde aber auch versteckt und überdauerte die Jahrhunderte. So kam es nun, dass Maria Magdalena nicht in der Vergessenheit blieb, sondern heutzutage für Unruhe sorgen kann über die Ausrichtung der Kirche in den Fragen der Gewaltlosigkeit und über den Ausschluss von Frauen von kirchlichen Ämtern.

1945 wurden im Oberägypten beim Ort Nag Hamadi ein Tonkrug ausgegraben mit einem Bündel von Schriften auf Papyrus. Darunter war ein Evangelium des Philippus, von dem man schon wusste, es aber noch nicht kannte. In ihm wird berichtet, was ich oben über das Evangelium der Maria Magdalena geschrieben habe. Man erinnerte sich jetzt an einen Schatz im Ägyptischen Museum von Berlin, der dort unter dem Code P8302A archiviert worden war. Es ist eine unvollständige Abschrift des Evangeliums der Maria Magdalena, allerdings in einer koptischen Übersetzung. Dieser Kodex ist in das 5. Jahrhundert zu datieren und bestätigt alles bisher Gesagte. Ähnliche Fundstücke liegen in Oxford.

Die Wissenschaftler gehen davon aus, dass Maria das Evangelium nicht selbst geschrieben hat, sondern, dass Anhängerinnen oder Anhänger ihrer Lehre ihren Namen benutzten, um so ihr Vermächtnis besser verbreiten zu können. Das wird um das Jahr 200 gewesen sein. In der kirchlichen Tradition existierte schon lange ein Gedenktag für Maria Magdalena, eine Art Namenstag. An diesem Tag gibt es in Südfrankreich in der kleinen Stadt Saint-Maximin-la-Sainte-Baune Wallfahrten und Umzüge für Maria Magdalena. Der Legende nach war sie zusammen mit der Mutter Jesu aus Jerusalem nach Ephesus geflohen, dort im Zuge weiterer Verfolgungen mit anderen frommen Christen in ein Boot ohne Segel und Ruder gesetzt worden und auf wunderbare Weise bis Südfrankreich getrieben und dort auch später begraben worden.

Im Jahr 2016 hat Papst Franziskus den einfachen Gedenktag an Maria Magdalena umgewandelt in einen »gebotenen Feiertag«. Sie trägt inzwischen auch den Titel **apostula apostolorum,** Apostolin unter den Aposteln. Es gibt also eine späte Rehabilitation innerhalb der katholischen Kirche. Wie weit sie die Diskussionen um Frauen als Priesterinnen vorantreiben kann, bleibt abzuwarten.

Ebenso bleibt es vorerst eine Hoffnung, dass sich im Christentum das Bekenntnis zur Gewaltlosigkeit durchsetzen kann. Aber dass es im Jüngerkreis keine Frauen gab und in den jungen christlichen Gemeinden Frauen nicht in leitender Stellung tätig waren, wird niemand mehr behaupten können.

8 Evas Verdienste

Eva erlitt das gleiche Schicksal wie Maria Magdalena. Statt dass ihr Dank gezollt wird und die Erinnerung an sie mit Anerkennung gepaart ist, wird sie diskriminiert als die Schuldige am Verlust des Paradieses und als die Verführerin der Männer. Das schlechte Image der Schlange ging auf Eva über dank der durch Männer dominierten Auslegungsgeschichte der alten Texte.. Versuchen wir, genauer hinzuschauen.

Es fängt gut an. Die Bibel erzählt: »Gott schuf den Menschen nach seinem Bilde, und er schuf sie als Mann und Frau.« Das ist erst einmal eine neutrale Aussage, ohne Wertung oder Rangordnung. Allerdings kann man aus dieser einfachen Feststellung auch ableiten, dass Gott selber nicht an ein Geschlecht gebunden ist; »nach seinem Bilde« heißt ja »als Mann und als Weib.« Etwas später wird die Erschaffung des Menschen in doppelter Ausfertigung damit begründet, »dass es nicht gut ist, dass der Mensch alleine sei.« Weiter heißt es: »ich will ihm ein Gegenüber schaffen, jemanden, der ihm entspricht.« Aus dieser Wortwahl kann man, ohne etwas verbiegen zu müssen, sehr gut eine Gleichberechtigung der beiden Geschlechter ableiten. Die Auslegung der Kirchenväter lief anders. In Anlehnung an die spätere Erzählung über die Erschaffung des Menschen, in der die Frau aus einer Rippe des Mannes geschaffen wird, lässt sich eine Rangordnung ableiten, wenn man das so will. Und die Kirchenväter wollten das! So wird Adam der Bestimmende und Eva die Gehilfin. Das wird noch untermauert durch das Ärgernis, dass die oben wörtlich zitierten Stellen in den alten Handschriften sehr schlecht überliefert sind und damit eine andere Übersetzung möglich wird. Statt von einem »Gegenüber« ist dann von einer »Gehilfin« die Rede.

Diese andere Übersetzung hat leider auch Martin Luther gewählt und so geholfen, die Rangordnung zwischen Mann und Frau bis heute in vielen Köpfen festzuschreiben. Dem schließe ich mich nicht an, sondern betone die Richtigkeit meiner Darstellung: Frau und Mann sind gleichberechtigt und gleichwertig. Da, wo es nötig ist, können sie einander ergänzen, sie stehen aber nicht in Abhängigkeit von einander. Leider ist die Wirklichkeit auch in der Kirche bis heute anders. Eva ist abgewertet und hat das nicht verdient.

Im weiteren Verlauf der biblischen Erzählung vertieft sich leider auch in den alten Texten der Zwiespalt zwischen Mann und Frau bis hin zu solchen Aussagen zu Eva: »Dein Verlangen soll nach deinem Manne sein, aber er soll dein Herr sein.« Die Patriarchalische Gesellschaftsordnung, in der diese Texte geschrieben wurden, setzt sich auf ganzer Linie durch und macht die Ansätze zur Gleichberechtigung nahezu unsichtbar. In der Sexualität wird das besonders deutlich. Dem Begehren der Frau wird der Herrschaftsanspruch des Mannes entgegengesetzt. Im Umkehrschluss heißt das, wenn der Mann die Frau begehrt, hat sie zu gehorchen. Das kann doch nicht wahr sein! Ich glaube, das war es am Anfang auch nicht. Denn später heißt es, als Adam und Eva ihre Kinder zeugten: »Adam erkannte sein Weib«. Zu ergänzen ist: »...und Eva erkannte ihren Mann.«. Den Beischlaf beschreiben als ein »Erkennen«, erkennen, was und wie der andere ist, wissen, was sie und er wollen und mögen! So schön kann es sein. So könnte es sein. Auch hier gibt es im Laufe der Geschichte eine Verschärfung. Im Zuge der Marienverehrung ist im Zusammenhang mit ihrer Jungfernschaft von der »unbefleckten Empfängnis« die Rede. Das bedeutet doch: Der Akt der Zeugung beinhaltet sonst eine »Befleckung« der Frau, sie wird also dadurch »unrein«, was im religiösen Bereich ja einen Ausschluss bedeutet, der erst wieder durch einen besonderen religiösen Akt aufgehoben werden kann. Was für ein abstruser Gedanke!Die Geschichte des Christentums zeigt also, dass sich die Sicht der Dinge weiter verschoben hat, leider nicht zum Guten.

Auch die Erzählung geht weiter, und Eva sammelt wieder den Schwarzen Peter ein, allerdings auch wieder zu Unrecht, wie ich zeigen werde. Beide leben so ganz zufrieden im Garten Eden, wie das Paradies auch genannt wird. Es war alles vollkommen friedlich, bis sich Eva einmal mit der Schlange unterhielt. Genauer gesagt, die Schlange sprach Eva an aus dem Baum heraus, von dessen Früchten sie und Adam laut Gottes Gebot nicht essen durften. Nach ein bisschen Smalltalk kam die Schlange zur Sache und verriet den Grund des Verbotes. Dies war nämlich der Baum der Erkenntnis. Wer davon isst, kann das, was bisher nur Gott konnte: Gut und Böse unterscheiden. Die Schlange gewann, Eva aß und gab Adam, der daneben stand, auch zu essen.

Tatsächlich trat eine Verwandlung ein, so wird erzählt. Adam und Eva erkannten, dass sie nackt waren und schämten sich. Das Ende der Geschichte ist, dass beide des Gartens verwiesen wurden und sich einrichten mussten auf der Erde mit Arbeit und Sorge und, wenn es ihnen gut ging, auch mit Freude. Das mag bitter klingen, aber sie hatten ja etwas Kostbares hinzugewonnen: Sie konnten in moralischen Kategorien denken, sie konnten ethische Entscheidungen treffen, sie waren denkende Menschen geworden mit der Fähigkeit, das Leben und die Welt zu gestalten, auch nach den Maßstäben von Gut und Böse. Das heißt doch, wenn man es zu Ende denkt, dass die Menschen es in der Hand haben, aus der Welt und ihrem Leben wieder das Paradies zu machen. Sie müssen nur immer so handeln, dass es gut ist für sie und, das ist wohl die Schwierigkeit dabei, auch für die anderen. Das klingt sehr naiv. Das ist es auch. Aber deshalb muss es ja noch nicht falsch sein.

Eva ist aus der Geschichte als die große Verliererin herausgekommen. Sie ist schwach und lässt sich von der Schlange verführen. Sie ist darüber hinaus dann auch selbst die Verführerin, die Adam mit hineinzog. Sie ist Schuld am Verlust des Paradieses. Eva, das Negativbeispiel.

Erster Einwand: Adam hätte sich wehren und weigern können, auch zu essen. Mehr noch. Er stand dabei, hörte auch die Rede der Schlange. Hätte er nicht einschreiten müssen? Adam hat auf der ganzen Linie versagt. Nur sagt des keiner, alle hacken auf Eva herum.

Noch eine weitere Überlegung kommt mir. Es ist doch denkbar, dass Eva aus dem Hinweis der Schlange erkannte, welch große

Chance da vor ihr und Adam lag. Unterscheiden können zwischen Gut und Böse! Herr und Herrin sein über Entscheidungen, über gesellschaftliche Gestaltung, über Recht und Unrecht. Freiheit des Geistes gewinnen! Es kann doch sein, dass dies alles in der alten Geschichte eigentlich erzählt werden sollte. Eva wäre dann der Mensch, der oder besser die »Menschin« wie Martin Luther auch einmal übersetzt, die das alles in Gang gebracht hat, worauf wir mit unserer Kultur so stolz sind. Eva wäre dann diejenige, die zu ehren und zu feiern wäre. Adam und mit ihm die ganze Menschheit müssten ihr dankbar sein.

Dass die Menschen es nicht schafften, ihre Fähigkeiten so einzusetzen, dass eben das Gute, wenn schon nicht immer, aber dann doch meistens zum Zuge kommt und dieser Satz wahr wird: »Überwinde das Böse mit Gutem«,-- das dürfen wir Eva nicht anlasten. Diese Schuld ist weit verteilt im menschlichen Geschlecht. Den Sündenfall taten und tun die Menschen ständig, Der von damals hätte zum Glücksfall werden können. Ich weiß, diese Auslegung der Geschichte ist gewagt und meines Wissens noch nirgends unternommen worden. Ich halte sie aber für legitim und werde daran festhalten, bis man mir nachweist, dass ich wirklich völlig falsch liege.

9 Wunder über Wunder

Die Welt ist voller Wunder. Eine blühende Blume ist ein Wunder an Schönheit. Ein Sonnenaufgang am Meer ist ein Wunder. Ein kleines Kind, das dich aus seinen Kissen anlächelt, ist ein Wunder. Wenn sich zwei Menschen nach jahrelangem Streit schließlich doch wieder die Hand reichen, ist das ein Wunder. Dass wir in unserem Land seit fast 80 Jahren ohne Krieg leben dürfen, ist ein Wunder. Unsere Welt ist voller Wunder. Wir können sie sehen und erleben.

Was aber ist nun ein »Wunder«? Zufall? Fügung? Glück? Schicksal? Schönheit? Muss alles, was wir nicht erklären können, ein Wunder sein? Wenn ein Ereignis, ein Erlebnis, eine Begegnung, ein Anblick unsere Erwartungen, unsere Erklärungsmöglichkeiten, unsere Vorstellungen der Einordnung übersteigt oder sprengt, reden wir vom

Wunder. Wenn etwas so geschieht, wie wir es erwartet haben und das Ganze auch noch negativ ist, sagen wir: ist doch kein Wunder! Wenn ein Kind im Denken, Reden, Laufen, Rechnen deutlich weiter ist als seine Altersgenossen, ist es schnell ein Wunderkind. Eine Heilung von einer Krankheit, die offiziell als nicht heilbar gilt, ist eine wunderbare Heilung. Die Geburt eines Kindes bleibt, obwohl wir alles bis ins Kleinste naturwissenschaftlich erklären können, ein Wunder.

In den Erzählungen über Jesus spielen Wunder eine große Rolle. Schon die Tatsache, dass er sich mit Menschen zusammentut, die in der Gesellschaft nicht den besten Ruf haben, gilt ein Wunder. Ebenso verwunderten sich viele zu seiner Zeit, dass er Frauen in den engeren Jüngerkreis aufnahm, denn Frauen gehörten doch nicht in die Öffentlichkeit. Ist es tatsächlich ein Wunder, wenn ein von allen geächteter und verachteter Mensch wie einer der Zöllner sein Leben ändert, nur weil Jesus sich ihm zuwendete, ihn in seinem Haus besuchte, ihn nicht verachtete, sondern ihn ernst nahm in seinem bedrückenden Dasein? Ist es ein Wunder, dass Kranke gesund werden, wenn sie, die allein in irgendeiner Zimmerecke oder gar als Bettler am Straßenrand vor sich hin vegetieren, Zuspruch und Zuwendung erfahren? Ich will jetzt nicht alle Wunder, die von Jesus berichtet wurden, rational und psychologisch aufklären oder als Nicht-Wunder entlarven. Das würde spätestens bei den Auferweckungen von Toten ein ziemlicher Drahtseilakt werden mit der akuten Gefahr, abzustürzen. Ich will nur den Begriff Wunder aus dem Bereich der Unmöglichkeit herausholen, damit die Tatsache, dass von Jesus Wunder erzählt werden, nicht immer wieder als Argument gegen seine Glaubwürdigkeit benutzt wird. Es gibt Wunder. Ohne sie wäre unsere Welt ärmer.

Auch dies sollten wir bedenken: um einen Menschen, der so gewaltige Veränderungen in der Wirklichkeit dieser Welt in Gang gebracht hat, wie Jesus es tat, ranken sich natürlich Geschichten, die nicht alle streng mit den Maßstäben der absoluten Wahrheit gemessen werden sollten. Nicht nur im Zusammenhang mit den Wundergeschichten würden wir gern Jesus selbst befragen können. Zum Beispiel danach, wie er sich das mit der Feindesliebe vorstellt.

Aber das bleibt alles ein Traum. Die Bedeutung, die Jesus für die moralische, religiöse, geistliche, menschliche Entwicklung in dieser Welt hat, liegt nicht in den Wundern begründet. Sie finden wir in seinen Reden und in seinem Umgang mit Menschen und mit Gott. Wunder sind »Dinge«, die unser Leben schöner machen. Leben wir getrost mit ihnen!

Neben den Wundern Jesu sind auch manche Zahlenangaben immer wieder ein Anstoß zu Diskussionen und Ärger. Methusalem wurde 969 Jahre alt, David hat eigenhändig 10.000 feindliche Soldaten mit dem Schwert erschlagen und Salomo hatte 1000 Frauen. Es ist eigentlich klar, dass es sich bei solchen Angaben um erzählerische Übertreibungen handelt. David wird immer wieder als der große König gefeiert, er sollte nun auch ein großer Krieger sein. Da können es gar nicht genug Feinde sein, die er besiegt hat. Wer weiß, ob et überhaupt 10.000 Feinde hatte! Salomo ließ den großen Tempel in Jerusalem bauen. Der war der Stolz der Israeliten. Salomo verstand es offenbar auch, einen prachtvollen Hofstaat zu führen, ruhmreich weit über die Grenzen Israels hinaus. Es gab reichlich »Futter« für Lobgesänge und fantastische Erzählungen. Tausend Frauen kommen da gerade recht. Und beim Alter kommen wir ja auch schnell mal durcheinander, aus achtzig Jahren werden auch mal neunzig. Da ist zwar noch ein weiter Weg bis zu 969 Jahren, aber für Erzähler, die auch gerne prahlen, ist er gangbar. Kurz und gut, es ist nicht wörtlich zu nehmen.

Ich sehe diesen Exkurs zum Anlass gleich weitere Geschichten zu »entgiften«, über die oft sehr negativ geurteilt wird. Es sind vier Erzählungen aus dem Bereich der Urgeschichten, also aus dem ältesten Teil der Bibel. In ihm geht es um Erfahrungen der Menschheit. Es sind Geschichten, die nicht nur in der Bibel aufgezeichnet werden, sondern ähnlich auch in anderen Kulturen wie im Zweistromland, in Indien, in Ägypten. Sie versuchen, die Welt zu beschreiben und zu erklären mit dem Wissen ihrer Zeit. Die Schöpfungsgeschichte gehört dazu. Über sie schreibe ich an anderer Stelle.

Die Sintflut, die auf Hochdeutsch die »große Flut« hieße, gehört zu diesen ganz alten Geschichten, die schon vor sechstausend Jahren an Lagerfeuern und in Zelten erzählt wurden, nicht nur in Israel. Wir finden sie auch im Zweistromland und sogar in Indien. In der Bibel wird sie sehr ausführlich erzählt und an eine Person gebunden, an Noah. Die gleiche »Technik« des Erzählens nutzen heute noch Romanschreiber. Wenn sie die Geschichte eines Landes erzählen wollen, verbinden sie das mit einer Familiensaga, auch wenn es diese Familie nie gab. Es hätte sie aber geben können.

Es gibt gute Gründe, die Geschichte der Flut immer wieder zu erzählen und darauf zu achten, dass sie nicht vergessen wird. Wir brauchen das heute mehr, als die Menschen damals. Es gilt, das Bewusstsein wach zu halten, dass unsere Erde kein Ort für die Ewigkeit ist. Sie kann überschwemmt, verwüstet, zerstört werden, sodass Leben nicht weiter möglich ist.. Ob der Erzählung ein bestimmtes Ereignis zu Grunde liegt oder sie ausgedacht ist, ist unerheblich. Es kommt auf die Botschaft an, die von ihr ausgeht.

Das Weltbild der Israeliten und Babylonier zeigte die Erde als eine Scheibe über die sich der Himmel wie eine großen Glocke wölbt. Außerhalb der Glocke war Wasser, der Himmelsozean. Der Himmel, also die Glocke, hielt das Wasser fern. Was aber ist, wenn die Glocke ein Loch bekommt? Es kann dann eine große Flut geben. Dieses Wissen gehörte zu den Grundängsten der Zeit. Da für das Volk Israel alles, was geschah, in der Hand Gottes lag, war er es dann auch, der die Sintflut zugelassen hat. Die Begründung lag, wir würden heute sagen: im moralischen Bereich oder in der Ethik. Die Menschen ließen zu viel Böses zu, sie verachteten die Gebote Gottes. Die Sintflut war die Folge. Manche sagen auch, es war die Strafe.

Wir heute können die Geschichte so nicht mehr deuten, weil bei uns für die Strafverfolgung die Gerichte zuständig sind. Aber wir wissen, dass die Erde verletzlich ist. Wir diskutieren dieses Problem, hinter dem auch die Angst vor dem Untergang steht, täglich. Die Israeliten bewältigten ihre Angst mit Hilfe der Religion und ihres Glaubens. Der Erzähler benennt Gott nicht nur als den Verursacher, sondern er nennt auch den Grund, nämlich die Verrohung der Menschheit. Außerdem lässt er Gott weiter handeln. Er erzählt vom Regenbogen, einem Naturschauspiel, das für Menschen, die die Lichtbrechung und Worte wie Spektralfarben noch nicht kannten, ein unerklärliches Schauspiel war. Für sie blieb nur eine übernatürliche Deutung übrig. Wieder ist Gott im Spiel, er setzt den Regenbogen über die Erde und spricht dazu:

Solange die Erde steht, soll nicht aufhören
Saat und Ernte, Frost und Hitze,
Sommer und Winter, Tag und Nacht.«

Der Regenbogen wird also zu einem Symbol des Schutzes Gottes für diese Erde. Die Geschichte von der Sintflut dient letztlich der Vergewisserung, dass Gott da ist und das Heft auch in der Hand hat.

Die Parallele zum Klimawandel drängt sich auf. Das Handeln der Menschen treibt die absehbare Katastrophe voran. Letztlich sind es auch hier ethische und moralische Kategorien, die schuld sind: Unmäßigkeit, Fortschrittswahn, Gier, Besitz- und Machtdenken, Wachstum um jeden Preis.

Der Turmbau zu Babel

Der holländische Maler Pieter Breughel hat seine Vorstellung von diesem Turm eindrucksvoll gemalt: eine riesige Stadt, wie ein Turm gebaut, mit Straßen und Rampen, die nach oben führen, unendlich vielen Stockwerken. So sollte sie vielleicht tatsächlich werden, als sich die Menschen daran machten, sie zu bauen. Alle wollten sie darin wohnen. Ihre Stadt sollte bis in den Himmel reichen. »Vielleicht schaffen wir es ja, zu bauen, bis wir Gott erreichen« begeisterten sich die Bauleute. Es wurde nichts daraus. Gott fuhr dazwischen, wird erzählt. Der Turm stürzte in sich zusammen, begrub unzählige Menschen unter sich. Die, die überlebten, zerstreuten sich in alle Winde, sie verstanden sich nicht mehr, redeten aneinander vorbei. Gott hatte ihre Stimmen verwirrt.

Die Geschichte ist vieldeutig. Sie »erklärt« die Tatsache, dass es viele unterschiedliche Sprachen gibt. Sie entwickelten sich in den versprengten Gruppen nach dem Einsturz.

Auch so kann man deuten: der Versuch, an Gott »heranzukommen«, ihn sogar zu übertrumpfen, führt in die Katastrophe. Die alten Griechen nannten diese Versuche von Menschen Hybris.

Menschen steht es nicht an, wie Gott sein zu wollen. Die Evolutionsforscher fügen noch eine weitere Deutung hinzu: Im Laufe der Menschheitsgeschichte begannen irgendwann Menschen, Städte zu gründen. Sie gaben das Leben der Nomaden auf. Mit ihren Gründungen schränkten sie aber die Möglichkeiten der Nomadenvölker ein. Der Konflikt musste gelöst werden. Die Israeliten, selbst Nomaden, erzählten diese Geschichte, um ihre Lebensform zu verteidigen. Gott zerstört die Stadt, verstreut die Menschen, sie überleben als Nomaden.

Die ersten beiden Deutungen waren die späteren, als die Israeliten selbst sesshaft geworden waren und die Städte in Kanaan erobert hatten. Mit der dritten Deutung verteidigten und legitimierten sie ihr Leben als Nomaden. Die Bibel versucht also, die Lebensverhältnisse zu deuten, damit die Menschen sie akzeptieren oder ändern können.

Der Himmel ist offen

Die Bibel nimmt sich nicht nur der großen Themen des Lebens an, sondern auch der persönlichen Nöte, wie zum Beispiel in der Geschichte von Jakob, einem der Enkel Abrahams.

Von ihm wird unter anderem erzählt, dass er fliehen musste. Das hatte einen verständlichen Grund. Er hatte seinen Bruder um das Erbe betrogen. Der wollte Rache und rückte mit Bewaffneten an. Jakob floh Hals über Kopf und verirrte sich in der Wüste aus Bergen, Steinen und Sand. Er war seelisch und körperlich am Ende, legte sich erschöpft schlafen. Er träumte einen »himmlischen Traum«. Der Himmel war offen, eine Leiter führte herab zur Erde und Engel stiegen auf der Leiter auf und ab. Jakob wachte auf. Er überdachte seine Situation und den Traum. Danach deutete er ihn so: Gott hat mir gezeigt, dass der Himmel offen ist, auch für mich, der ich doch viel Schuld auf mich geladen habe. Gott verwirft mich deshalb offensichtlich nicht. Damit tröstete er sich, setzte seinen Weg fort und fand schließlich wieder Leben und Glück und auch noch Aussöhnung mit seinem Bruder.

Ich habe diese Geschichte immer als tiefen Trost empfunden: wenn du meinst, es geht nicht weiter, warum auch immer, wer auch immer schuld daran ist, der Himmel steht dir offen. Gott ist da, zuverlässig.

Menschenopfer

Aus fast allen alten Kulturen sind Rituale des Opferns bekannt, auch des Menschenopfers. Das gilt auch für das Volk der Bibel, Israel. Man glaubte, durch Opfer die Gunst Gottes zu erreichen oder zu erhalten und hoffte, Schlimmes abzuwenden.

Eine der alten Geschichten erzählt vom »Erzvater«, was soviel meint wie Stammvater, Abraham. Ihn forderte Gott auf, so wird erzählt, auf einen Berg zu steigen, dort einen Altar zu bauen und seinen Sohn Isaak zu opfern. Abraham galt als sehr gottesfürchtig. Er war es offenbar auch, denn er wollte gehorchen und machte sich zusammen mit seinem Sohn auf den Weg. Er richtete alles zum Opfer. Als er Hand an seinen Sohn legen wollte, hinderte ihn ein Engel und wies auf einen Widder, der sich seitwärts im Gestrüpp verfangen hatte. Abraham opferte den Widder. Wir Heutigen erschrecken zurück bei dieser Geschichte über diesen Gott, der einem Vater zumutet, seinen Sohn zu töten. Für die Hörer damals beendete sie das Opfern von Menschen. Wir hören Unzumutbarkeit, sie hörten Befreiung. Wir sagen, diese Geschichte gehört nicht in die Bibel, und sehen jetzt: es ist gut, dass es sie gab und gibt. Opfer von Menschen kann man nicht mit Gott begründen.

Diesen vier alten Geschichten folgt eine, die weltberühmt geworden ist. Sie macht den Kleinen Mut und sollte den Großen und Starken zu denken geben. Dann wird eine »Wundergeschichte« von Jesus dieses Kapitel beschließen.

David und Goliath

Auch diese Geschichte gibt es nicht nur in der Bibel. Sie wurde aber von den israelitischen Geschichtsschreibern auf David übertragen, den großen König der »Alten Zeit«, der die Stadt Jerusalem zum israelitischen Zentrum machte und damit dem Gotteskult des Jahwe eine Heimat gab. Sein Sohn Salomon ließ den sagenhaften ersten Tempel bauen. Auf David bezogen sich die Menschen, als sie Jesus zum Messias verklärten und seine Ahnenreihe auf David zurückführten.

Ein Hirtenjunge, also David, stolpert in den kriegerischen Konflikt zwischen den Israeliten unter dem König und Feldherrn Saul und den Philistern. Alten Sagen nach wurden Schlachten in grauer Vorzeit manchmal beendet, indem man zwei ausgewählte Kämpfer gegeneinander antreten ließ und so über Sieg und Niederlage entschied. Das geschah hier auch. Die Philister boten Goliath auf, einen Riesen. Wir sind schon wieder im Bereich der Sagen. Die Israeliten waren ratlos, sie hatten nichts dagegenzusetzen. Kampflos die Niederlage hinnehmen? David hatte den Mut, anzutreten. Als man ihm, der in Hirtenkleidung gekommen war, die Rüstung und die Waffen des Königs Saul anbot, zeigte sich, dass er zu schmächtig war, sie zu tragen. Er nahm seine Steinschleuder. Während Goliath sich noch in großartigen Kampfreden und elenden Schimpfkanonaden erging, schwang er die Schleuder und traf den Riesen mitten auf die Stirn. Mit solchen »Schüssen« vertrieb David sonst Füchse, Wölfe, vielleicht auch einmal einen Löwen. Jetzt fiel Goliath wie ein Baum zu Boden. Das Entsetzen der Philister war groß, sie wandten sich zur Flucht. Die Israeliten nutzten die Verzweiflung und das Chaos, um die Kämpfer der Philister niederzumachen.

Die Geschichte wurde sprichwörtlich: David besiegt Goliath, der Hirtenjunge besiegt den erprobten Kämpfer, der Unbedarfte besiegt den Spezialisten, der Kleine den Großen, das Schwache das Starke...

Ist es ein Wunder, dass David »Karriere« machte und schließlich selbst König wurde? Immer wieder wurde diese Geschichte auch Mutmacher für die Kleinen, Hoffnungsgeber für hoffnungslos Unterlegene, Antreiber, ungerechte Verhältnisse umzukehren.

Die Hochzeit zu Kana

Jesus war mit seinen Jüngern zusammen Gast bei einem Hochzeitsfest im Dorf Kana. Das Fest war im vollen Gange, da wurde klar: Der Bräutigam hatte schlecht
vorgesorgt. Der Wein ging zur Neige. Nach einigen Hin und Her, was zu tun sei, übernahm Jesus die Regie und verwandelte das Wasser, das in großen Tonkrügen zur Reinigung bereit stand,

in Wein. Alle freuten sich, befanden den Wein für sehr gut und feierten weiter.

Wasser zu Wein – ein Zaubertrick? Jesus ist aber kein Zauberer. Ich weiß auch nicht, wie das bei der Hochzeit wirklich war. Ich weiß also auch nicht, ob diese Geschichte stimmt. Ich glaube eher, sie ist ausgedacht. Ich finde aber, dass sie sehr gut ausgedacht ist. Sie zeigt Jesus als einen, der dafür sorgt, dass Menschen feiern können. Er feiert mit und er hält keine moralischen Reden.

Ich freue mich, dass Jesus, also Gott, ein Freund des Feierns und der Fröhlichkeit ist. In der Geschichte der Frömmigkeit wurde das oft verneint. An Gott zu glauben, kirchengerecht zu leben war oft ein trauriges Kapitel. Es tut gut, diese Geschichte in der Bibel zu finden, sie mit Jesus verbinden zu dürfen und, wenn es dran ist, auch fröhlich zu feiern,

Mit der Auslegung der Bibel befassen sich inzwischen so viele Wissenschaftler, Archäologen, Historiker, Sprachwissenschaftler, Soziologen, Schriftgelehrte und natürlich auch Theologen. Wir können unbesorgt sein, an allen Stellen, an denen es auf Wahrhaftigkeit und Genauigkeit ankommt, ist fast alles erforscht. Man kann es nachlesen oder auch googeln oder selbst ein wenig nachforschen. Dabei macht man dann vielleicht ja auch die eine oder andere Entdeckung, die einem wie ein Wunder vorkommt und das Leben schöner und leichter macht. Viel Glück!

10 Engel – gibt es die?

Die Frage, ob es Engel gibt, ist ähnlich schwer oder leicht zu beantworten wie die, ob es Gott gibt. Wer an ihn glaubt, sagt einfach ja. Wer nicht an ihn glaubt, hat viele gute Gründe bereit, die nachweisen, warum es ihn nicht geben kann. Fragen des Glaubens entziehen sich der wissenschaftlichen Diskussion und dem Zwang zur Beweisbarkeit. Die Frage nach dem Gottesbeweis hat der Philosoph Immanuel Kant in seiner »Kritik der reinen Vernunft« erledigt (wenn ich Gott beweisen könnte, wäre er nicht Gott). Wer Näheres wissen möchte, sollte bei ihm nachlesen. Die Forderung an die Wissenschaft, Gottes Existenz oder Nichtexistenz zu beweisen, hat einer der größten Wissenschaftler der Neuzeit, Albert Einstein abgewiesen: Das ist nicht Aufgabe der Wissenschaft und entzieht sich ihren Möglichkeiten. Was für Gott gilt, gilt auch für die Engel, denn sie gehören zu Gott. Die Frage muß also immer lauten: glaubst du, dass es Engel gibt oder glaubst du es nicht?

Auf jeden Fall gehören Engel zu unserem alltäglichen Sprachgebrauch und nehmen bei den meisten Menschen in ihrem Denken einen breiten Raum ein: Schutzengel, schlafen wie ein Engel, mein Engelchen, blonde Engel, Gelbe Engel, Der Blaue Engel, gefallene Engel, Racheengel, Todesengel, da hörst du alle Engel singen, reden mit Engelszungen, Engelchen, Engelchen flieg...

Und wenn es denn Engel gibt, ergeben sich viele Fragen: Sind sie männlich oder weiblich oder gar nichts? Wo sind die Engel, wenn sie nicht unterwegs sind? Haben Engel Flügel? Was haben Engel an? Hat der Teufel auch Engel?

Der Reihe nach. Engel, das Wort kommt über die lateinische Sprache (angelus), aus dem Griechischen und heißt ganz einfach: Bote. Engel sind in der Bibel zu Hause. Dort sind sie immer im Auftrage Gottes unterwegs, mit bestimmten Botschaften betraut oder für besondere Aufgaben vorgesehen. Die meisten Engel, über 150 mal wird von ihnen in der Bibel gesprochen, sind namenlos, sie erledigen ihre Aufgabe und verschwinden. Einige sind offenbar wichtiger, kommen öfter vor, werden Erzengel genannt und haben auch Namen: Michael, Gabriel, Raphael. Gabriel kennen wir aus der Weihnachtsgeschichte, Michael als den Drachentöter, Raphael als Schutzengel des Tobias und der Kinder. Es gibt in der liturgischen Ordnung des Jahres ein Engelfest, der 29. September, und am 2. Oktober das Schutzengelfest. Wenn Engel in der Bibel nicht gerade einen Auftrag ausführen, sind sie zum Lobe Gottes da, vor allem die Cherubim mit vier Flügeln und die Seraphim mit sechs

Da die Engel in der Bibel also eine nicht ganz kleine Rolle spielen, gibt es in der Theologie auch eine Lehre von den Engeln, die Angelogie, damit dann alles seine Ordnung hat. Diese Lehre spielt eine wichtige Rolle in der Orthodoxen Kirche, vor allem in der Beschreibung des göttlichen Hofstaates als Spiegel des prachtvollen Hofes im byzantinischen Kaiserkult..In der katholischen Theologie werden die Engel verstanden als Verbindung zwischen Gott und den Menschen, als Helfer in Gottes Weltregiment. In der Evangelischen Kirche sehen wir sie vornehmlich als die Boten Gottes. Dietrich Bonhoeffer hat diesen Gedanken weitergedacht und ist zu der Ansicht gekommen: in bestimmten Situationen kann jeder Mensch zu einem Engel für andere werden.

Seit dem 17. Jahrhundert wird in der Kirche vermehrt von dem persönlichen Schutzengel gesprochen, so dass Humperdinck viele Jahre später in seine Oper »Hänsel und Gretel« dichten konnte:

Abends, wenn ich schlafen geh,
vierzehn Engel um mich steh`n.
Zwei zur Rechten, zwei zur Linken, zweie, die mich decken,
Zwei zu Häupten, zwei zu Füßen, zweie, die mich wecken;
Zweie, die mir zeigen den rechten Steig in das schöne Himmelreich.

Die Kunstgeschichte gibt weitere Aufschlüsse über Engel. Die ältesten bekannten Darstellungen fanden sich im Tempel zu Jerusalem. Die dort dargestellten Engel waren Menschen mit einem Tierleib und sechs Flügeln. In der frühen christlichen Kirche wurden sie zu jungen Männern, oft mit Bart, aber ohne Flügel, gekleidet in lange Gewänder. Etwa ab dem 4. Jahrhundert wachsen ihnen Flügel. Das bleibt so bis in das Mittelalter. die Gewänder erinnern mal an die Tunica der Römer, mal an ein Priestergewand, mal an die Gewänder der Diakone, der Helfer im Gottesdienst also. In der Renaissance findet dann die Geschlechtsumwandlung statt. Man deutete die weiten, langen Gewänder bei den überlieferten Darstellungen zeitgemäß als Frauenkleider. Schon waren die Engel weiblich, obwohl sogar das Ursprungswort »angelus« deutlich männlich ist. Und es bleibt ja auch bis heute bei »der« Engel. Da die Künstler der Renaissance sehr kreativ waren, gab es bei ihnen auch Engel in der Gestalt von Kindern. Die italienischen Maler Donatello und Giotto ließen sich durch die Engel in Kindergestalt erinnern an die Begleiter der antiken Götter, die Putten und die Eroten! Und schon hatten wir unsere bekannten Barock- und Rokokoengel, die oft auch nackt oder spärlich bekleidet die Kirchen dieser Zeit zieren. In der modernen Kunst haben vor allem die Künstler Barlach und Chagall das Bild der Engel geprägt Noch eindrücklicher ist allerdings wohl unser Engelbild beeinflusst von der Volkskunst, vor allem den Krippenbildern, und von der Andenken- und Kitschindustrie: Engel als Abziehbild, als Schlüsselanhänger oder auf Kaffeetassen.

So, nun ist viel über Engel gesagt, aber die Frage, ob es sie gibt, bleibt offen. Allerdings nur so lange, bis sie alle für sich beantwortet haben. Auch wenn sich jetzt manche gegen die Engel entscheiden, in jeder Kirche müssen sie sich mit ihnen abfinden. Vielleicht führt das dann ja auch dazu, dass sie sich mit ihnen anfreunden.

12 Die »Erbsünde« und der »Sündenfall«

Bei diesen Worten stellen sich bei vielen Menschen, auch in der Kirche, die Nackenhaare auf. Und dann stellt sich erst die Frage: Was ist damit gemeint? Kann man Sünde vererben? Schnell sollte dann auch eine weitere Frage folgen: Was ist Sünde überhaupt? In unserem heutigen Sprachgebrauch kommt das Wort »sündigen« meist im Zusammenhang mit Torte und Schokolade vor, die alle Vorhaben des Abspeckens wieder einmal zunichte gemacht haben. Wohl dem, der dann sagen kann: »Das war eine Sünde wert!« Im christlichen, biblischen Sinn ist Sünde das Handeln gegen die Gebote Gottes. Das erste Mal kommt sie, die Sünde, in der berühmten Geschichte vom Sündenfall vor: Eva und Adam und die Schlange, die Frucht, die allgemein zum Apfel geworden ist, und die Folgen des Obstgenusses. Es war eine von Gott verbotene Frucht. Sie brachte die Fähigkeit mit sich, gut und böse zu unterscheiden. Das wiederum kostete den Aufenthalt im Paradies.

Eine sagenhafte Geschichte. Das ist sie auch: eine Sage. Es ist also eine Erzählung, die etwas Wahres erzählt, aber in ihrem Ablauf erfunden ist. Erfindung sind die Personen und Namen, die Schlange, der Baum und der Apfel. Wahr ist: Wir können gut und böse unterscheiden, wir leben nicht mehr im Paradies und sind daran selbst schuld. Mit »selbst« sind alle Menschen gemeint, von Anfang an bis heute. Es wird auch so bleiben. Denn es ist ein Wesensmerkmal des Menschen, dass er gut und böse unterscheiden kann, aber längst nicht immer bei seinem Planen und Handeln in den Korb des Guten greift. Es ist ein Wesensmerkmal, sagt die Bibel, sagt die kirchliche Lehre, sagt die Psychologie und die Anthropologie. Selbst die Menschen, die so gut sind, dass wir sie gern Heilige nennen, tun oder denken Böses und sei es nur, weil sie sich irren oder es nicht besser wissen. Wesensmerkmal bedeutet: das ist bei jedem Menschen so, und zwar von der Geburt an. Aus dieser Erkenntnis ist der unheilvolle Begriff »Erbsünde« entstanden. Der Mensch ererbt es, er erwirbt es nicht, er kann es nicht vermeiden, er ist so und hat es.

Das kostet ihn eben auch das Paradies, das wir haben könnten, wenn wir uns entsprechend verhielten. Aber darüber, wie das entsprechende Verhalten auszusehen hat, wurden ja schon Kriege geführt. Die weitere biblische Logik sagt: sündigen, handeln gegen die Gebote Gottes, trennt uns von Gott. Wir können auch sagen: es macht den Unterschied zwischen Gott und uns aus. Einen Unterschied! Von Gott getrennt, das würde bedeuten: ohne Schutz zu sein, ohne Gnade und ohne Liebe. Es wäre ein gottloses Leben. Manche Menschen meinen ja, auch so könne man gut leben und versuchen es. Wir Christen sind da anderer Meinung. Wir glauben, Gott zu brauchen im Leben, im Sterben und auch noch im Tod.

In vielen anderen Geschichten beschreibt die Bibel, dass diese »Trennung« aufgehoben ist. Endgültig wird das an Jesus festgemacht, an seiner Rede von Vergebung und der Gnade Gottes. Mit anderen Worten: das Wesensmerkmal per Geburt, ein Sünder/eine Sünderin zu sein, wird von Gott aufgehoben. Er streicht diese Grundschuld, die wir in der Theologie leider immer noch Erbsünde nennen. Sie wird nicht angerechnet. Das hat Martin Luther veranlasst, den Satz in die Welt zu setzten: »...und dann fröhlich weiter gesündigt!«

In der Geschichte vom Sündenfall und dem Paradies, die ich eine Sage nenne, wird gesagt, dass für unseren Glauben und unser Vertrauen in Gottes Liebe wichtig ist. Es ist hilfreich, sie immer wieder einmal zu lesen und sich mit andern darüber zu unterhalten. Dabei sollte uns klar werden, dass Gott das Leben der Menschen anders geplant hatte, als es die Menschen vor 4000 Jahren, als diese Geschichte das erste Mal erzählt wurde, lebten und erlebten. Man erkennt, da der Mensch sich selbst in den Stand versetzt hat, gut und böse zu unterscheiden, dass er an dem Zustand der Welt, die nicht mehr das Paradies ist, durchaus seinen Anteil an Schuld trägt. Später, in den frühen Jahren der Christenheit, griff man zum Verstehen der Welt auf altbekannte Muster zurück, um Menschen zu bewegen, mehr das Gute zu tun als das Böse: der Bestrafung und der Drohung. Im jüdischen Denken, im Hellenismus der Griechen, in Ägypten, im asiatischen Raum des Hinduismus und des Buddhismus und auch in der nordisch-germanischen Sagenwelt gab es die Vorstellung der Hölle als Ort des Gerichtes, der Bestrafung und der Verdammnis, aber auch als den Ort der Reinigung. Auch Jesus spricht von diesem Ort der Finsternis, an dem »Heulen und Zähneklappern« sein wird.

Sprachlich leitet sich das Wort »Hölle« vom germanischen Wort »hel« ab, das »verbergen« bedeutet und sich in dem Namen der germanischen Todesgöttin Hel wiederfindet. In den romanischen Sprachen spricht man von dem »inferno« als der Hölle. Sowohl in den Reden von Jesus selbst als auch bei Paulus als dem ersten Theologen der Christenheit spielen die Verdammnis und die Hölle keine wesentliche Rolle. Sie haben Wichtigeres mitzuteilen, nämlich die Vergebung und die Gnade Gottes, die sich in dem Tun Jesu spiegelt und dem Menschen die Erlösung vom Bösen in jeglicher Form verspricht. »Selbst der Tod wird nicht mehr sein« sagt der Prophet Johannes in der Offenbarung. Er sagt damit dasselbe, was Paulus und mit ihm die christliche Lehre in dem Tod Jesu und in seiner Auferstehung symbolisiert sah und den Urkern christlichen Glaubens ausmacht. Damit ist die Rede von Verdammnis und von Hölle hinfällig. Sie steht dem entgegen, was Gott laut Jesus will. Das gilt auch für die mittelalterliche Vorstufe der Hölle, das Fegefeuer, als den Ort der Läuterung durch Feuer und Qual.

Lange Zeit hat die Christenheit aber dennoch an den Androhungen von Höllenstrafen festgehalten. Man nutzte die Angst vor dem Tod, um die Menschen durch die Angst vor der Hölle »bei der Stange zu halten«. Immer wieder wurde diese Lehre von einzelnen

Theologen angegriffen als eine Lehre, die mit der Rede von Gottes Liebe und Barmherzigkeit nicht zu vereinbaren sei. Selbst Martin Luther, der den Begriff der göttlichen Gnade wiederentdeckte und zum Mittelpunkt seiner Theologie machte, folgte den Kritikern nicht. Erst durch Lehrer wie Albert Schweitzer, Rudolf Bultmann und Karl Barth, um nur die bekanntesten zu nennen, wandelte sich das Bild.

In der Ökumenischen Liturgiereform 1970 wurden dann als kleiner Schritt die Worte im Glaubensbekenntnis »descendit ad infernos« nicht mehr mit »hinabgestiegen in die Hölle« übersetzt, sondern mit »hinabgestiegen in das Reich des Todes«. Inzwischen ist man sich in der zeitgemäß ausgerichteten evangelischen Theologie einig, dass es die »Hölle« nicht gibt. Das Ziel Gottes ist es, alle Menschen mit sich selber, mit einander und mit Gott zu versöhnen. Gott will die Menschen in eine Welt der Liebe und des Friedens bringen. Somit ist es Pflicht aller Christen, schon jetzt darauf hinzuarbeite

Das bedeutet auch: Menschen mit Drohungen und Strafen zu ängstigen, ist Handeln gegen Gottes Gebot. Unbestritten bleibt, dass sich Menschen oft das Leben selbst zur Hölle machen.

Fazit: Die Rede von der Erbsünde, von Hölle, Fegefeuer und Verdammnis und von einem Gott, der droht und straft, ist Rede von gestern. Sie hat keine Bedeutung mehr für die Glaubenden von heute.

13 Sex ist Liebe. Gott auch.

Sex hat nichts mit Liebe zu tun, sagen viele Menschen heute. Das mögen sie so sehen, aber das muss deswegen noch nicht stimmen. Mir ist es ein Anliegen, das Phänomen Sex und Sexualität nicht allein stehen zu lassen, sondern deutlich zu machen: es ist eingebunden in den großen, lebenswichtigen Bereich, den wir Liebe nennen. Das ist mir als Pfarrer auch deshalb so wichtig, weil die Kirche in der Vergangenheit viel getan hat, den Sex zu »verteufeln«.

Das Verständnis von Liebe ist in der Tradition geprägt worden von griechischen Philosophen wie Platon und Aristoteles. Als sich mit dem Christentum eine andere mögliche Einordnung von Liebe in das Gedankenbild der Menschen ergab – durch die Bibel mit der Auslegung des Alten Testaments im Judentum – trat der Kirchenlehrer Augustinus von Hippo auf den Plan und formte eine Lehre von der Liebe, die die Ansichten der alten Griechen als Grundlage nahm, die jüdischen Impulse unterdrückte und die christliche Lehre auf eine leibfeindliche Linie trimmte.

Augustinus kam als junger Mann zum Studium nach Mailand, führte ein sehr freies, offenes Leben, bekehrte sich zum Christentum, wurde sehr »fromm« und 395 Bischof in Hippo, im heutigen Algerien gelegen. Er schuf mit seinen Schriften eine NORM für das christlich-abendländische Verständnis von allem, was mit Liebe zu tun hat. Das wirkt bis heute nach, vor allem in der Katholischen Kirche. Diese Norm teilt die Liebe in drei Bereiche auf, die einer unterschiedlichen ethisch-moralischen Wertung unterliegen und uns allen begrifflich geläufig sind.

Die drei sind: Sexus – Eros – Agape. Letztere ist besser bekannt als Caritas, Diakonie, Nächstenliebe. Namensgeber der ersten beiden sind eine römische und eine griechische Gottheit. Die Dritte, Agape, ist das griechische Wort für Nächstenliebe In dieser Einteilung ist de Sexus die unterste Stufe. Hier geht es um das, was wir im Deutschen so einfallslos Geschlechtsverkehr nennen. Es ist ein sprachliches Armutszeugnis, dass es da kein schönes, liebevolles, kuscheliges Wort gibt. Manche meinen, Sex habe mit Liebe nicht unbedingt etwas zu tun, was ja manchmal wohl auch stimmt. Aber wir sagen auch, wenn wir Sex meinen, »Liebe machen«!

Klar ist: ohne Sex oder Sexus wäre niemand von uns auf der Welt. Klar ist auch, dass Sex eine große Rolle im Denken ganz vieler Menschen spielt. Auch dies ist klar: Sex macht Spaß! Meistens jedenfalls.

Die zweite, mittlere Stufe ist der Eros, oder in unserem heutigen Sprachgebrauch: die **Erotik,** obwohl Eros mehr ist. Der »Eros« ist das, was einen Menschen treibt, etwas wirklich zu wollen, zu machen, zu begehren. Er ist das unbedingte Wollen. Das kann sich auf einen anderen Menschen beziehen, aber auch auf das Vaterland, die Wissenschaft, die Kunst, den Sport, eine Sammelleidenschaft oder was auch immer. Der Eros, so die Vorstellung, ergreift den

Menschen und treibt ihn. Zusätzlich ist der Begriff »Schönheit« im Bereich des Eros zu Hause. Eros treibt zur Schönheit, besonders zu sehen in der Kunst. Der Baustil und das Lebensgefühl des Barock ist da ein Paradebeispiel. Was wäre Wissenschaft ohne Eros? Die großen Entdeckungen sind gemacht worden von Menschen, die sich innerlich treiben ließen bis an die Grenzen des Leistbaren. Was wäre unser Zusammenleben ohne Erotik und ohne Liebe zur Schönheit?

Die oberste Stufe wird der Agape zugewiesen, die »göttlichen Liebe«, wie Paulus und Augustinus sie nennen. Es ist in ihrer Sicht die Liebe, die von Gott ausgeht und zu ihm hinführt. Sie ist eng mit dem Glauben an Gott verbunden und mit dem, was Jesus gelehrt hat. Da steht denn sein berühmter Satz im Vordergrund: » Du sollst Gott lieben aus vollem Herzen und ganzer Seele und deinen Nächsten wie dich selbst!« das klassische Dreiergebot der Liebe. Dabei wird oft, fataler Weise, das Dritte, die Liebe zu sich selbst, nicht mitgedacht. Noch fataler ist allerdings der Zustand, dass mehr und mehr Menschen nur noch das Dritte kennen, die Liebe zu sich selbst. Da steckt wirklich der Teufel drin.

Diese Dreiteilung der Liebe hat sicher ihre guten Seiten. Schlimm ist aber, dass Augustinus die ersten beiden Stufen, den Sex und die Erotik, von Gott abgekoppelt hat und nur die Nächstenliebe der göttlichen Liebe zuordnet. Er vertieft damit die Leibfeindlichkeit in der christlichen Lehre und nimmt in Kauf, dass Sex und Erotik ganz schnell beim Teufel landen, dem mittelalterlichen Gegenspieler von Gott. Das gilt letztlich bis heute, weitgehend: Sex ist, wenn man ihn nicht gerade selbst genießt, »pfui«. Erotik hat ihren Reiz, soll aber im Rahmen bleiben. Richtig gut ist nur die Nächstenliebe.

Ich halte diese Rangordnung für falsch. Liebe ist Liebe, wenn sie denn diesen Namen verdient. Und Liebe kommt von Gott. Die Liebe, die auch der Fortpflanzung dient genauso, wie die zu dem kranken oder sonst bedürftigen Menschen. Der Eros ist dabei das Bindeglied, das dafür sorgt, dass in allen Stufen die Schönheit, der Genuss und das Vergnügen ihren Platz haben Jedes hat seine Zeit. Jedes hat seinen Segen. Jedes kann auch seine Last haben. Alle zusammen sind sie in Gott gebündelt. Ich kann mich dabei auf die Bibel berufen. Schon in der der Schöpfungsgeschichte beschreibt sie das »geschlechtliche Zusammenkommen« von Adam und Eva als »sie erkannten einander«. Kann man Sex schöner und würdevoller umschreiben? Es gibt das »Hohe Lied des Salomo«, das zu den Klassikern erotischer Literatur gehört. Man kann auch aus guten Gründen darüber spekulieren, ob Maria Magdalena nur eine der Jüngerinnen war, oder nicht doch die Freundin und Geliebte von Jesus. Sexus-Eros-Agape. die Liebe und die Freundschaft spielen eine wichtige Rolle in der Bibel, für mich und meinem Glauben sogar die wichtigste, denn Gott steht für Liebe. Ich weiß, Gott ist in den Erzählungen des AT auch der strafende Gott, der Rächer, der Kriegsgott, der Zürnende und Angstmachende. Aber er ist auch da schon der Befreier, der Gerechte, der Beschützer und vor allem der Schöpfer. Und wenn er der Schöpfer ist, wie sollte er dann nicht auch der Schöpfer von Sex und Erotik sein? Liebe dreigeteilt – niemals! In Jesus wird Gott dann erkennbar und endgültig zum »Lieben Gott«. Da gibt es für mich gar keinen Zweifel. Barmherzigkeit, Vergebung, Geduld, Gnade, Zuwendung sind seine von Jesus immer wieder hervorgehobenen Eigenschaften. Es sind andere Worte für Liebe und Liebe ist ein ist anderes Wort für Gott. Wir Menschen sind der Liebe fähig, der Liebe, die Gott mit in die Welt gegeben hat, so wie alles andere auch.

Dass Liebe in allen drei Formen in Sucht umschlagen kann, wissen wir auch. Es gibt sexsüchtige Menschen, es gibt in der Arbeitswelt die »workoholics«, es gibt Künstler, die ihr Schaffensdrang in den Wahnsinn treibt, es gibt das »Helfersyndrom«, das Helfende zur Selbstzerstörung führt. Trotzdem gilt: Die Liebe ist von Gott in allen drei überlieferten Formen. Sie gehören für mich zusammen zu Gott und damit zum Menschsein: der Sex, weil in ihm auch ein Schöpfungsakt steckt,-- nicht nur, aber auch. Die Erotik, weil sie der Schönheit Raum gibt, und die Nächstenliebe mit Barmherzigkeit und Vergebung, weil wir nur mit ihr unsere Erde erhalten können.

IV Gott und die Welt verstehen

Sei guter Dinge und freue dich, denn Gott ist dein Freund.
Martin Luther

Oft soll man als Christ, wenn man sich als solcher zu erkennen gibt, viele Fragen beantworten. Wie ist das mit der Schöpfungsgeschichte? Müssten nicht alle Christen Wehrdienstverweigerer sein? Warum gibt es so viele verschiedene christliche Kirchen? Warum gab es die Kreuzzüge? Hat die Kirche mit der Inquisition so viel Schuld auf sich geladen, dass es sie gar nicht mehr geben dürfte? Was ist Fundamentalismus? Diese und andere Fragen zu beantworten, ist nicht immer einfach. Um das ein wenig leichter zu machen, schreibe ich das 5. Kapitel. Ich versuche zu zeigen, dass es für den Umgang mit Problemen und Fragen Vorbilder gibt, an die man sich anlehnen kann, Informationen, die man sich holen kann, Haltungen, vor denen man sich hüten sollte, und dass es Sicherheiten gibt, auf die man bauen kann.

Es ist auch gut zu wissen, dass nicht alles fromm ist, was fromm zu sein behauptet, nicht alles schlecht ist, was schlecht geredet wird, und nicht alles hilfreich ist, was angeboten wird.

Es gibt sie reichlich die guten Beispiele, wie man sein Leben sinnvoll gestalten kann, gute Vorschläge, wie man vor den Herausforderungen unserer Zeit bestehen kann, und wie neue Wege aussehen könnten.

Es gibt so viel Gutes auf dieser Erde. Es könnte tatsächlich für alle reichen. Kümmern wir uns um die Verteilung, dass es so wird.

Und kümmern wir uns um unseren Glauben. Er ist kein Selbstläufer, aber die Arbeit an ihm, mit ihm und für ihn lohnt sich allemal.

Einen traurigen, verzagten Menschen fröhlich zu machen,
ist mehr, als ein Königreich zu erobern.
Martin Luther

1 6.000 Jahre und ein Buch

ein kurzer Überblick über die Geschichte der Bibel

1. Das Buch heißt auf Griechisch BIBLOS. Biblos bedeutete ursprünglich »Bast vom Papyros« ,dem Vorläufer des Papiers, und wurde später dann auf das zusammengebundene Papier, das Buch, übertragen.

Schon im Altertum sprach man von der Bibel als dem »Buch der Bücher«.

Die Bibel wurde die Grundlage für drei Religionen: dem JUDENTUM, dem CHRISTENTUM und dem ISLAM. Sie ist eine schier unerschöpfliche Fundgrube für KÜNSTLER. Maler, Schriftsteller, Bildhauer beschäftigen sich intensiv mit ihr, seit es sie gibt. Ebenso sind viele WISSENSCHAFTEN an ihr interessiert: die der Theologie sowieso, die Archäologie, die Geschichtswissenschaft, die Philosophie und seit der Aufklärung vor allem auch die Naturwissenschaften. Denn in den alten Texten spiegelte sich ja auch das Wissen der Zeit, in der sie geschrieben wurden.

Grundsätzlich aber gilt: Die Schreiberinnen und Schreiber der biblischen Texte verfolgten nicht naturwissenschaftliche Ziele. Einige schrieben als Geschichtsschreiber, die meisten aber als Glaubende. Sie schrieben ihre Erfahrungen mit Gott nieder und aus diesem Blickwinkel sind sie auch immer zu lesen. Manchmal waren es dann auch nicht die Erfahrungen, sondern die Hoffnungen, Befürchtungen, Wünsche und wohl auch Träume. Das alles zeitlich richtig einzuordnen, die Quellen offenzulegen, Bezüge zu und Einflüsse von anderen Kulturen und Religionen zu erkennen, den jeweiligen Sachverhalt auf seinen Wahrheitsgehalt zu überprüfen, Denkweise und Sprache zu verstehen und zu deuten ist die Aufgabe der Historisch-Kritischen Forschung, ein wichtiger Zweig der Theologie.

Die Bibel ist kein in sich geschlossenes Buch, sie enthält insgesamt 66 Bücher, 39 in dem ersten Teil, den wir das Alte Testament nennen, und 27 im zweiten Teil, dem Neuen Testament. Die Entstehung der Bücher umspannt dann tatsächlich einen Zeitraum von rund 4000 Jahren. Die Bücher des Neuen Testaments wurden alle in der Zeit zwischen 50 und 150 nach Christus aufgeschrieben. Das Alte Testament wurde so, wie wir es kennen, von jüdischen Priestern in den Jahren um 450 vor Christus zusammen gestellt.

Das alles sind jetzt erst, mit unseren letzten 2000 Jahren zusammen, nur rund 2500 Jahre. Wo bleiben die restlichen 3500 Jahre der 6000 aus der Überschrift? Vorher gab es *mündliche Traditionen*. In Fachkreisen wird die mündliche Überlieferung auch »Orale Literatur« genannt. Sie lässt sich zuverlässig zurückverfolgen bis etwa 1200 vor Christus. Da fehlt dann immer noch einiges an sechs Tausend. Einige der ältesten Geschichten, sind nachweisbar (ein Lob der Archäologie!) schon 4000 vor Christus erzählt worden. Und das nicht einmal in Israel, sondern im Zweistromland, wie die Schöpfungsgeschichte, die Erzählung vom Turmbau zu Babel und vor allem die Sintflutgeschichte als die wohl älteste. Sie findet sich sogar in Indien.

Der erste Teil, um 450 v. Chr. in die heutige Form gebracht, war in hebräischer Sprache, der zweite Teil, unser Neues Testament, auf Griechisch geschrieben. Es wurde auf Papyrus geschrieben, dem Schreibpapier der Antike, zum Leidwesen aller Forscher, denn es ist sehr leicht vergänglich. Geschrieben wurde in der Antike auch auf Leder, aber selten. Es wurde auch auf Schiefer oder in Tontafeln geritzt und in Stein gemeißelt, um wichtige Texte festzuhalten. Das ging bis etwa um 200 nach Christi Geburt so. Da strebte der König von Pergamon an, eine Bibliothek aufzubauen, die die weltberühmte, bisher größte Bibliothek in Alexandria übertreffen sollte. Die Ägypter, aufgeschreckt ob der drohenden Schmach, drehten den Papyrushahn zu. Papyrus wuchs nur am Nil. Der König stachelte den Ehrgeiz der antiken Erfinderwelt an und es wurde das Pergament erfunden: sauber abgeschabte Tierhäute (Ziegen), mit Kalk abgelaugt. Ein neues Material war geboren und überall genutzt. Die Bibliothek konnte wachsen.

Ob diese Legende stimmt, kann ich nicht garantieren! Aber sicher ist: das Pergament war das Material der Zukunft.

Das Vervielfältigen von Büchern, die immer Handschriften waren, geschah durch Abschreiben. Dabei schlichen sich natürlich

Fehler ein, die wieder abgeschrieben wurden, mit vielleicht neuen Fehlern. Oft genug wurden auch absichtlich Veränderungen vorgenommen, um Texte im Sinne des Schreibers oder Auftraggebers zu korrigieren. Da ist nach wie vor viel Arbeit für die Forscher, die natürlich immer auf der Suche nach noch älteren, richtigeren Handschriften sind.

Die älteste je gefundene Papyrusrolle enthält einen Teil des Jesajabuches, sie ist, abgerollt, 7 Meter lang, wurde etwa um das Jahr 180 v. Chr. geschrieben und in Qumran gefunden.
Die ältesten vollständigen Handschriften der Bibel sind:
der Codex Sinaiticus, etwa 450 n.chr. geschrieben,
der Codex Vaticanus, genauso alt und
der Codex Argenteus, auch etwa gleich alt, aber eine Übersetzung ins Gotische.
Das bisher älteste Papyrusschnipsel (2 Verse aus dem Johannesevangelium) stammt aus der oberägyptischen Wüste und ist um 125 n.chr. geschrieben und heißt schlicht P 52.

Der Buchdruck, um 1450 erfunden von Johannes Gutenberg, veränderte alles. Seine erste Bibel ist auch die berühmteste: die 42 zeilige Gutenbergbibel in lateinischer Sprache (Vulgata), gedruckt 1455 in einer Auflage von 180 Stück. Der Preis war vermutlich 50 Gulden (ein mittleres Jahreseinkommen).
45 dieser Bibeln sind erhalten.
Nach wie vor ist die Bibel das meist gedruckte Buch auf der Welt bisher. Ursprünglich war das Alte Testament in den Sprachen Hebräisch und Aramäisch geschrieben, das Neue Testament in Griechischer Sprache, die den Namen Koine trägt. Schon im Altertum wurden die Bibel und Teile daraus in viele Sprachen übersetzt. Insgesamt gibt es heute vollständige Übersetzungen beider Teile in 674 Sprachen.
Ich liste hier einige der wichtigsten Bearbeitungen und Übersetzungen auf. Um 100 n.Chr. lag das Alte Testament in Koine-Griechisch unter dem Namen Septuaginta vor. 240 bis 245 legte Origines das AT in Hebräisch vor. Name: Hexapla. 382 – 420:

Hieronymus übersetzte die Septuaginta ins Lateinische, Vulgata genannt, um 300. Der Bischof Wulfila übertrug Anfang des 4. Jahrhunderts die Bibel in die gotische Sprache. Die älteste Übersetzung ins Deutsche (Alt-Hoch-Deutsch)ist das Mondseer Fragment (Matthäus Evangelium, um 800 ließ Karl der Große eine Revision der Vulgata erstellen.

1455	Die Gutenberg-Bibel, Übersetzung von Martin Luther. Er übersetzte nicht wörtlich, sondern sinngemäß, um die deutsche Sprache zur Geltung zu bringen.
1466	erschien die erste gedruckte Bibel (Vulgata) in Straßburg in der Druckerei Mentelin, Sprache Frühneuhochdeutsch
1855-1871	Elberfelder Bibel im Zuge der Erweckungsbewegung in wörtlicher Übersetzung
1868 – 1892	Revision der Zürcher Bibel, der Übersetzung von H. Zwingli, für die Reformierten Kirchen
1926	philologisch geprägte sinngemäße Übersetzung durch H. Menge
1929	die ganze Bibel auf Plattdeutsch durch Pastor Ernst Voß
1962 –1980	Katholische Einheitsübersetzung
1998	Die Bibel in zeitgemäßem Deutsch von Jörg Zink
2006	Die Bibel in »Gerechter Sprache«
2017	revidierte Fassung der katholischen Einheitsübersetzung
2018	zum Reformationsjubiläum erscheint eine revidierte Fassung der Lutherbibel.

Diese Liste ist natürlich nur ein grober Überblick über das »Leben« der Bibel. Eine vollständige Liste aller Übersetzungen allein in die deutsche Sprache würde ein Buch füllen.

Die Ausstattung der Bibel durch bildende Künstler wäre noch eine eigene Liste wert. Ich erwähne hier nur vier:

1. Die Biblia Pauporum, eine Armenbibel für alle, die nicht lesen konnten und das waren die Armen, aus dem 15.Jahrhundert. Auf jeder Seite drei Bilder: in der Mitte eine Szene aus dem Neuen Testament und rechts und links je eine aus dem Alten Testament.
2. Matthäus Merian d.Ä. Die Bibel in Bildern, 157 Kupferstiche zum AT und 77 zum NT, 1630.
3. Julius Schnorr von Carolsfeld, Die Bibel in Bildern (Holzschnitte), 1852
4. Kees de Kort, das große Bibel-Bilderbuch, 27 Geschichten, 1994.

Ich habe diese vier ausgewählt, weil mich die Armenbibel von der Idee her begeistert, weil ich die Merianbibel für ein bedeutsames Kunstwerk halte und von ihr einen Faksimiledruck besitze, weil wir die Carolsfeldbibel als Kinder als unsere Bilderbibel hatten und sie natürlich auch noch immer bei mir im Regal liegt, und schließlich das Bilderbibelbuch von de Kort, weil ich mit ihm sehr viel in Kindergruppen und im Kindergarten gearbeitet habe und sie nach wie vor für die schönste Kinderbibel halte.

In den 80er und 90er Jahren des letzten Jahrhunderts erschienen viele Bibeln, die vollständig von bildenden Künstlern gestaltet wurden, wie die Hundertwasserbibel. Andere bebilderte Bibeln wurden von verschiedenen Herausgebern mit Bildern eines Malers oder auch den Malern einer ganzen Epoche gestaltet, wie die Dalibibel odes Bibeln mit Bildern von Marc Chagall oder Michelangelo und eine Lutherbibel mit Bildern der Meister der Reformation.. Es ist ein lohnendes Sammelgebiet für Bibliophile. Für den Hausgebrauch reicht eine Bibel.

2 Die »Evolution« des Christentums – ein Überblick

von 50 n. Chr – 350 n. Chr.
1. Die jesuanische Gemeinde löst sich vom Judentum. Das wird beschleunigt und erleichtert durch die Vertreibung der Juden aus

Israel und die Zerstörung des Tempels durch die Römer. Wegen der Mission des Paulus gibt es in Kleinasien viele christliche Gemeinden, Mittelpunkt ist Antiochien. Mit einer weiteren Missionsreise errichtet Paulus mehrere Gemeinden in Griechenland.

2. In die Botschaft Jesu werden jüdische Elemente aus der Hebräischen Bibel eingearbeitet, ebenso ägyptische (Vater- Sohn, Auferstehung).

3. Die Gedankenwelt des Hellenismus, in Kleinasien zu Hause, setzt sich durch (Trennung von Leib und Seele, Reich des Todes, Jungfrauengeburt).

4. Das Christentum wird unter Konstantin Staatsreligion.

von 350 – 1054 n.Chr.

5. Augustinus (354 –430) und andere »Kirchenväter« verbinden das griechisch-hellenistische Denken eng mit dem Christentum und entwickeln es zum abendländischen Denken.

6. 1054 Spaltung der Kirche in Westkirche = Katholische Kirche (Rom) und Ostkirche = Orthodoxe Kirche (Byzanz). Der offizielle Grund war die Aussage Roms, dass der Heilige Geist von Vater und Sohn (filioque) ausgehe. Nach Orthodoxer Lehre schickt ihn nur Gott-Vater.
Der wirkliche Grund waren Machtkämpfe um die Vorherrschaft im Christentum. Da Jerusalem als Mittelpunkt der Macht nicht zur Verfügung stand, konkurrierten Rom und Byzanz. Da sich keiner dem anderen unterordnen wollte, beide also jeweils die Deutungshoheit in Glaubensfragen beanspruchten, trennte man sich.

von 1054 bis 1500/1600

7. Das Selbstverständnis der Christen im westlichen Europa wird erschüttert durch die Eroberung des gesamten Nahen Ostens, einschließlich der Stadt Jerusalem, durch islamische Herrscher und Heere (ab 614). Die Folge davon sind: die Kreuzzüge, die Inquisition, Judenverfolgungen, vor allem in Spanien

8. 1517: die Reformation, ausgelöst durch die 95 Thesen Luthers, erschüttert die Westkirche erneut. Es kommt zur Spaltung in

römisch-katholisch und protestantisch/evangelisch. Im protestantischen Bereich entstehen viele eigenständige Kirchen wie die der Baptisten und der Methodisten.

9. Infolge der reformatorischen Freiheiten entwickeln sich die Naturwissenschaften schnell zum wichtigsten geistigen Gut.

ab 1700

10. Durch Machtkämpfe im politischen Bereich werden viele religiöse Gruppen aus ihren Heimatländern vertrieben und siedeln sich in anderen Staaten an (wie die Salzburger und Hugenotten in Preußen). Viele Mitglieder protestantischer Kirchen wandern aus England und Holland aus und siedeln in Europa oder in den USA (Quäker, Methodisten, Baptisten u.ä.) Es gibt in allen Bereichen Abspaltungen von Gruppen, die dann eigene Kirchen gründen, wie die Zeugen Jehovas, die Adventisten, die Altkatholiken usw. Die religiöse Landkarte wird bunt. Die Eigenständigkeit der protestantischen Kirchen vertieft sich, die orthodoxen Kirchen werden Staatskirchen, bleiben aber über die Patriarchate von Moskau und Konstantinopel lose verbunden. Die Katholische Kirche verfestigt ihren Zentralismus in Rom.

Ab 1900 bis 2000

11. Mit Gründung des Völkerbundes (1920) entsteht die Ökumenische Bewegung, der zunächst nur protestantische Kirchen beitreten und am Ende auch sehr erfolgreich sind (z.B. Kanzel- und Abendmahlsgemeinschaft aller protestantischen Kirchen in Deutschland, festgeschrieben in der Leuenberger Konkordie, 1973.). Evangelisch/katholische Ökumene findet vor allem auf Gemeindeebene statt. Es gibt Annäherungen zwischen Rom und den Orthodoxen Kirchen, zwischen Orthodoxie und Protestanten kaum bis gar nicht.

12. Die beiden Weltkriege, in Japan mit dem Abwurf zweier Atombomben endend, der Faschismus und der Holocaust erschütterten die Kirche wieder bis in die Fundamente. Nach 1945 gab es zaghafte Ansätze, die christlichen Kirchen zu Friedenskirchen zu machen.

In der Orthodoxie fand das Ansinnen kein Echo, in der römischen Kirche sehr wenig, Im protestantischen Raum bildeten sich kleine Gruppen, nachdem es auf der Spandauer Synode 1946 nicht gelungen war, die Ziele Frieden, Gewaltlosigkeit und Pazifismus in der neu zu gestaltenden Verfassung der Evangelischen Kirche in Deutschland zu verankern. Im Wesentlichen wurde ein Bekenntnis als Friedenskirche blockiert durch die Angst vor der Macht der Sowjetunion. Das Gefühl der Bedrohung war zu stark.

In Lateinamerika, dominiert von der römisch-katholischen Kirche, entstanden Basisgemeinden, die sich dem Freiheitskampf widmeten und im weiteren Verlauf dem Weltfrieden.

13. Die theologische Weiterentwicklung in den Evangelischen Kirchen in Deutschland, der Schweiz und in den USA wird vorangetrieben von bekannten Theologen, die mutig genug waren, gegen den Strom zu schwimmen: Karl Barth, Rudolf Bultmann, Dietrich Bonhoeffer und Dorothee Sölle, um nur einige zu nennen, deren Namen für viele andere stehen. Die Historisch-Kritische Forschung brachte Ordnung in die Evangelien, deckte Verfasser biblischer Bücher auf, die sich hinter größeren Namen versteckten. Die Archäologie deckte viele fehlerhafte Berichte in der Bibel auf und untermauerte anderes. Die Theologie veränderte sich, aber das drang nicht bis in die Gemeinde durch.

Die Freiheitsbewegungen in Lateinamerika gingen im Machtkampf mit den Staaten und mit Rom unter.

14. Die Kirchen, allen voran die Evangelischen Kirchen, verlieren dramatisch viele Gemeindemitglieder. Wachstum gibt es nur bei den Kirchen, die wir in der Regel als Sekten bezeichnen. Eine zweite Ausnahme bilden die in den USA in den 60er Jahren entstandenen »Pfingstkirchen«.

Sie entstanden aus der Hippie –Bewegung heraus. In ihnen setzt man in den Gottesdiensten auf die spürbare, die Menschen antreibende Kraft des Geistes Gottes. Obwohl diese Kirchen im Fundamentalismus verankert sind, setzen sie in ihrer Mission, vor allem in Brasilien und Afrika, auf spontane Fröhlichkeit, begleitet von Gospelliedern und auch von Geistheilungen. Die Dogmen spielen keine Rolle mehr. Dabei unterstützen diese Kirchen Arme durch gut organisiertes Spendenwesen, sind auch in abgelegenen Dörfern präsent und setzen mit wörtlichen Bibelauslegungen immer wieder legendäre Zeichen der Nähe Gottes.

Die Kirchen Afrikas sind sehr konservativ, in vielen Fragen rückwärtsgewandt (Homophobie, Patriarchat, Fundamentalismus).

Die Orthodoxen Kirchen, meist als Nationalkirchen organisiert, werden in den islamischen Ländern bedrängt, behindert und auch verfolgt. In anderen Ländern wie Griechenland, Rumänin, Bulgarien, Russland, Ukraine und anderen verstehen sie sich als Nationalkirche und haben oft auch den Status der Staatskirche. Von der modernen Theologie ist wenig in sie eingedrungen.

Das Fazit ist, die Evolution weist auf Verlust des Modernen und Ausbreitung, Stärkung und Erfolg des Konservativen bis Fundamentalistischen hin. Die demokratischen Staaten werden sich weiter säkularisieren, der Einfluss der Kirchen in ihnen schwindet. Die Kirchen sollten ihre Trennung vom Staat aus sich heraus beschleunigen, sie sollten Handelnde sein, um so viel besser lenken zu können. In den autoritären Staaten hängt ihr Schicksal von der Haltung des Staates ab, eigene Kraft auf Erneuerung ist nicht zu erkennen. In den islamischen Ländern werden Christen wohl ganz verschwinden.

Wenn Evolution bedeutet: Entwicklung vom Niederen zum Höheren, vom Chaos zum Geordneten, vom Bedrohten zum Überlebenden, dann ist das Wort »Evolution« bei den Kirchen fehl am Platz. Es sei denn, die Pfingstkirchen setzen sich langfristig durch, was in Südamerika und in Afrika durchaus der Fall sein könnte. Diese Entwicklung bedeutet aber das Ende der Theologie, wie wir sie heute verstehen. Wenn Evolution bedeutet, dass sich das Christentum aus seinen Anfängen mit der Rede und dem Handeln Jesu zu einer Kirche entwickelt, die die Seligpreisungen aus der Bergpredigt zum Mittelpunkt hat und rechtens als »Friedenskirche« bezeichnet werden könnte, so ist diese Bezeichnung auch falsch. Die christlichen Kirchen spielen im Kampf zwischen Krieg und Frieden politisch kaum eine Rolle. Es sieht eher so aus, dass der »Krieg« gewinnt. Wenn schließlich Evolution bedeutet: Entwicklung hin zu der einen heiligen Kirche, wie sie im Glaubensbekenntnis sonntäglich beschworen wird, so ist auch hier von Erfolg nicht die Rede. Die Überschrift über diesem Kapitel ist also falsch. Es ist eher eine Beschreibung vom Aufstieg und Fall dessen, was Moses und Jesus und Paulus angestoßen haben. Diese Feststellung soll den guten Einfluss des Christentums auf das Denken, Fühlen und Handeln, also auf die menschliche Ethik, nicht schmälern. Ich sehe aber die Kirchen, ob protestantisch, römisch- katholisch oder orthodox, in ihren Traditionen so sehr verhaftet, dass sie in der heutigen Welt in dieser Form nicht überleben können.

Beim genaueren Blick auf die Kirchengeschichte sieht man allerdings, dass es immer wieder Erneuerungen gegeben hat, die dem Wohle der Menschheit gedient und der Kirche Aufschwung beschert haben. Hoffnung darf man also immer haben.

3 Die großen Sünden der Christenheit

Es gibt die berühmte Liste der sieben Todsünden, schon aus dem Altertum überliefert und in den christlichen Katechismus übernommen wurde. Gemeint sind die Sünden, die, wenn sie nicht bei Lebzeiten gebeichtet und vergeben werden, zum zweiten Tod führen, nämlich zum Ausschluss von der Auferstehung beim Anbruch des Reiches Gottes. So sagt es die Lehre der Katholischen Kirche..

Mit Abstand betrachtet stehen in dieser Liste Verhaltens- und Lebensweisen, die für das Zusammenleben von Menschen tödlich sind.

Es sind diese sieben in der klassischen Anordnung und auch mit deren lateinischen Namen und den unterschiedlichen Übersetzungen:

Superbia Hochmut, Eitelkeit, Stolz, Übermut
Avarita Geiz, Habgier, Habsucht
Luxuria Wollust, Ausschweifung, Unzucht, Genusssucht, Begehren
Ira Zorn, Wut, Rachsucht

Gula Völlerei, Gefräßigkeit, Maßlosigkeit, Selbstsucht
Invidia Neid, Eifersucht, Missgunst
Acedia Faulheit, Feigheit, Ignoranz, Trägheit des Herzens

Ob man einen Unterschied zwischen den sogenannten «Lässlichen Sünden« und den »Todsünden« überzeugend darstellen kann, darf man getrost bezweifeln. Aber darüber nachzudenken, wie weit man selbst von dieser Liste betroffen sein könnte, wäre schon eine gewinnbringende Sache, vorausgesetzt man ist gegen sich selbst kritisch und ehrlich genug.

Um der Christenheit einmal vorzuhalten, welche kapitalen Sünden sie in ihrer Geschichte begangen, abgesegnet und nur zum Teil später bereut hat, habe ich auch eine Liste erstellt. Sie orientiert sich an dem Lauf der Geschichte und meint die Christenheit ganz allgemein, nicht einzelne Kirchen. Meine Liste enthält zehn Sünden oder sollte man sagen: zehn schwere Fehler?

1. Der Verrat am Monotheismus
Da war zuerst Gott. Dann kam Jesus dazu, auch als Gott, denn der Sohn Gottes ist ebenfalls ein Gott. Von beiden ging der Heilige Geist aus, der Dritte im Bunde. Dass es Drei sind, ist durch die Trinitätslehre nicht wirklich aufzulösen. Zusätzlich ist die Frage erlaubt, ob nicht auch Maria einige göttliche Funktionen hat? Oder betrifft das nur die Katholische Kirche?
Wenn wir noch die jubelnden Engelchöre dazu nehmen und die Schar der Heiligen, dann ist er da, der ganze Götterhimmel. Der Hellenismus hat über das hebräische Denken gesiegt.

2. Staatsreligion
Unter Kaiser Konstantin wurde das Christentum zur Staatsreligion erhoben. Seitdem sind die Christen in vielen Ländern mit der Macht verbunden. So war es auch in Deutschland, ein bisschen davon gilt sogar bis heute. In vielen Ländern gibt es die Kirche als Staatskirche, sogar in Russland. Um der Macht willen haben Kirchen immer wieder ihren wahren Auftrag verraten, sind Teil des Machtapparats geworden, haben Waffen gesegnet und sogar

selbst Kriege geführt. Macht korrumpiert. Kirche hat machtlos und machtfrei zu sein!

3. »Verleugnung« der Seligpreisungen aus der Bergpredigt Jesu (Matth 5)
In keinem Glaubensbekenntnis und meines Wissens auch in keiner Grundordnung der Kirchen kommen die Seligpreisungen an hervorgehobener Stelle vor. Sie sind in meinen Augen »Das Manifest des Christentums« schlechthin. Sie sind wie ein Grundgesetz für alle christlichen Kirchen. Mit den Seligpreisungen an erster Stelle sähen die Kirchen anders aus – besser, weil christlicher.

4. Die Judenverfolgungen
Fast von Anfang an haben sich Christen gegen Juden gestellt. Zuerst, um sich abzugrenzen, um nicht als jüdische Sekte zu gelten, sondern als eigenständige Religion wahrgenommen zu werden. Dann, um ihren Platz in der Gesellschaft des römischen Reiches zu festigen, später, um den Tod Jesu am Kreuz im Land der Juden zu rächen. Immer wieder gab es Gründe der absurdesten Art. Juden auszugrenzen, zu verdrängen und zu verfolgen. So trifft die Katastrophe des Holocaust auch die Christen.

5. Die Inquisition
Jeder Versuch, andere Menschen zu irgendeinem Glauben zu zwingen, ist eine Sünde, ein Verbrechen. Die Inquisition mit ihrer Folter und den Hexenverbrennungen steht da an erster Stelle. Das Monopol der Sündenvergebung in der Hand der Priester legte dazu den Grundstein. Die Vergebung beruht auf der Gnade Gottes. Wir Christen haben, wenn man so will, das Privileg und den Auftrag, das zu vermitteln, nicht, es zu erzwingen. Aber man ließ diese Freiheit nicht zu. Die Kirche wollte über die Menschen herrschen.

6. Die Zuspitzung der Deutung des Kreuzestodes Jesu auf die Tilgung der Sünden der Menschen.
Es mag sein, dass die Behauptung, Christus sei für unsere Sünden gestorben, für viele wichtig ist. Aber müssen sich alle, die das so

glauben, nicht fragen lassen, ob Gott so etwas nötig hat, um gnädig zu sein?

Ich sehe in dem Tod Jesu die Niederlage. Er ist an den Menschen gescheitert und mit ihm Gott. In der Tatsache, dass Gott es geschehen ließ, sehe ich sein Bekenntnis zur absoluten Gewaltlosigkeit. Das hat in der Christenheit keine oder kaum eine Rolle gespielt und das ist ein schwerer Fehler mit vielen gewalttätigen Folgen.

Es ist tatsächlich »ein Kreuz mit dem Kreuz.«

7. Die Mission

Grundsätzlich ist gegen Mission nichts zu sagen, im Gegenteil. Es gibt ja den »Missionsbefehl« durch Jesus. Es wäre aber besser gewesen, wenn Luther hier das Wort »Auftrag« gewählt hätte. Befehl klingt ultimativ und zieht damit schlimme Folgen nach sich. Mission hatte zu oft zu tun mit Zwang und Gewalt, mit Überlegenheitsgefühlen der weißen Missionare gegenüber den »Eingeborenen«. Mission hat zu oft der Kolonisation und dem Rassismus das Tor geöffnet. Mission ist mit viel Schuld belastet, die nicht aufgearbeitet wurde.

8. Der Ausschluss der Frauen aus dem Priesteramt

Der willkürliche Ausschluss der Hälfte der Menschheit aus einem Auftrag, von dem es heißt, dass in ihm die eigentliche Sinnstiftung für unser Menschsein steckt, ist ein Skandal an sich. Dass das bis heute noch nicht behoben worden ist, ist ein noch größerer.

9. Die Monopolisierung der Bibel

Über Jahrhunderte hinweg war das Lesen in der Bibel ein Monopol der Fürsten und des Klerus. Alle anderen konnten nicht lesen und konnten es sich auch nicht leisten, auch nur Teile der Bibel zu besitzen.

Bis heute bewahren sich die Kirchen das Monopol in der Auslegung der Bibel. Man hat zu glauben was die Dogmatik sagt, nicht das, was man in der Bibel selbst lesen kann.

Zusätzlich wurde die Bibel viel zu lange missbraucht zur Deutung der Welt. Galilei musste deshalb wider besseres Wissen widerrufen.

Vor allen in den USA gehen »bibeltreue Christen«(welch eine Anmaßung ist allein diese Selbstbezeichnung!) wieder gegen die Evolutionslehre vor. Ist es so schwer zu begreifen und zuzugeben, dass die Bibel kein Biologie-oder Physiklehrbuch ist? Und ist es nicht zu lernen, dass die Bibel in die Hand aller Gläubigen gehört, aber nicht nur, um sie zu besitzen, sondern um sie zu lesen und mit ihr zu arbeiten?

10. Die Zersplitterung in unzählige »Kirchen« und die Unfähigkeit zur Wiedervereinigung

Die Teilung und Zersplitterung in hunderte verschiedene Kirchen ist schon eine Sünde wider den Heiligen Geist, denn man sollte meinen, die Wahrheit Gottes sei unteilbar. Schlimmer noch ist die offensichtliche Unfähigkeit zur Vereinigung. Es langt nicht einmal zur ökumenischen Zusammenarbeit aller christlichen Kirchen. Einige sind immer außen vor, weil sie nicht wollen oder weil sie nicht dürfen. Wer, der nicht in einem bestimmten christlichen Umfeld aufwächst, soll uns denn noch glauben? Wir bekennen die eine heilige christliche Kirche und leben in lauter unterschiedlichen, zum Teil sogar verfeindeten Kirchen.

Immerhin haben sich alle protestantischen Kirchen mit der »Leuenberger Konkordie« (1973) zur Kirchengemeinschaft zusammengeschlossen.

Die Liste der großen Sünden ist sicher nicht vollständig. Andere werden sagen, dass einige Punkte nicht in diese Liste der Sünden gehörten. Es gibt viel Anlass zum Diskutieren.

Einige der Sündenfälle gelten auch längst nicht mehr für alle Kirchen. Bei den Protestanten und den Anglikanern gibt es Pfarrerinnen und Bischöfinnen. Niemand wird mehr der Folter unterzogen, weil er nicht oder anders glaubt.

In vielen Kirchenvorständen sitzen Physiker oder andere Naturwissenschaftler und werden nicht angefeindet.

Die Mission hat einen völlig anderen Charakter als oben beschrieben, und die Säkularisation wird, hoffentlich bald, auch die letzten Bastionen des Staatskirchentums schleifen.

Aber auch: der päpstliche Bann über Martin Luther gilt bis heute.

Als evangelischer Pfarrer bekommt man keine Besuchsgenehmigung für den Heiligen Berg Athos, dem Hort der Orthodoxie in Griechenland, und die Zusammenarbeit christlicher Kirchen mit Diktaturen funktioniert auch immer noch in dieser Welt.

Das mea culpa, meine Schuld, müssen wir als Christen weiter sprechen. Wir sollten aber auch sehr gut die Antwort Gottes hören: »ego absolvo te«, »ich vergebe dir«. Das wiederum sollte doch Ansporn genug sein, wenigstens einiges zu ändern!

4 Die »Evolution« Gottes

Ist Gott oder wird Gott von den Menschen gemacht? Gotteskritiker unterstellen den Gläubigen oft Letzteres. Wenn wir uns die Bilder von Gott, die in der Bibel »gemalt« werden, anschauen, könnten wir meinen, die Kritiker hätten Recht. Ich verfolge, welche Gottesbilder ich in der Bibel finde und in der Geschichte der Christenheit. Es geht dabei um das Bild, dass sich jeweils Gläubige einer Zeit von Gott gemacht haben, nicht darum, dass Gott sich jedes Mal gewandelt hätte. Wenn das Wort angemessen ist, ist genau genommen von der »Evolution der Gottesbilder« zu reden und nicht von der Veränderung Gottes.

Am Anfang der Bibel ist Gott der Schöpfer von allem, was unsere Welt ausmacht. Genauer muss ich schreiben: was die Welt ausmachte zu der Zeit, als die Schöpfungsgeschichte geschrieben oder gar das erste Mal erzählt wurde. Das mag etwa vor 6000 Jahren gewesen sein. Da galt noch nicht unser Weltbild, die Sonne kreiste um die Erde, die Erde war eine Scheibe, das Weltall gab es nicht, Amerika, Afrika und Asien auch nicht.

In der Schöpfungsgeschichte wird erzählt, dass Gott den Menschen eine Aufgabe gab, nämlich: »*Machet euch die Erde untertan und herrschet über sie.*«

Leider klingt diese Übersetzung Martin Luthers in unseren Ohren völlig anders, als sie die Erzähler damals gemeint haben. Die Israeliten waren ein nomadisch lebendes Hirtenvolk. Ihr Leitbild war der Hirte. Wichtigste und vornehmste Aufgabe des Hirten war es, für seine Herde zu sorgen, sich zu kümmern, dass es genug Nahrung und Wasser gab und die Herde Schutz hatte vor Unwetter und wilden Tieren. Das machte »Herrschaft« des Hirten aus. So war auch ihr Gottesbild: das Bild des Hirten. Ihm sollten die Menschen gleich sein. Hirten der Erde sollten sie sein, dass es ihr gut gehe und sie geschützt sei. Jesus greift später dieses Bild wieder auf und sagt von sich: »Ich bin der gute Hirte, der sein Leben lässt für die Schafe.« Aktueller kann ein Gottesbild doch gar nicht sein bei all den Bedrohungen dieser Erde, die wir verursachen und derer wir offenbar nicht so recht Herr werden können.

Als die Israeliten in die Arbeitswelt der Ägypter freiwillig oder unfreiwillig, darüber streiten die Gelehrten, gerieten, wandelte sich ihr Bild von Gott. Es dauerte nämlich vielleicht ein zwei Generationen, da sehnten sie sich wieder nach ihrem alten Leben, sie wollten loskommen von Ägypten. In Gott sahen sie nun den, der ihnen dazu verhelfen könnte, er sollte der Befreier sein. Das wurde er dann ja auch in der Gestalt des Moses. Er führte sie aus der Knechtschaft, wie sie es nannten, durch die Wüste hin zur Freiheit. Ein mühsamer Weg lag vor ihnen, den sie ohne Schutz zu bewältigen hatten. Sie waren ein kleines Volk auf der Flucht und ohne Armee. Deren Rolle überließen sie Gott. Sie erbaten seinen Schutz, verließen sich darauf und wurden beschützt. Gott war ihr Beschützer.

Sie suchten das »Gelobte Land«, wie sie es nannten, und fanden es in dem Land Kanaan. Aber sie fanden auch, dass es da schon Menschen gab, in Dörfern und ein paar Städten lebend. Sie fanden allerdings auch ausreichend Wasser und Weide und Ackerboden. Ob man sich auch hätte friedlich einigen können, weiß niemand, es kam zu Kämpfen. Das Hirtenvolk lernte den Krieg. Immer waren Menschen der Meinung, dass Krieg dann auch einen Gott braucht. Das gab gab es in allen Kulturen

Die Römer nannten ihren Kriegsgott »Mars«, bei den Germanen hieß er »Odin«, im alten Ägypten war es »Month« oder »Horus«, in dem Land Kanaan, in das die Israeliten einzogen, betete man zu Jahwe um den Sieg im Kampf. Daran angelehnt übernahmen die Israeliten diesen Namen für ihren Gott, der sie aus dem Ägyptenland geführt und in der Wüste beschützt hatte, und machten ihn auch zu ihrem Gott des Krieges. Es klingt verwunderlich: der Beschützer wurde zum Kriegsgott befördert.

Mit dem Sesshaft-Werden, dem Städtebau und dem Tempel in Jerusalem verfestigte sich der Jahweglaube und wurde zum »Markenzeichen« der Israeliten als dem einzigen Volk in dieser Zeit und Region, das nur einen Gott verehrte, also den Monotheismus für sich festlegte. Oft wird Gott in dieser Zeit als der »Eifersüchtige Gott« beschrieben, der eben eifersüchtig darüber wachte, dass es beim Monotheismus blieb. Allerdings schlich sich hier im Laufe der Jahrhunderte eine Unsauberkeit ein. In alten Schriften findet man in biblischen Texten Leerstellen, wo eigentlich Gott oder Jahwe stehen müsste. Die Ehrfurcht vor Gott war so groß, dass sie auch auf seinen Namen übertragen wurde. Statt eine Leerstelle zu lassen benutzten manche Schreiber Kürzel JHW. Daraus wurde dann »Jehova«. Oder man schrieb hebräisch »Elohim«. Das ist vom Wort her ein Plural und müsste mit »Götter« übersetzt werden, wird aber schon in den alten Übersetzungen ins Griechische und Lateinische mit »Gott« übersetzt. Luther wählt hier die Übersetzung »Herr«, was uns den »Herrgott« eingebracht hat. Offensichtlich bestanden unterschwellig doch auch Wünsche, es mit mehreren Göttern zu versuchen, wie es alle anderen Völker auch taten. Einige Forscher nehmen an, dass dieser Virus schon virulent wurde in Ägypten. Das Beispiel der »Gastgeber« mit ihren ausgefeilten, üppigen Gotteskulten wirkte infizierend. Deshalb sei für Moses der Hauptgrund für die Flucht der Wunsch und Wille gewesen, den Monotheismus zu retten. Das ist ihm gelungen.

Die Betonung des Jahweglaubens setzte später noch einmal große Kräfte frei. Die Zeiten des Großreiches Israel waren längst Vergangenheit, die Babylonier beherrschten die Region. Sie bedienten sich in Israel. Nach der Eroberung Jerusalems und der Zerstörung des Tempels verschleppten sie die Angehörigen der Oberschicht sowie Bauern und Handwerker in ihr Land, siedelten sie an, erlaubten ihnen, ihre Religion weiter auszuüben und ließen sie für sich arbeiten. Die Israeliten taten beides: pflegten ihre Religion, nämlich den Glauben an Jahwe, und sie arbeiteten tüchtig. Und sie taten ein drittes: Sie hielten die Hoffnung, in ihr Land zurückkehren zu dürfen, hoch. Ganz selbstverständlich wurde Gott der »Gott der Hoffnung«.

Wiederum nach zwei oder drei Generationen zeigte sich, dass die Hoffnung der Israeliten nicht vergeblich war. Ihr Glaube an Jahwe wurde durch die Geschichte bestätigt. Dank der wachsenden Macht der Perser durften sie in ihr Land zurückkehren. Sehr bald machten sie sich daran, den Tempel wieder aufzubauen, mit dem sie ihrem Gott die Ehre geben wollten. Das ging nicht ohne innere Kämpfe ab, denn die Menschen, die im Land geblieben waren, ohne von den Babyloniern weiter behelligt worden zu sein, hatten sich ohne die Oberschicht, zu der auch die Priester gehörten, eingerichtet. Allerdings waren ohne den Tempel und ohne eine Priesterschaft die religiösen Sitten etwas lockerer geworden. Man ließ schon einmal den einen oder anderen »Nebengott«, wie man das ja von den anderen Völkern kannte, zu. Die Rückkehrer aus der Babylonischen Gefangenschaft bekamen sehr schnell wieder die Oberhand und setzten streng den einen Glauben an den einen Gott durch. Jahwe wurde de facto Staatsgott, unangefochten und dann auch unanfechtbar. Er war nun auch der »Strafende Gott«, der mit den Priestern und Regenten streng über den rechten Glauben und richtigen Tempeldienst wachte. Im inneren Sprachgebrauch, der sich auch in der Bibel wiederfindet, wurde jeder Götzendienst –alle Götter außer Jahwe waren Götzen!- als »Hurerei« bezeichnet und entsprechend der Moral dieser Zeit auch tödlich geahndet. Man verglich das Verhältnis des Volkes Israel zu ihrem Gott mit dem eines Brautpaares. Das Volk war die Braut und Gott der Bräutigam. Auch ganz im Sinne dieser Zeit hatte die Braut die Pflicht, sich des Bräutigams würdig zu erweisen. Der Bräutigam stand über jeder Kritik, er war ja Gott. Ihm wurde auch übertragen, Angriffe auf das Land und das Volk abzuwehren und zu verfolgen. Der strafende Gott wurde gesteigert zum »rächenden Gott«. Genau das, was die Priester wollten und brauchten, spiegelte sich in den Eigenschaften Gottes wider.

Etliche hundert Jahre später waren es die Soldaten des Römischen Reiches, die Israel eroberten, besetzten und ausbeuteten. Allerdings war das in Israel schwierig. Erstens war da nicht viel zu holen und zweitens waren die Israeliten ein aufsässiges Volk. Das lag nicht nur an der ihnen eigenen Religion, die man inzwischen das Judentum nannte und das keine anderen Götter gelten ließ, sondern auch an den Lehren aus der Geschichte: Besatzer sind immer verwundbar. In Regierungskreisen Roms galt die Ernennung zum Gouverneur von Israel und Judäa nicht unbedingt als wichtige Stufe in der Karriereleiter, sondern eher als eine Strafaktion. Jahwe blieb Gott. Die Gottheit des römischen Kaisers erkannten die Juden nicht an und um des Friedens willen war der Tempel in Jerusalem wohl der einzige im Römischen Reich rund um das Mittelmeer, in dem keine Statue des jeweiligen Kaisers als anzubetender Gott aufgestellt wurde. Schon die Überlegung hätte einen Volksaufstand provoziert. Trotz allem empfanden die Israeliten, also die Juden, die Römer als unangenehme Besatzungsmacht, die sie nur zu gern wieder losgeworden wären. Es gab reichlich viele Versuche, auch kriegerische Aufstände, die die römische Militärmacht aber radikal erstickte. Zur Zeit Jesu war der Oberste Rat, die von den Römern geduldete jüdische Regierung, immerhin so klug, es nicht auf kriegerische Auseinandersetzungen ankommen zu lassen, im Gegenteil, er setzte mehr und mehr auf Kooperation. Gott war auch wieder der »Gott der Tradition.« Alte Bräuche und Kulte wurden eingerichtet und sorgfältig ausgeführt. Die Religion war eine echte Macht in Israel.

In diese politische Situation wurde Jesus hineingeboren. Kurzzeitig wurde auch er ein Hoffnungsträger in Richtung Befreiung von den Römern. Das wurde deutlich an dem jüdischen Ehrentitel »Messias«, den man ihm gab. Der Messias sollte nach alten Prophezeiungen der Mann sein, der die Freiheit zurückbrachte und der den Anbruch des Gottesreiches einläuten sollte. Jesus stellte bald klar, dass er keine politischen Ambitionen hatte. Er predigte die Nächstenliebe, den Frieden, die Gewaltlosigkeit und natürlich die Ordnung der Zehn Gebote. So wie Jesus von Gott sprach musste Gott ein »Gott des Friedens« sein. Er konnte auch »Vater« sein, wie Jesus ihn in einigen Gleichnissen deutlich machte (s. Der Verlorene Sohn). Aus anderen Passagen seiner Predigt ergab sich die Bezeichnung »Lieber Gott«, einer Bezeichnung, die heute auch wieder viele Menschen gern hören und die ich auch vorziehe.

Auf Grund der vielen Wunderheilungen, die von Jesus erzählt

wurden, offenbarte sich Gott in Jesus auch als der »Allmächtige«. »Ihm sind sogar Wind und Wellen untertan«, sagten die Jünger von Jesus, nachdem er auf dem See Genezaret einen Sturm, der ihr Schiff fast zum Kentern brachte, gestillt hatte.

Es dauerte dreihundert Jahre, dann war Gott wieder Staatsgott. Der römische Kaiser Konstantin machte ihn dazu. Er setzte das sich sehr schnell ausbreitende Christentum als Staatsreligion ein, weil dessen Gott ihm nach seinem eigenen Empfinden einen wichtigen militärischen Sieg geschenkt hatte. Für ihn war Gott also auch wieder Kriegsgott.

Nach dem Untergang des Römischen Reiches übernahmen in Europa die Franken unter Karl dem Großen die Herrschaft über das Reich und nannten es das Heilige Römische Reich Deutscher Nation. Die Franken übernahmen auch das Christentum als ihre Religion. Karl der Große scheute auch nicht davor zurück, das Schwert zur Mission zu benutzen, wenn ein Volk oder Stamm in seinem Reich diesen Glauben nicht annehmen wollte.

Das Gottesbild des Mittelalters war nicht ganz eindeutig. Es schwankte zwischen Staatsgott, Kriegsgott, Eifernder Gott und Strafender Gott. Den Gläubigen wurde fleißig mit Höllenqualen, Fegefeuer und ewigem Tod gedroht. Gott war auch der Drohende. Das Bild war geprägt durch das zeitweise sehr korrupte Papsttum in Rom, von den großen Ritterorden der Templer, Johanniter und Malteser, die ihre Machtbasis nach Europa verlagert hatten nach der Niederlage gegen die osmanischen Heere im Nahen Osten. Die Kirche sicherte ihre Herrschaft über die Menschen mit der Inquisition, einer durch und durch perfiden Unterdrückungs- und Herrschafts-organisation. Ein Geständnis unter Folter galt als richtiges Geständnis.

Andere Instrumente waren Hexenjagd, Ketzerverbrennungen und Religionskriege.

Die Reformation verschob das Bild Gottes gewaltig. Den Kirchen, die daraus als protestantische Kirchen erwuchsen, galten als die herausragenden Eigenschaften und Aufgaben Gottes die Hinwendung zum Einzelnen, die Gerechtigkeit, die Gnade und die Vergebung. Der Hintergrund war die Grunderkenntnis der Reformatoren, dass das Heil und das Wohl der Menschen und der Welt abhängt von einem dreifachen »allein«: **allein** aus der Schrift, **allein** aus Gnade und **allein** aus Glauben. Das bedeutete: Was es zu glauben und von Gott zu wissen gibt, ist allein in der Bibel zu finden; das Heil des Menschen im Leben und über den Tod hinaus hängt allein an der Gnade Gottes, des Heils wird man teilhaftig allein durch Glauben. Damit wurde der Weg frei für ein freundliches Gottesbild des Bürgertums, das durchaus auch wieder einmündete in ein Bild vom »Lieben Gott«.

Mit diesen Impulsen wurde in den protestantischen Kirchen eine breitgefächerte und tiefgehende Arbeit der Theologie in Gang gesetzt, die als Erstes eine kritische Bestandsaufnahme der biblischen Schriften vornahm. Die Historisch-kritische Forschung sei hier genannt, eine Forschung, die sich auch traute, unangenehme Funde offenzulegen, dass zum Beispiel einige Briefe des Paulus nicht von Paulus sind, dass Jesus aus Nazareth stammt und nicht aus Bethlehem und dass die Evangelien erst geschrieben wurden als Jesus längst tot war.

Es gab vielerlei Versuche die Kirche demokratischer zu leiten, so auch bei etlichen Reformatoren. Diese Versuche wurden allerdings von außen gestört, wenn nicht gar zerstört, durch den aufkommenden Absolutismus in der Herrschaft der Länder. Die Fürsten konnten alles bestimmen, auch die Religion ihrer Bürger.

Es entstand durch die Reformation im Laufe der nächsten fünf Jahrhunderte eine große Zahl von protestantischen Kirchen in Deutschland, den Niederlanden, England und Nordamerika, Kirchen, die sich zum Teil über die ganze Welt ausbreiteten und bis heute Bestand haben. Die vorherrschenden Bilder Gottes im Protestantismus sind der Liebe Gott, der gnädige Gott, der barmherzige Gott, der allmächtige Gott, der friedliebende Gott. Gefragt wird immer wieder nach Gott als Strafenden und als Rächer. Diese Bilder gibt die Bibel durch die Entschiedenheit des Neuen Testaments nicht mehr her.

Auch die im 7. Jahrhundert entstandene Weltreligion, der Islam, baute auf diesen Bildern auf. Die Bezeichnung Gottes als »Allah, der Erbarmer« ist im Koran die häufigste Bezeichnung Gottes, alle Suren fangen mit dieser Aussage an.

In der zweiten Hälfte des vorigen Jahrhunderts gab es starke Ansätze, die Evangelische Kirche in eine Friedenskirche umzuformen. Es gab beachtlich viele Christen, die sich der Friedensbewegung anschlossen, Friedensmärsche und Mahnwachen abhielten. Es reichte leider nicht, um der Kirche wirklich den Stempel »Kirche des Friedensgottes« aufzudrücken.

Nicht zu vergessen sei die Kraft und Macht der mit der Reformation immer mehr vordringenden Naturwissenschaften! Unser Denken heute ist naturwissenschaftlich geprägt. Die Naturwissenschaft ist die Hauptquelle neuer Erkenntnisse. Religion rückt immer stärker an den Rand. Die Ideologie »Gott ist tot« hat sich fest etabliert. Dazu haben sicher auch der Marxismus und der Kommunismus beigetragen.

In Berlin steht die atheistische Jugendweihe inzwischen wohl auf der gleichen Stufe wie die Konfirmation.

Heutzutage stehen zwei weitere Existenzfragen im Vordergrund, der Klimawandel und die Auszehrung der Kirchen in Europa. Das Erste stellt die Existenz der Erde in Frage, das Zweite die der Volkskirchen. Ob wir die Existenz der Erde mit den immer wieder beschlossenen Plänen, die nicht eingehalten werden, und bei unserem anhaltenden Wachstumswahns weltweit, sichern können, ist fraglich. Die Kirchen werden mit Sicherheit noch kleiner und bedeutungsloser. Darunter werden wir noch lange leiden, und wir werden dringend Gott als Hoffnungsträger brauchen. Die Chance an Bedeutung wieder zu gewinnen, ist auch einer kleinen Kirche gegeben. Auch dabei hilft am sichersten die Hoffnung.

Ich halte mich an die Geschichte, die am Ende der Sintflut erzählt wird: Ein Regenbogen überspannte die Erde und Gott sprach: »Solange die Erde steht, soll nicht aufhören Tag und Nacht, Sommer und Winter, Frost und Hitze, Saat und Ernte.« Der Liebe Gott ist Erhalter und Bewahrer unseres Lebensraumes!

5 Fundamentalismus

Ich fange am Grund, also an dem Fundament, an. Fundament bedeutet: die Grundlage, fundamental ist zur Grundlage gehörig, die Grundlage ausmachend. Mit Fundamentalismus wäre also eine Haltung zu bezeichnen, die sich auf die Grundlagen bezieht. Das lateinischen Wort fundus bedeutet Boden, Grund, fundere heißt gießen, mit einem Boden versehen .Also sollte Fundamentalismus bedeuten: Sich auf die Grundlagen besinnen, das eigene Denken auf die Grundlagen stellen. Folglich gibt es in der Katholischen Theologie das Fach: Fundamentaltheologie. Es ist das Studium der Grundlagen des christlichen Glaubens.

Dann ist also Martin Luther das Paradebeispiel für einen Fundamentalisten. Denn er hat doch Kirche und Theologie wieder auf ihr Fundament gestellt, die Bibel. Aber wer von uns denkt bei dem Stichwort Fundamentalismus an Martin Luther? Der Begriff hat negativen Beigeschmack. Wir verbinden ihn, eingeübt durch unsere Medien, sehr schnell mit Fundamentalismus im Islam und dann ist der Gedanke zum Terror naheliegend.

Was also ist los?

Das Wort »Fundamentalismus« ist offenbar nicht eindeutig definiert. Da gibt es einmal die eben erklärte Wortbedeutung. Aber dieser Ausdruck steht auch für ein religiös-politisches Phänomen, das durchaus Tod, Krieg und Terror im Gefolge haben kann.

Ich ziehe zwei zuständige Lexika zu Rate.

Der Brockhaus schreibt: Fundamentalismus ist das allgemeine, kompromisslose Festhalten an politischen und religiösen Grundsätzen. Kompromisslos – schwingt da ein Unterton der Intoleranz mit? Der Duden /Fremdwörterlexikon definiert: Fundamentalismus ist eine streng bibelgläubige theologische Richtung im Protestantismus in den USA, die sich gegen Bibelkritik und moderne Naturwissenschaft richtet.

Damit haben wir die Definition eines »terminus technicus«, also eines Fachausdrucks aus dem Bereich der Religion. Von seinem Ursprungsraum, der protestantischen Theologie in den USA, ist er ohne weiteres übertragbar auf andere Gebiete und auch andere Religionen wie protestantisch-europäischer Fundamentalismus oder katholischer oder jüdischer oder islamischer Fundamentalismus. All das gibt es auch. Manchmal heißt er nur anders. Die Struktur, das Denkschema ist immer gleich.

Ehe ich mich also etwas ausführlicher mit dem scheinbar oder tatsächlich gefährlichen Fundamentalismus bei anderen, also im Islam befasse, schaue ich auf unsere eigenen Kirchen, auf den christlichen Fundamentalismus. In die USA sind ab dem 17. Jahrhundert viele Protestanten aus Europa, vor allem aus England, den Niederlanden und den katholischen Ländern des späteren Deutschen Reiches ausgewandert. Man kann auch sagen geflohen.

Als erste kamen die Quäker mit William Penn auf der Mayflower ins spätere Pensilvania, 1620. Es folgten Mennoniten, Baptisten, Methodisten. Sie alle wichen der Rekatholisierung, in Deutschland durch die Kaiserliche Macht, in den Niederlanden durch Spanien und der anglikanischen Staatskirche in England aus. Wichtig ist zu sehen, dass sie flohen, weil sie als entschiedene Christen an den Fundamenten festhalten wollten, die Luther, Calvin und Zwingli gelegt hatten.

Aus Entschiedenheit wird leicht Radikalität. So entstanden in dem folgenden Jahrhundert fast alle bei uns bekannten christlichen Sekten wie Zeugen Jehovas, Adventisten, Mormonen, Christliche Wissenschaft und andere. Sie entwickelten sich aus diesen Gruppen der Verfolgten und aus Europa Geflohenen in den USA.

In den Jahren 1900 – 1905 wurde in den USA eine protestantische Schriftenreihe publiziert, in der die Grundwahrheiten der Kirchen festgehalten und erläutert wurden, die»fundamentals«. Sie wurden zum Namensgeber. Die»fundamentals« sind demnach: Die buchstäbliche Unfehlbarkeit der Heiligen Schrift. In ihr ist kein Irrtum enthalten. Theologie ist nichts wert, wenn sie dem Bibelglauben widerspricht. Das gilt insbesondere für die Jungfrauengeburt, die leibliche Auferstehung, die Wiederkunft Christi mit der Errichtung des Gottesreiches auf Erden. Nur Auserwählte werden erlöst, also nur die, wie sie jetzt hießen, Evangelikalen. Glaubensüberzeugungen haben Vorrang vor politischen. Mit anderen Worten, die Theologie diktiert die Politik! Das alles gilt bis heute für die Evangelikalen

Kirchen. Jeder 10. Amerikaner gehört solch einer Kirche an, unter anderem auch George W. Bush. Das theologische Zentrum liegt in Colorado. Die Ausbreitung erfolgt sehr wesentlich über Radio- und TV-Kirchen, die Evangelikalen haben hohe Zuwachsraten in Afrika und Lateinamerika. In Brasilien gehören etwa 30% der Menschen inzwischen zu ihnen. Zumindest in Brasilien und in den USA stellen die Evangelikalen, also die Fundamentalisten, eine Macht dar, mindestens als Wählerpotential.

Die Evangelikalen vertreten diese politischen Thesen:

Sie sind gegen Schwangerschaftsabbruch, gegen Anerkennung der Homosexualität, gegen die Evolutionslehre Darwins – den Menschen betreffend. Sie bezeichnen die USA als »God's own country« und stellten den Irak und andere islamische Länder dem als die »Achse des Bösen« gegenüber. Da ist keine Dialogbereitschaft mit anderen Religionen, vor allem nicht mit dem Islam. Allah ist nicht Gott, er ist eine dämonische Kreatur. Sie vertreten den Vorrang des Mannes und die Mutterrolle der Frau. Sie glauben, das Reich Gottes kommt, wir beginnen schon mal mit dem Bau. Die politisch brisanten Begriffe sind: in unserem Denken ist kein Irrtum enthalten, wir sind auserwählt, Glaube steht vor Politik. Da ist ganz schnell kein Platz mehr für Toleranz und auch Gewalt ist nicht fern. Fazit: Als Charakteristikum des Fundamentalismus kann gelten: Besitz der absoluten, weil göttlichen Wahrheit. Daraus resultiert der Absolutheitsanspruch für die eigene Denkweise. Das führt zur Intoleranz, erzeugt einen Machtanspruch und Kampfbereitschaft, die auch Gewalt als Möglichkeit mit einbezieht.

Dazu gehört zum Glück, dass zumindest in den USA, die Werte und Ideale aus der christlich-humanistischen Tradition religiös überhöht mit einbezogen werden, als da sind: Freiheit, technischer Fortschritt, Gerechtigkeit, Menschenrechte, Demokratie. Sie sind gleichzeitig Ausweis der absoluten Überlegenheit des american way of live über alle anderen in dieser Welt. Es steckt ein Missionsdrang in den Überzeugungen. Man darf spekulieren, ob es den Irakkrieg ohne den Einfluss der Fundamentalisten überhaupt gegeben hätte.

Eine Fußnote: Auch in Europa, in Deutschland, siedeln sich evangelikale Gemeinden an, ohne großen Einfluss bisher. Fundamentalismus wächst am Rande auch in den protestantischen Kirchen. Die Katholiken haben die Piusbrüder!!

Der jüdische Fundamentalismus ist ein gutes Beispiel, wie Fundamentalismus funktioniert und die Politik dominiert. Jüdische grundlegende Glaubensüberzeugung ist: der Messias wird kommen und den Gottesstaat auf Erden errichten. Das christliche »dein Reich komme« wird konkret gedacht und geglaubt. Die Fundamentalisten sagen:

1. Der Gottesstaat wird in Israel errichtet werden. Der jüdische Staat ist der erste Schritt zu diesem Gottesreich. Diesen Schritt haben wir getan, auch im Auftrage Gottes.
2. Wir wollen nun auch schon den zweiten Schritt tun und das Land weiter vorbereiten. Dazu gibt es die Siedlerbewegung und die Aussage: die Palästinenser gehören hier nicht hin! Es ist unser, Gottes, Land. Eine Grundwahrheit des Glaubens wird absolut gesetzt, die Politik dem Glauben untergeordnet. Intoleranz, Machtanspruch, Gewaltbereitschaft sind die Folgen! Jüdische Orthodoxie ist allerdings anders! Die Orthodoxen warten auf das Handeln Gottes und lähmen auf diese Weise die Politik.

Den islamischen Fundamentalismus nennen wir in der Regel »Islamismus«. Er ist letztlich Ursache und Triebfeder für Terror und innerislamische Kämpfe und Kriege (Afghanistan, Irak, Iran, Ägypten). Ein guter Grund also, auch hier genauer hinzuschauen.

Sechs wichtige Hinweise vorweg: Der Islam entstand im 8. und 9. Jahrhundert und breitete sich zuerst im arabischen Raum aus, nicht immer gewaltfrei gegenüber Stammesreligionen, dem Judentum und den Christen. Erster Gewaltschlag war die kriegerische Ausbreitung des Islam im Nahen Osten einschließlich der Eroberung Jerusalems. Sie wurde von den Christen mit den Kreuzzügen und der Gründung der Kreuzzugsstaaten beantwortet, dem Königreich Jerusalem. Das Trauma über diese Rückeroberung ist im Islam durchaus noch vorhanden. Es wurde auch nicht aufgehoben durch die Ausbreitung des Osmanischen Reiches über den gesamten östlichen und südlichen Mittelmeerraum einschließlich Spaniens. Im 13. und 14. Jahrhundert war der Islam der Hort der Wissenschaften: Mathematik, Medizin, Philosophie. Die islamischen Wissenschaftler reanimierten die Antike und holten viele wertvolle Schriften wieder ans Licht. Die Renaissance und schließlich auch unsere Aufklärung haben hier ihre Wurzeln! Die türkischen Eroberungskriege wie auch später die Kolonialzeit, d.h. die Kolonialisierung der arabischen und türkischen Länder durch christliche, europäische Völker, verhärteten die Fronten zwischen Islam und Christentum, zwischen Abendland und Orient, zwischen westlich und muslimisch. Begriffe wie Demokratie, Freiheit des Individuums, aber auch Gnade sind im Islam nicht ausgeprägt. Die Umma, die Gruppe, ist entscheidend neben den Führern des Clans. Der Islam ist traditionell eine von Männern bestimmte Religion und Gesellschaftsordnung.

Vor allem die Kolonialherrschaft und ihre Folgen im Nahen Osten führten zur Entwicklung des Islamismus. Die Grundlage lieferte natürlich der Koran. Hier spiegeln sich die Erfahrungen des Propheten wider: die Vertreibung aus Mekka nach Medina. Feindbilder werden wichtig und Kampfbereitschaft. An diesem Ereignis, der Hadsch, lässt sich durchaus ein Bruch im Koran festmachen, was das Verhältnis zu Gewaltbereitschaft und Kampf betrifft. Die Spaltung des Islam in »Konfessionen«, Sunniten und Schiiten förderte die Verinnerlichung des bewaffneten Kampfes des Glaubens wegen.

Der erste markante und bekannte Vertreter des Islamismus war Khomeni mit seinem Kampf gegen den Schah in Persien/ Iran.

Inhalte oder die »fundamentals« des Islamismus: Rückkehr zum angeblich wirklichen Islam. (Gottesstaat!)

Das wird festgemacht auch an Äußerlichkeiten wie Kopftuch und Schleier, Rolle der Frau, Sexualmoral.

Einführung der Scharia, ein aus dem Koran abgeleitetes Rechtssystem, in dem Begriffe wie Menschenrechte oder Gnade völlig fehlen. Gewaltbereitschaft, ja sogar Forderung von Gewalt unter Einsatz des eigenen Lebens. Grundlage: der Dschihad.

Die westliche Lebensweise ist Verkörperung des Bösen!

Fatal ist dabei die doppelte Moral des Westens: sie predigen Demokratie und stützen oft genug die autoritären Regimes: Persien, Saudi-Arabien.

Am Begriff »Dschihad« und seiner Veränderung ist das Wesen des Fundamentalismus gut abzulesen.

Das Wort wird meistens übersetzt mit »Heiliger Krieg«, bedeutet aber ursprünglich: Ständiges, angestrengtes Bemühen, dem Koran gemäß zu leben, also ein guter Muslim zu sein. Das wird ausgeweitet zur Verteidigung des Islam, notfalls auch mit Mitteln der Gewalt, was noch vom Koran gedeckt wird. Eine weitere Ausweitung folgt im Laufe der Zeit: die Verbreitung des Islam darf, falls das nötig erscheint, auch mit Gewalt, sprich Krieg betrieben werden. Das Ziel ist: alle Völker sollen in dem »Daressalam« = dem Haus des Friedens wohnen. Das steht so nicht mehr im Koran!

Für den einzelnen Muslim bedeutet das: ständiges persönliches Bemühen, Bereitschaft, für den Glauben auch zu kämpfen und zu leiden und offensiv für die Verbreitung des Glaubens einzutreten.

Fundamentalisten setzen das absolut und folgern: die Bereitschaft zum Leiden und der Auftrag können auch den Märtyrertod beinhalten. Den Glauben weiterzutragen bedeutet, andere Glaubens- und Lebensweisen zurückzudrängen oder sogar zu beseitigen. Die Gegner sind eine »falsche« nichtislamische Lebensweise (siehe Konflikt Sunniten/ Schiiten), »der Westen« und die »Zionisten«.

Ziel ist also die Errichtung einer islamischen Weltordnung nach den Maßstäben, die die Glaubenskämpfer setzen. Der Glaube und der daraus abgeleitete Auftrag bestimmen die Politik zur Gewalt: Die muslimische Bruderschaft kämpft in Ägypten gegen den zu liberalen Staat. Die Hisbollah in Palästina gegen Israel, die Taliban in Afghanistan gegen den Westen und alle, die mit ihm zusammenarbeiten.

Das Böse konkretisiert sich im Westen in Gestalt der Demokratie, der Sexualmoral, der Rolle der Frauen, der persönlichen Freiheiten. Nährböden sind zweifellos Armut und fehlende Bildung und die »Zerstörung« der angestammten Lebensräume (s. Kolonialzeit, Industrialisierung).

Noch einmal: Kennzeichen des Islamismus: Absolutheitsanspruch, Intoleranz, Gewaltbereitschaft, Autoritäre Führung. Das Ende dieser »Bewegung« ist nicht abzusehen.

Zwei Beispiele aus der Bibel, die zeigen, wie Jesus und Paulus fundamentalistisches Denken außer Kraft setzen:

1. Jesus wird gefragt, wie er das mit den Speiseregeln und dem Fasten zu halten gedenkt.(s. Ährenausraufen der Jünger am Sabbat). Er verweist auf die Verantwortung des jeweils einzelnen Betroffenen, zu entscheiden, was jetzt nützlich ist. Die Pharisäer, auch eine fundamentalistische Bewegung, halten starr an den Regeln und Verboten fest.
2. Paulus wird von den Leuten in Korinth gefragt, ob man Götzenopferfleisch als Christ essen darf. Natürlich darf man, sagt er, aber mit Rücksicht auf die Schwachen, denen das eine Anfechtung ist, ist es dann besser, es zu lassen. Verantwortung an Stelle von Verbot.

Alle drei monotheistischen Hochreligionen geben aus ihren Grundlagen (Bibel und Koran) den Terror und Krieg nicht her, erst Verfälschungen können sie begründen. Also sind die Religionen für Kriege Instrumente und nicht Gründe. Es gibt aber wohl doch den »Krieg der Kulturen«, weil die Fundamentalisten auf beiden Seiten das so wollen. Tun wir alles, dass wir mit unserem Denken und Glauben und Urteilen nicht hineingeraten, z.B. bei den Debatten um Integration, Aufnahme von Flüchtlingen und Auslandseinsätzen der Bundeswehr.

6 Antisemitismus

Rassismus ist zutiefst unchristlich. Antisemitismus ist eine Form des Rassismus, als unchristlich. Dazu kommt verstärkend, dass von Gott her gesehen die Juden unsere Mütter und Väter sind. Jesus war ein Jude und die christliche Religion, die sich auf Jesus als ihren Stifter beruft, hat sich aus der Religion der Juden entwickelt. Der erste Teil unserer Bibel, den wir das Alte Testament nennen, gehört zu den Jüdischen Heiligen Büchern. Dort heißt es Thora, was Gebot oder Weisung bedeutet. Wegen unserer engen religiösen Bindung an die Juden und wegen der Vernichtung der Juden in Europa durch unser Volk in der Zeit des Nationalsozialismus, widme ich diesem Phänomen ein Kapitel

1. Darf man die Politik Israels kritisieren? Darf man sich über das Holocaust Denkmal mokieren? Darf man Judenwitze erzählen? Alle diese Fragen muss man eigentlich mit Ja beantworten. Aber man zögert und meint: das kommt darauf an. Worauf kommt es an? Auf jeden Fall wird so auf einfache Weise klar: hier liegt ein Problem!

2. Am 27. Januar 1945, also vor 75 Jahren, befreiten die Soldaten der sowjetischen Armee das Konzentrationslager Auschwitz. Das ganze Ausmaß des Holocaust wurde vor aller Welt offenbar und dann schrittweise dokumentiert. Die Beweiskette über die Judenverfolgungen (und die Verfolgung anderer Gruppen) durch das NS-Reich ist lückenlos. Die Leugnung des Holocaust steht in Deutschland unter Strafe.

3. Ein früherer Präsident des Irans, Achmadinetschad, nannte als ein Staatsziel des Iran die Vernichtung des Staates der Juden, Israel. Außer Ägypten hat bisher kein arabischer und auch kein muslimischer Staat sich deutlich von diesem Staatsziel distanziert!

4. Viele Menschen sagen. Ich habe nichts gegen Juden! Und fahren dann fort: aber... Das heißt doch wohl im Klartext, dass sie doch Vorbehalte gegen Juden haben.

5. Ist der Antisemitismus ein deutsches Problem?

Ja und nein.

Nein, denn es gab und gibt auch ihn auch in anderen Ländern, angefangen mit der Verschleppung des Volkes Israel durch die Babylonie um 500 vor Christus reichte, er über die Verfolgung unter den römischen Kaisern Nero, Tiberius und Claudius, die Pogrome im russischen Zarenreich bis zur Zwangsbekehrung im christlichen Spanien. Das alles war massiver Antisemitismus. Es gibt ihn heute in vielen Ländern, z.B. bei unseren Nachbarn in Polen und in Frankreich.

Ja, wegen unserer Geschichte. Die Vernichtungsaktion im Dritten Reich war von langer Hand geplant und durchorganisiert. Sie zielte auf die Ausrottung der Juden in ganz Europa. Das ist in der Geschichte einmalig, und deshalb ist es auch richtig, dass das Holocaust-Mahnmal an die Judenvernichtung erinnert und nicht auch an alle anderen Gräueltaten der Nazis.

Ja, Antisemitismus ist in Deutschland auch heute aktuell. Nach einer Untersuchung der TU Berlin sagen 31% der Bevölkerung, Juden sind mir unheimlich, 20% sagen, die Juden sind schuld an den Weltkonflikten, 50% sagen, Juden ziehen unberechtigt materielle Vorteile aus der Verfolgung.

Zu erinnern ist an die Schändung der Friedhöfe und der Gedenkstätten und an die Existenz und Aktivität der NPD/AfD und vergleichbarer Organisationen

Was ist Antisemitismus?

1. Laut Brockhaus Abneigung und Feindseligkeit gegenüber Juden. Es betrifft tatsächlich nur die Juden, denn ein semitisches Volk gibt es nicht. Es gibt semitische Sprachen wie Arabisch, Äthiopisch, Aramäisch, Ugarit, Hebräisch, Punisch, Sprachen also, die in Ost- und Nordafrika und in Süd-West Asien gesprochen werden oder wurden. Ihr Hauptmerkmal ist die Schrift von rechts nach links.

2. Wer aber nun ist Jude? Eine jüdische Rasse gibt es nicht. Die Gleichsetzung mit Israel geht auch nicht, Juden leben nicht nur dort und nicht alle Israelis sind Juden. Die Definition über die Religion ist auch nicht so ohne weiteres möglich. In Deutschland wurden auch Menschen verfolgt, die getauft waren, also Christen waren, aber jüdische Vorfahren hatten.

Die eigene Definition der Juden ist: Jude ist, wer von einer jüdischen Mutter geboren wird. Demnach kann man nicht Jude werden, wenn man nicht von Geburt an einer ist. Aber auch das stimmt nicht, wenn es auch nicht einfach ist, zum jüdischen Glauben zu konvertieren. Tatsächlich gibt es Juden in ganz vielen Ländern und Völkern dieser Welt.

3. Wo kommen die Juden her? Wie kommt der Antisemitismus zustande?

Der Ursprung liegt im Volk Israel, einem Nomadenvolk im Vorderen Orient, bekannt durch die Erzählungen des Alten Testaments in der Bibel. Die Besonderheit dieses Volkes war ihr strenger Monotheismus. Sie waren das einzige Volk der Alten Welt, das nur an einen Gott glaubte. Um diesen Glauben in einer Welt, die rundum anders glaubte, bewahren zu können, bedurfte es der Abgrenzung. Das brachte Feindschaften ein. Diese wurden verstärkt durch das Bewusstsein dieses Volkes, das von Gott auserwählte Volk zu sein. Das wurde schnell als Arroganz ausgelegt, die wiederum erzeugt nicht gerade Freundschaft.

Es ist wichtig festzuhalten: das Volk Israel war politisch in seiner Region unbedeutend. Da gab es keinen Grund zur Ablehnung. Solange das Volk Israel dann auch nur in Israel lebte, ging das ganz gut. Dann wurden sie wegen eines Aufstandes gegen die römische Besatzungsmacht im Jahre 70 n.Chr. aus ihrem Land vertrieben. Die Römer zerstörten, was da war und verboten, jüdische Siedlungen im »Heiligen Land«. Die vertriebenen Juden siedelten sich da an, wohin auch heute Flüchtlinge als erstes fliehen: in den Zentren der Welt. Das waren damals Babylon, Rom, Klein- Asien, Südfrankreich, Nordafrika. Da es zu dieser Zeit auch in diesen Zentren noch keine Meldepflicht für Zugezogene gab, aber genug Platz für Ansiedlungen, gab es eben bald in all diesen und andern wichtigen Städten jüdische Siedlungen.

Die Erfahrung der Vertreibung und das Leben als Neuankömmling schweißt zusammen. Traditionelle Berufe waren besetzt, es blieb der Handel. Das bot sich auch an, weil es eben überall rund um das Mittelmeer in vielen Häfen Menschen gab, die man kannte. Es entstand ein sehr erfolgreiches Netzwerk. Erfolg macht auch neidisch. Das brachte neue Feindschaften. Zusätzlich erwiesen sich die Juden resistent gegen das sich immer mehr ausbreitende Christentum, gegen die Götter der Römer sowieso. Noch ein Grund, sie scheel anzusehen. Zunehmend wurden Juden in vielen Ländern »ehrbare« Berufe verboten, ebenso Landbesitz, man drängte sie geradezu in den Handel, auch in den Geldhandel. Das Bild vom geldgierigen Juden nahm Gestalt an. Ein weiterer Schritt war der Zwang, dass Juden in einem gesonderten Stadtteil wohnen mussten, Ghetto genannt. Das geschah zuerst in Venedig, dann in vielen andern Städten auch. Wir wissen heute nur zu gut, dass damit Probleme programmiert sind.

In all den Jahrhunderten, in denen die obige Entwicklung sich vollzog, waren die jüdischen Gemeinden vollkommen unpolitisch. Allerdings gab es an vielen Fürstenhöfen jüdische Berater, oft sogar mit Ministerrang, wie nicht anders zu erwarten in Sachen Handel und Finanzen. Auch das brachte ihnen, nicht nur Freunde ein, obwohl es ihnen eigentlich hätte Dankbarkeit einbringen müssen. Zur Zeit des Absolutismus haben jüdische Finanziers manchen Staat vor dem Bankrott gerettet.

Erstmals seit der Vertreibung aus Israel und Judäa durch die Römer vor fast 2000 Jahren gab es Ende des 19. Jahrhunderts wieder eine politische Bewegung unter den Juden. Wegbereiter und Fürsprecher war Theodor Herzl. Er warb unter den Juden der Welt, vor allem in Europa und den USA, für einen eigenen Judenstaat. Der Weltbund mit Sitz in Genf – Vorläufer der Vereinten Nationen – befürwortete das schließlich. Man plante einen jüdischen Staat in Argentinien.

Daraus wurde nichts. Erst in den 20er Jahren des vorigen Jahrhunderts kam Palästina ins Gespräch. Es war seit Ende des 1. Weltkriegs britisches Mandatsgebiet und wurde zur Besiedlung freigegeben. Dass dort inzwischen Araber wohnten, interessierte niemanden so richtig. Juden aus Europa und den USA wanderten ein und gründeten schließlich den Staat Israel. Natürlich ging das nicht ohne Kämpfe ab. Wir kennen die Problematik, die daraus erwuchs.

Es gibt verschiedene Formen des Antisemitismus. Ich zähle auf: den christlichen Antisemitismus, den bürgerlichen, aufgeklärten Antisemitismus, den linken Antisemitismus, den arabisch/muslimischen

Antisemitismus und versuche diese Formen jeweils kurz zu erklären und zu bewerten.

Dem christlichen Antisemitismus liegt die These zugrunde, die Juden seien schuld am Tode Jesu. Das ist eindeutig falsch. Fast alle Anhänger Jesu, auch nach seinem Tod, waren Juden. Außerdem wurde Jesus von den Römern hingerichtet. Die ersten christlichen Gemeinden galten als Sekte des Judentums. Sie kämpften dagegen an und legten einen weiteren Grundstein zur Judenfeindlichkeit. Die fand einen Höhepunkt in der Inquisition des Mittelalters, die eine Zwangsbekehrung einleitete mit oft tödlichen Folgen für die nicht Bekehrungswilligen.

Auch Martin Luther warb für die Bekehrung der Juden Deutschlands, für ihn leider erfolglos. Das vergebliche Bemühen schlug in Hass um. »Gott wird sie strafen« war die Parole, mit der Folge, dass manche sagen, »Dann fangen wir doch schon einmal damit an« In der evangelischen Kirche trat erst wegen der Angriffe der Nazis in der Bekennenden Kirche ein Wechsel ein. Die Rassengesetze sollten auch für Pfarrer gelten, dagegen wehrten sich Niemöller und seine Mitstreiter. Sie setzten sich nach dem Krieg in der Kirche durch. Heute gilt der Graben zwischen Juden und Christen als beseitigt..

Der christliche Antisemitismus überwunden. Die Schuld der Christen aber nicht. Der bürgerliche Antisemitismus hat seine Wurzeln in den Folgen der Aufklärung. Vielen ging ein Stück Orientierung verloren. Die industrielle Revolution verschärfte das. Man suchte nach Erklärungen und fand die Juden als »Sündenböcke«. Sie waren in ihrer Lebensweise anders, sie galten als elitär und arrogant wegen ihres religiösen Anspruchs, das auserwählte Volk zu sein. Sie waren weltweit zu finden, hatten keine richtige Heimat. Sie waren im Handel und im Finanzwesen zu Hause, das erzeugte Neid und Misstrauen. Dabei vergaß man, dass ihnen in vielen Ländern die »ehrbaren« Berufe verboten waren.

Mit dem Aufkommen des Zionismus und dem Ruf nach einem eigenen Staat, entstand die legendäre Behauptung, die Juden strebten die Weltherrschaft an. Es war tatsächlich so, dass es unter den Juden viele Intellektuelle, Künstler und Finanziers gab und dass sie überall in der Welt zu finden waren und dass sie nun endlich zur

Ruhe kommen und ein eigenes Land wollten. Warum das allerdings so war, danach fragte keiner mehr, nicht nach der christlichen Feindschaft, nicht nach den Vertreibungen, nicht nach den Berufsverboten, nicht nach ihrem Menschenrecht auf eigenem Glauben. Dass längst nicht alle Juden reich waren, im Gegenteil, vor allem die Juden im Osten waren bitter arm, danach fragte auch niemand.

Dem Thema Beschneidung begegneten die Europäer dieser Zeiten nur im Judentum. Es schürte sexuelle Ängste. »Sie nehmen uns die Frauen weg!« Welch ein Schwachsinn!

Den Schlusspunkt bildete die Weltwirtschaftskrise 1928. Die existentielle Angst, die das für so viele Menschen mit sich brachte, entlud sich über die Sündenbockschiene gegen die Juden.

»Die zionistische Weltverschwörung«, » Streben nach Weltherrschaft«» Die USA regieren sie mit ihrem Geld doch sowieso schon« waren die Schlagworte. Es galt diese Gleichung »Jude gleich Geld, Geld gleich Macht, Macht gleich Herrschaft, Herrschaft gleich Feindschaft«.

Entlarvend für die Unbegründbarkeit des Antisemitismus war die Situation 1945. Es gab in Deutschland keine Juden mehr, den Antisemitismus gab es trotzdem weiterhin. Vielleicht ist es ein Phänomen, das die Psychologen »Schuldprojektion« nennen? Das hieße: die nicht eingestandene, eigene, deutsche Schuld schlägt um auf die Opfer: »Sie sind doch selber schuld.«

Der linke Antisemitismus kommt aus der KP-Tradition der Stalinzeit und hat in der DDR überlebt. Er macht sich heute fest an der Palästinafrage, vor allem in Kommunistischen Gruppen, zum Teil auch in der PDS und ihren Nachfolgerinnen. Die israelische Armee ist der Aggressor, die Besatzungsmacht; der kapitalistische Staat. Israel ist Handlungsgehilfe der USA.

Die Palästinenser sind immer Opfer. Man billigt und »versteht« die Raketenattacken der Hamas auf Tel Aviv und andere Orte in Israel. Wenn die Israelische Armee dann ihre Flugzeuge losschickt, ist das Aggression und damit verwerflich. Eine pervertierte Logik. Israel, das sind dann »die Juden«.

Der arabische / muslimische Antisemitismus entzündet sich an der Palästinafrage, a Er hat aber Wurzeln in der muslimischen Religionstradition. Leider spielt er, auch dank des arabischen Öls, in der Weltinnenpolitik eine ziemliche Rolle. Und dank arabischer und türkischer Schüler auch an unseren Schulen!

Die militärischen Niederlagen der muslimischen Nachbarstaaten von Israel in den von ihnen angezettelten Kriegen treiben die Feindschaft weiter an. Verletzter Stolz ist ein starker Trieb.

Ich höre hier auf, nicht allerdings ohne vorher ausdrücklich die Hoffnung auszusprechen, dass die Vernunft und Gott möglichst bald dieses Krebsgeschwür »Antisemitismus« und seine Metastasen aus den Körpern der Völker tilgen möge. Antisemitismus ist Rassismus ist schwachsinnig, unchristlich und tödlich.

7 »In Gottes Namen« – Religion und Gewalt

Solange wir von Religionen wissen, sind sie mit Gewalt verbunden. Ich kenne nicht alle Religionen dieser Erde, vermute aber, dass es so ist. Ich vermute auch, dass fast alle Religionen ursprünglich auf Frieden ausgerichtet waren. Aber dann lenkten immer wichtige, angeblich nicht anders lösbaren Probleme die Gedanken in Richtung Macht und Gewalt. Die Religionen wurden gebraucht, um die gewünschte Anwendung der Gewalt zu rechtfertigen.

Ich weiß nicht, ob die Erforschung der Evolution inzwischen die Frage hat beantworten können, ob zuerst das Ei da war und dann das Huhn oder ob es umgekehrt war. Bei den Großen Religionen kann ich feststellen: zuerst war die Religion als friedliche Sinnstiftung da, dann kam die Gewalt dazu und wurde und wird oft genug dominant. Sie wird aber auch überwunden, teilweise nur leider.

Mit den großen Religionen meine ich, dem Alter nach geordnet: den Hinduismus, den Buddhismus, das Judentum, das Christentum, den Islam.

In diesen fünf Religionen sind etwa 6 Milliarden Menschen umschlossen. Sie teilen sich so auf:

Christen 2,3 Milliarden, Muslime 1,6 Milliarden, Hindus 940 Millionen, Buddhisten 460 Millionen, Juden 15 Millionen. Unbestreitbar ist wohl dies: soweit wir Geschichte überblicken, leben Menschen im Krieg oder zumindest mit Gewalt gegeneinander. Das gilt für Kain und Abel als »Symbolgeschichte« für den Wechsel vom Nomadentum zum Ackerbau, für die Zeit des römischen Reiches und dessen Versuch, die Germanen zu »domestizieren«, für die Folgen der Reformation oder der französischen Revolution genauso wie für das Selbständigwerden Afrikas.

Gewalt zu nutzen, mit Kriegen Vorteile zu gewinnen, Unterdrückung auszuüben oder zu beseitigen–all das ist typisch Mensch. Es gilt für das soziale Leben wie auch für das private: es fängt an mit den Prügeleien von Kindern und endet nicht mit dem Tod, weil danach noch die Erbstreitigkeiten und Rachefeldzüge kommen.

Ich will grob darstellen, was das alles mit Religion zu tun hat und wie es sich in den fünf großen Religionen verfestigt hat. Ich gehe davon aus, dass es in den kleinen auch nicht anders ist.

Der Ablauf wird sein: Moses –- das Judentum, Jesus-- das Christentum, Mohammed--der Islam, Indra –-die Arier, die Yoga, der Hinduismus, Buddha--der Buddhismus. Das hört sich gewaltig an, ist es in seiner Dimension auch. Ich will versuchen, das Ganze auf wenige symptomatische Kriterien zurückzuführen.

Der Mensch ist ein gewaltfähiges und gewaltbereites Wesen. Er nutzt die Gewalt, wenn er meint sie zu brauchen, um sich zu schützen und um Vorteile zu sichern. Das war bei den Neandertalern nicht anders als heute bei den Kids auf unseren Straßen. So sieht es auch in der großen Politik aus: China ist eine Diktatur, durch Gewalt errichtet und aufrechterhalten, ausgedehnt (s. Tibet). Religion spielt keine Rolle, es sei denn, man sieht den Kommunismus als Religion an. Russland drohte nach dem Zerfall der Sowjetunion in die Bedeutungslosigkeit zu versinken. Unter Putin hat es sich mit Gewalt nach innen und nach außen (Ukraine und Krim) wieder in das Weltenspiel zurückgebracht auch ohne Religion. Allerdings hat Putin die Unterstützung und Solidarität der christlichen russischen orthodoxen Kirche. Der »Islamische Staat« benutzt die Religion, um seine Ziele mit aller Gewalt, auch auf brutalste Art, durchzusetzen.

Indien und Pakistan bildeten nach der Befreiung aus der Kolonialherrschaft zwei Staaten, um nach der gewaltlosen Befreiung nicht in der Gewalt eines Krieges zu versinken. Die Trennung erfolgte nach Religionszugehörigkeit, auch mittels großer Umsiedlungen und Fluchten. Die buddhistischen Staaten in Ostasien sind alles andere als Friedensoasen. s. Birmas. Thailand. Der Nahe Osten mit Muslimen, Christen und Juden ist ein explosives Kriegsgebiet ersten Ranges. Drei Religionen! Da müsste doch Frieden sein! Die USA fühlen sich als Weltpolizei und setzen ihre »Ordnungsvorstellungen« auch mit kriegerischer Gewalt durch oder versuchen es. Zu ihrem eigenen Selbstverständnis gehört die christliche Religion. In Europa feiern die Nationalstaaten fröhliche Urstände. Sie errichten Grenzmauern und es scheint, dass manche auch bereit sind, kriegerische Mittel einzusetzen.

Den breiten Bereich der kriminellen Gewalt und des organisierten Verbrechens kann man auch nicht einfach übersehen. Das gilt auch für häusliche Gewalt, Unterdrückung von Frauen, Ehrenmorde, Gewalt bei Demonstrationen und Anzünden von Flüchtlingsunterkünften usw. usw.

Dabei könnte es ganz anders sein, wenn es nach den Grundsätzen der Religionen ginge!!

Das Judentum

Die Grundlage bildet die Thora, bestehend aus den 5 Büchern Moses und den Büchern der Propheten. Dazu kommen die sogenannten Geschichtsbücher. Alles ist zusammengefasst in dem Buch, dass wir gewohnt sind, das Alte Testament unserer christlichen Bibel zu nennen. Es wird für die Gläubigen ergänzt durch die Mischna, verbindliche Auslegungen der Thora.

Ziemlich am Anfang der Thora steht die Geschichte von Kain und Abel. Kain erschlägt seinen Bruder im religiösen Fanatismus. Der Mörder Kain wird bestraft mit Vertreibung. Totschlag soll nicht sein. Das wird weiter verankert in den 10 Geboten: du sollst nicht töten, du sollst nicht falsch Zeugnis reden, du sollst nicht stehlen, du sollst nicht begehren, was dir nicht gehört. Dabei geht es in der Geschichte von Kain und Abel auch um die Frage: welche Lebensform ist die unsere? Die Sesshaftigkeit (Ackerbau s. Abel) oder das Nomadendasein s. Kain)?

In der Geschichte vom Turmbau zu Babel wird Partei ergriffen für das Nomadentum. Die Möglichkeit zur Staatenbildung wird zerstört, nämlich die gemeinsame Sprache. Dennoch setzt sich genau das andere durch in der Landnahme und den Stadtstaaten. Städte und Staate bedingen die Gewalt in Form von Herrschaft, sei es auch nur zur Durchsetzung einer Ordnung. Der Wunsch nach mehr Land ist ein zweiter Faktor für Anwendung von Gewalt

Aus dem Nomadenvolk wird ein Königreich, legendär verklärt unter David und Salomo. Der Staat ist zu klein, um nicht bald erobert zu werden. Israel gerät in die Opferrolle. Ägypten, Babylon, Persien, Rom, Osmanisches Reich, Kreuzritter, Groß-Britannien und Frankreich. Rebellion, Aufstände, Befreiungskriege sind an der Tagesordnung.

Die Bücher der Propheten sind voll von Aufrufen zum Frieden, s. »Schwerter zu Pflugscharen«. Die Religion Judentum ist grundsätzlich auf Frieden ausgerichtet und bezieht sich auf die Liebe Gottes. Aber der Überlebenskampf und das Machtstreben formen es um. Gewalt wird gebraucht und dann eben auch religiös überhöht und damit legitimiert. Gott (Jahwe) wird zum Kriegsgott. Man meint, den starken, gewaltbereiten und gewaltfähigen Staat zu brauchen, heute mehr denn je: Israel ist Atommacht. Dazu muss auch der Gott gewaltig sein.

Aus einer Religion des Friedens ist eine Religion der Gewalt geworden, weil die Menschen es so wollten.

Moses, der legendäre Religionsgründer und Prophet offenbarte in den 10 Geboten den liebenden und den Frieden wollenden Gott. Die Menschen, die Geschichte machten, verwandelten ihn in einen Gott, der Gewalt nicht nur duldet, sondern auch will und fördert.

Das Christentum

Jesus war Jude, offenbar sogar Rabbi, denn er las und lehrte anfangs in der Synagoge. Sein Ziel war es, den Tempelkult und die Frömmigkeit zu reformieren. Der Opferkult im Tempel war zu einem Geschäft verkommen, die religiös führende Schicht der Priester und der Pharisäer kooperierten mit der römischen, heidnischen Besatzungsmacht und die Frömmigkeit war in Riten und Formalien erstarrt. Jesus radikalisierte die Lehre vom vergebenden, liebenden Gott und forderte das auch von den Menschen. Wie immer in politisch aufgeladenen Zeiten, wurde auch die Bewegung, die Jesus auslöste, politisch. Viele seiner Anhänger erwarteten den Anbruch des Reiches Gottes, in dem für die Römer kein Platz mehr war. Wie weit Jesus das förderte und auch politisch dachte, ist umstritten und letztlich nicht mehr zu klären.

Seine Maximen formuliere ich einmal so: liebevoll und mitfühlend sein wie Gott es ist, großzügig Besitz und Können teilen, keinerlei Intoleranz, keine Gewalt- in keinem Bereich, Gleichheit aller vor Gott und in der Welt. Vergeben, immer wieder. Diese Lehre breitete sich aus, in den ersten 50 Jahren zögerlich, dann, nach dem Jahr 100 n. Chr. fast explosionsartig über den gesamten Mittelmeerraum, hauptsächlich in den »Unterschichten«. Um 300 war Rom christliche Hauptstadt. Wulfilas übersetzte die Bibel ins Gotische, einer germanischen Sprache. Die Goten beherrschten weite Teile des östlichen Reiches. Ägypten war ein christliches Land. Die Christen organisierten in den Städten, das was wir heute Charitas und Diakonie nennen. Sie waren die einzigen, die das taten.

Die Römische Staatsmacht hatte zu dieser Zeit Schwierigkeiten mit Unruhen, vor allen an den Grenzen, aber auch im Inneren dieses Vielvölkerstaates. Kaiser Konstantin sah das Problem und fand die Lösung: wir brauchen ein einigendes Ideal .Er machte die Kirche, die noch gar keine Kirche war, zur Staatskirche. Es war eine religiöse Revolution, der die römische Oberschicht lange nicht folgte, und es war ein Staat- und Macht erhaltender Geniestreich. Er verzögerte den Untergang des römischen Reiches um fünf Jahrhunderte.

Einer der ersten christlichen Bischöfe mahnte: Rom müsse alle im Laufe der Zeit geraubten Güter zurückgeben. Der Wohlstand müsse so geordnet werden, dass alle etwas haben. Besetzte Länder seien freizugeben. Er fügte hinzu: Jesus hätte das so getan. Rom tat es nicht.

Das Christentum wurde verführt, durchdrungen und verfälscht durch die Macht. Macht und Kirche, das geht gar nicht. Im Laufe der Jahrhunderte wurde das sichtbar und offenkundig, z.B. am Missionswahn in Südamerika, in den Kreuzzügen, in der Inquisition, im Judenhass (Sündenbockphänomen), im Absolutismus (cuius regio eius religio), im Segnen der Waffen, im Besitzdenken.

Schuld daran ist- ja wer? Anscheinend Paulus: er übertrug die einfache Lehre Jesu (s. Bergpredigt) in's Intellektuelle. Solche Texte, wie er sie dann schrieb, bedürfen der Auslegung. Wer hat das Recht zur Auslegung? Scheinbar jeder, in Wirklichkeit, wer die Macht hat. Um alles in rechte Bahnen zu leiten, entwickelten die Christen ihre Dogmen. Das steigerte sich zum Dogmenwahn. An einem Wort konnten Gemeinschaften zerbrechen. Und mit den Dogmen konnte auch wieder Macht ausgeübt werden. »Du musst das so glauben!«

Ein Beispiel für den Weg zur Auslegung, wie man sie braucht, zeigt das fünfte

Gebot: Du sollst nicht töten. Das ist eindeutig. Aber es gab für die Christen dann auch »Gerechte Kriege.«

Die Bergpredigt, kompromisslos wörtlich genommen, das wär's gewesen! Das Christentum ist in seinen Anfängen und in seinem Kern, der Jesus heißt, eine absolute Friedensreligion. Die Macht hat es pervertiert. In der Friedensbewegung blühte sie wieder einmal auf oder bei Albert Schweitzer oder bei Franziskus von Assisi. Es ist nicht leicht, wirklich Christ zu sein angesichts des Christentums.

Der Islam

Mohammed war Prophet, Kaufmann, Religionsgründer, Kriegsherr, Flüchtling, Analphabet.

Er »baute« in Mekka aus Judentum, Christentum und arabischen Stammesreligionen und seinen eigenen Visionen den Islam. Die Lehre wurde fixiert im Koran durch Schreiber, denen Mohammed diktierte.

Den Kaufleuten in Mekka gefielen die neuen Lehren nicht. Mohammed wich nach Medina aus, ehe man gegen ihn vorging. Das verzieh er Mekka nie. Als er mit seiner Lehre in Medina Erfolg hatte, griff er Mekka an, eroberte die Stadt und machte sie zum islamisch–arabischen Mittelpunkt nach seiner Version.

Mohammed begann als Friedensprediger und war sehr tolerant

gegenüber den Juden und den Christen. Von Medina aus änderte sich das. Er führte über 40 Eroberungskriege im arabischen Raum. Sein Ziel: Arabien wird islamisch. Er erreichte das auch mit aller Härte. Bei den ersten Eroberungen durften Andersgläubige auswandern, später wurden sie kurzerhand getötet, es sei denn, sie bekannten sich zum Islam.

Die Verschärfung der Missionsstrategie spiegelt sich auch im Koran. Der Dschihad wird zuerst definiert als der Kampf mit dem »inneren Schweinehund« in Glaubensfragen, richtet sich dann gegen Behinderung des Islam, noch später gegen alle Andersgläubigen außer Christen und Juden, schließlich gegen alle. Es hieß dann: Muslim oder tot.

Die häufigste Bezeichnung für Gott/Allah ist im Koran: Allah der Barmherzige, der Allerbarmer. So beginnt jeder Sure. Der Islam erscheint uns als sehr kriegerische Religion, nicht erst seit heute. Der Koran enthält aber sehr viel Friedenspassagen. Die Auslegung und die Gewichtung spielt eine große Rolle. Vor allem ist bedeutsam, dass es nach islamischer Lehre eine Trennung von Staat und Religion nicht geben kann. Dem Islam, den Arabern, fehlt aus unserer Sicht die Aufklärung, so etwas wie die Französische Revolution, die Säkularisierung, die Emanzipation der Frauen, die historisch-kritische Erforschung des Koran, Toleranz gegen andere Religionen, Konvention der Menschenrechte, eine von der Religion unabhängige Gerichtsbarkeit. Wir dürfen allerdings auch nicht vergessen, die Muslime haben »drei große Kränkungen« hinter sich: den Untergang des Osmanischen Reiches, die Unterdrückung und Ausbeutung in der Kolonialzeit und den Staat Israel in ihrer Mitte. All das macht den Islam rückständig, aggressiv und feindlich gegen den Westen. Das bedeutet auch feindlich gegen die Christen und gegen die USA, als den mächtigsten Vertreter des Westens und der Christen.

Für Gutwillige wäre es möglich mit der entsprechenden Betonung der darauf hinführenden Koransuren, eine Ethik zu erarbeiten, die mit der christlichen kompatibel wäre, fast. Aber von solchen Versuchen sind wir noch meilenweit entfernt – und das liegt an beiden Seiten.

Der Hinduismus

Aus der einen sagenhaften Göttin Indra entwickelte sich eine Un-
zahl von Göttinnen und Göttern unterschiedlichster Bedeutung.
Wir kennen vielleicht die Wichtigsten: Brahma, Schiva, Krischna,
Vischnu, Ganesch...Ursprung aller Götter ist Indra.

Etwa 2500 vor unserer Zeitrechnung drangen Arier, kriegerische
Nomaden, aus Norden und Nordosten in den Subkontinent ein
auf der Suche nach Raub und nach kurzfristig nutzbaren Weide-
flächen. Die Krieger nannten sich »Yogi«. Das oder der »Yoga«
waren kultische, schematische Handlungen zur Vorbereiten auf
den Kampf, z.B das Aufzäumen und Satteln des Pferdes. Die Yogi
begannen kleinere Agrarstaaten zu gründen, kriegerische Aus-
dehnung inbegriffen. Um 500 v.u.Z. gab es die ersten Aussteiger
aus diesem Schema. Kriegerische Rituale wie das Yoga wurden
schrittweise umgewandelt in meditativ-religiöse Übungen. Das
Meditationsziel wurde: negative Eigenschaften und Gefühle wie
Hass, Gier, Leidenschaft zu unterdrücken und zu überwinden. Die
Ideale des Yoga wurden:

Gewaltlosigkeit, Freundlichkeit, Verbot des Stehlens, Verbot des
Lügens, keine berauschenden Substanzen, kontrollierte Sexualität
(Bindungen), Studium der heiligen Bücher, Heiterkeit.

Als erster bekannter Aussteiger galt Buddha, späterer bekanntester
Hindu war Gandhi. Er setzte konsequent auf die Gewaltlosigkeit
und gewann, bezahlte aber auch mit seinem Leben. Kann man heute
mit gutem Gewissen sagen, das Land der Hindu, Indien, sei ein
Hort des Friedens, der Gewaltlosigkeit, der absoluten Wahrheitsliebe
und der Heiterkeit?

Der Buddhismus

Buddha dehnte die Gewaltlosigkeit aus auf alle Lebewesen. Er wollte,
dass alle schmerzfrei leben könnten. Das herausragende Stichwort
des sich bildenden Buddhismus wurde das Wort »Achtsamkeit«. In
ihr zu leben, bedeutete mit allem, Mensch und Natur, in völligem
Frieden zu leben. »Vier edle Weisheiten« bilden die Grundlage des
Buddhismus: das Leben ist ein Kreislauf des Leidens, der Geist muss
gereinigt werden von Gier, Hass, Verblendung. Leid erlöscht, wenn

die Ursachen erlöschen. Dazu führt der »achtfache Pfad«, Weisungen für ein gutes Leben.

Auch hier zeigte sich, dass das, was in einem Kloster oder im Wandermönchtum lebbar war, nicht ausreichte, um eine Stadt oder gar ein Land zu regieren, d.h. ja auch zu verwalten und in Ordnung zu halten. Über kurz oder lang wird Gewalt gebraucht, um wichtige Dinge durchzusetzen. Krieg und Frieden wurden auch im Buddhismus ein Thema. Auch die buddhistischen Staaten im zweiten asiatischen Subkontinent wurden nicht zum Hort des Friedens.

Auch hier das gleiche Bild: Am Anfang stand der Friede als oberstes religiöses Ziel, nach und nach, gekoppelt an Staatenbildung, wurde die Gewalt zum Maß.

Zusammenfassung:
In allen fünf Religionen wurden aus den Wurzeln, die Gewaltlosigkeit und Frieden forderten, keine Friedensbäume. Die Wandlung, die zeitweilig sogar in Pervertierung ausartete, wurde von den Vertretern, die sie herbeiführten, Anpassung an die alltägliche Wirklichkeit genannt. Das bedeutete im Klartext: Gewalt wird gebilligt. Im Judentum geschah dies mit der Landnahme in Kanaan, im Christentum damit, dass es unter Konstantin Staatsreligion wurde. Für den Islam vollzog Mohammed noch selbst die Wandlung, weil er die Gewalt brauchte, um »seinen« Glauben auszubreiten. Der Hinduismus drängte auf eigene Staatsbildung und auch im Buddhismus vollzog sich die Verbindung von Macht und Religion. Ich beziehe den Atheismus mit ein, der in seine Ideologie den Machterhalt einbaute. Ziel des Menschen ist die Macht, die Gewalt ist der Weg, die Religion dient der Entschuldigung und Legitimation. Anders ausgedrückt: es ist der Mensch, der die Gewalt will und nutzt. Darauf hat sich die Religion einzurichten und tut es auch. Fatalerweise funktioniert dies Schema auch ohne Religion.

Mein Fazit
1. Religion beruht auf Glauben. Der Glaube ist eine persönlich Entscheidung, sie kann niemandem aufgezwungen werden.

2. Der Gott der Bibel ist ein Gott der Liebe und damit ein Gott der Gewaltlosigkeit. Die 10 Gebote und die Bergpredigt sind deutlich.
3. Alles, was dem zuwiderläuft, ist falsch, also nicht christlich.
4. Die friedliche Interpretation des Islam muss vorangetrieben werden. Krieg als militärisch »Heiliger Krieg« ist eine Perversion auch des Islam.
5. Der Hinduismus hat in Gandhi den Beweis seiner Gewaltlosigkeit.
6. Im Buddhismus nimmt die Achtsamkeit den Rang der Bergpredigt ein.
7. Die Brücke zu einer gemeinsamen Friedensethik ist da und sie ist breiter, als die meisten Menschen denken. Da müssen die Theologen noch viel lernen und arbeiten.
8. Macht und Gewalt sind Triebfedern des Menschen. Religion muss dazu dienen, sie unmöglich zu machen
9. Tut sie das nicht, verfehlt sie ihren Auftrag und verliert ihr Daseinsrecht.
10. Ob es Gott oder die Götter gibt oder nicht, ist zweitrangig. Wie der Mensch von ihnen redet und Glauben benutzt, ist entscheidend.

Gebet, Buddha zugeschrieben:
Mögen alle Lebewesen glücklich sein. Schwach oder stark, von hohem oder niederem Rang, klein oder groß, sichtbar oder unsichtbar, nah oder fern, lebendig oder noch nicht geboren – mögen sie alle vollkommen glücklich sein.

Möge niemand einen anderen belügen oder ein anderes Wesen verachten, an keinem Ort.

Möge niemand einem anderen Geschöpf aus Zorn oder Hass Schlechtes wünschen.

Mögen wir alle Geschöpfe lieben, wie eine Mutter ihr einziges Kind liebt.

Mögen unsere liebenden Gedanken die ganze Welt erfüllen ohne Grenzen.

Ein endloses Wohlwollen für die ganze Welt, unbeschränkt, frei von Hass, Neid und Feindschaft.

8 Seid untertan der Obrigkeit! So nicht, Paulus! Oder doch?

Vier Gedankensplitter, die ungewollt bei diesem Thema durch mein Gehirn schießen:

1. *Man muss Gott mehr gehorchen als den Menschen. Bibel, Apg. 5,29*
2. *Die Polizei schützt einen Naziaufmarsch vor Gegendemonstranten.*
3. *Aller Staatsgewalt ist die Verpflichtung auferlegt die Menschenwürde zu achten. Das Deutsche Volk bekennt sich ... zu den unverletzlichen und unveräußerlichen Menschenrechten. Artikel 1 des Grundgesetztes*
4. *Ich lese immer von Tyrannen an der Spitze von Staaten, verantwortlich für unvorstellbare Gräueltaten. Klammheimlich frage ich, warum erschießt den nicht jemand?*

Im Brief des Apostels Paulus an die Gemeinde in Rom, dem Römerbrief also, lesen wir im 12 und 13. Kapitel:

1. *2,21 Lass dich nicht vom Bösen überwinden, sondern überwinde das Böse mit Gutem. Jedermann sei untertan der Obrigkeit, die Gewalt über ihn hat. Denn es ist keine Obrigkeit außer von Gott; wo aber Obrigkeit ist, die ist von Gott angeordnet.*
2. *Wer sich aber der Obrigkeit widersetzt, der widerstrebt der Anordnung Gottes; die ihr aber widerstreben, ziehen sich selbst das Urteil zu.*
3. *Denn vor denen, die Gewalt haben, muß man sich nicht fürchten wegen guter, sondern wegen böser Werke. Willst du dich aber nicht fürchten vor der Obrigkeit, so tue Gutes; so wirst du Lob von ihr erhalten.*
4. *Denn sie ist Gottes Dienerin, dir zu gut. Tust du aber das Böse, so fürchte dich; denn sie trägt das Schwert nicht umsonst: sie ist Gottes Dienerin und vollzieht das Strafgericht an dem, der Böses tut.*
5. *Darum ist es notwendig, sich unterzuordnen, nicht allein um der Strafe, sondern auch um des Gewissens willen.*

6. *Deshalb zahlt ihr ja auch Steuer; denn sie sind Gottes Diener, auf diesen Dienst ständig bedacht .*

7. *So gebt nun jedem, was ihr schuldig seid: Steuer, dem die Steuer gebührt; Zoll, dem der Zoll gebührt; Furcht, dem die Furcht gebührt; Ehre, dem die Ehre gebührt.*

8. *Seid niemanden etwas schuldig, außer dass ihr euch untereinander liebt; denn wer den anderen liebt, der hat das Gesetz erfüllt.*

Mit diesem Brief wurde ein wichtiger Grundstein christlicher Theologie gelegt. Paulus formte die christliche Theologie durch seine Briefe und machte sie eigenständig gegen bloße Erinnerung an Jesus. Spätere Theologen maßen sich an Paulus und veränderten in der Auslegung auch dieses Abschnittes christliches Denken. Ich folge diesem Denken mit dem Blick auf vier Theologen.

1. Paulus plante Anfang der 50er Jahre unserer Zeitrechnung eine Missionsreise nach Spanien, dem damaligen Ende der Welt im Westen. In Rom wollte er Station machen und Helfer anwerben. Mit einem Brief stellte er sich vor.

»Lest, wie ich das Evangelium verkündige. Es ist das wahre Evangelium! So wollte Christus es haben« Das war nicht gerade bescheiden. Ich glaube nicht, dass Jesus das unterschrieben hätte. Oder doch?

Heute würden wir sagen. Jesus war der Praktiker, volksnah, direkt, einfach, er legte das Fundament. Paulus war der Intellektuelle, der Denker, in Diskussionen erprobt, im Schreiben auch. Er lieferte den Überbau, das Dach also. Dazwischen stehen alle anderen und bauen das Haus und wohnen darin. Dank an den, der den Grund legte und Dank an den, der das Dach drauf setzte.

2. Martin Luther. Um im Bilde zu bleiben, er war für die wichtigen Wände und Decken zuständig, die er einzog. Das tat er mit seinen Vorlesungen über eben diesen Römerbrief in Wittenberg. Er arbeitete unter dem Dach des Paulus, aber dabei ganz dicht an den Fundamenten von Jesus. Dabei wurde das Haus geteilt, es gab eine Zwischenwand, die Papsttum hieß. Luther erneuerte nur die eine Hälfte des Hauses.

3. Karl Barth, ein Schweizer Theologe, der in Göttingen und Bonn lehrte, ehe die Nazis ihm das Lehren verboten, restaurierte das Haus, auch mit einer Vorlesung über den Römerbrief 1928 in Göttingen. Er setzte die grundlegende Arbeiten von Jesus, Paulus und Luther konsequent fort.

4. Für unsere Thematik , wie wir es mit der Obrigkeit zu halten haben, ist danach **Dietrich Bonhoeffer** der Neugestalter. Er erlebte den Erfolg seiner Arbeit nicht, er wurde im KZ Flossenbürg ermordet, sein Buch »Ethik« wurde nach 1945 von einem Freund herausgegeben. Seine Erfahrung mit dem totalitären Regime und die Hilflosigkeit der organisierten Kirche ließ ihn den Bereich Widerstand neu durchdenken. Dabei kam er zu klareren Ergebnissen als Barth und Luther und Paulus.

Das Denken, Reden und Schreiben aller vier hatte jeweils auch direkte persönliche Folgen: Paulus wurde in Rom als Aufwiegler hingerichtet. Luther wurde von der Kirche und dem Kaiser mit dem Bann belegt, was einem Todesurteil gleich kam. Karl Barth erhielt von der Staatsmacht Lehrverbot und kehrte in die Schweiz zurück, wo er in Sicherheit war. Dietrich Bonhoeffer wurde im KZ von Nazischergen ermordet.

Für das jüdisch-christliche Denken, also für die Bibel gilt: Im alttestamentlichen Denken gab es keinen gottesfreien Raum. Gott war allmächtig, allgegenwärtig und für alles zuständig. Staat und Religion waren eins. Die Anführer wie Moses, Josua, König David, sie waren alle auch Oberster Priester. Das bedeutete: die Obrigkeit erfüllte den Auftrag Gottes, das Volk zu leiten, zu schützen, für das Wohlergehen zu sorgen. Erfüllte sie diesen Auftrag nicht gut oder kehrte ihn sogar in das Gegenteil, war Gott zuständig, das wieder zu ändern. Das Volk hatte das auszuhalten, konnte sich fragen, womit es das verschuldet hatten. Eine Obrigkeit, die nicht von Gott gewollt war, war nicht vorstellbar.

Dieser Ausgangspunkt veränderte sich zur Zeit von Jesus und Paulus nicht.

Die Römer ließen den unterdrückten Völkern zwar ihre Religion, behielten sich aber vor, im Zuge das Kaiserkults, Statuen des Gottes

»Kaiser« in der Religionsstätten aufzustellen. Es gab eine Ausnahme. Um nicht noch mehr Aufstände in Israel zu provozieren, verzichteten sie darauf, das im Tempel von Jerusalem zu tun. Das Mantra der Römer war: Welche Religion ein Volk hatte, war ihnen egal. Sie durfte nur nicht ihren Machtansprüchen im Wege stehen.

Als die Israeliten dann doch die Rote Linie übertraten, führte das zur Zerstörung Jerusalems unter dem Kaiser Tiberius. Den Juden wurde verboten , im Land zu siedeln, sie mussten auswandern. Das geschah im Jahr 70 n.Chr.

Jesus sah die ganze Sache pragmatisch. Gebt dem Kaiser, was des Kaisers ist und Gott, was Gottes ist. Übertragen bedeutet das: das Geld, die Steuern gebt dem Kaiser, die Herzen gebt Gott. Paulus folgte dieser Linie.

Der vorne zitierte Ausschnitt aus dem Römerbrief des Paulus spielte im christlichen Denken über Staat und Gehorsam eine entscheidende Rolle.

Paulus bettet das Thema Obrigkeit ein zwischen Vernunft und Liebe.

Vernünftig ist es, den Staat als Ordnungsmacht zu stützen und Gesetze zu befolgen. Den Menschen sei mit Liebe zu begegnen. Was zu tun ist, wenn unter dem Staat Menschen zu leiden haben, erörtert Paulus nicht. Vermutlich spielte bei ihm auch noch der Gedanke eine Rolle, der auch Jesus leitete: bald wird ohnehin die Liebe Gottes alles staatliche Handeln überflüssig machen.

Martin Luther denkt auch nicht an Widerstand oder Ähnliches. Er unterstreicht den Satz: bleibt niemand etwas schuldig, außer der Liebe. Es entsteht das Bild vom Menschen, der im Geiste, in der Seele frei ist, niemandem untertan, und dem Leib, der sich den Umständen anpassen muss, auch wenn er darunter leidet

Theoretisch ist dieser Gedanke ein wichtiger Schritt in Richtung Trennung von Staat und Kirche. Luther geht diesen Schritt aber nicht. Er denkt und handelt nicht politisch. In der persönlichen Nagelprobe, auf dem Reichstag zu Worms, widersetzt er sich dem Kaiser und widerruft nichts. Er ist bereit den Preis zu zahlen, der Kurfürst von Sachsen bewahrt ihn davor und versteckt ihn auf der Wartburg. Luther formuliert: bei Amtsmissbrauch oder Unvereinbarkeit mit dem Glauben gilt das passive Widerstandsrecht des Einzelnen. Im Staatsgefüge haben dieses Recht nur die Staatsorgane, also die Stände. Bei »apokalyptischen Tyrannen« gilt die Widerstandspflicht aller Christen. **Karl Barth** folgert: jede menschliche Ordnung ist gut, weil Gott die Ordnung will. Aber jede menschliche Ordnung ist auch schlecht/böse, weil sie menschliche Ordnung ist. Als Beispiel nennt er die Revolution: sie kehrt die Verhältnisse um, das Böse bleibt. Das Neue ist, wenn es eingerichtet ist, dann wieder das Alte, gegen das sich die nächste Revolution richten wird. Von Widerstandsrecht ist noch nicht die Rede.

Barth wird nach 1933 Mitbegründer der Bekennenden Kirche, wird Verfasser der Barmer Erklärung, verliert 1936 seine Professur, ruft 1938 nach dem Überfall der Deutschen auf Tschechien zum Widerstand auf, lässt sich in seiner Heimat, der Schweiz, zum Soldaten ausbilden und fordert den Widerstand, weil die konkrete Situation das erfordert.

Zitat: »Ich bin kein Pazifist. Der Feind hat bewiesen, dass seine Gewalt nur mit Gewalt zu begegnen ist«.

Dietrich Bonhoeffer ist der Vierte in Bunde. Er denkt von Barth ausgehend weiter und formuliert drei Leitsätze.

• Die Kirche hat den Staat immer zu fragen, ob er sein Handeln als legitimes staatliches Handeln verantworten kann. Das ist das Wächteramt der Kirche.

• Die Kirche ist den Opfern jeder Gesellschaftsordnung in unbedingter Weise verpflichtet, auch wenn sie nicht der christlichen Gemeinde angehörten. Das ist das Hirtenamt.

• Wenn die Kirche den Staat ein Zuviel oder ein Zuwenig an Ordnung und Recht ausüben sieht, kommt sie in die Lage, »nicht nur die Opfer unter dem Rad zu verbinden, sondern dem Rad selber in die Speichen zu fallen.« Dafür benennt er noch kein Amt.

1940 stimmt Bonhoeffer den Attentatsplänen auf Hitler zu und bestärkt die Planenden, die christliche Skrupel haben, diese zu überwinden.

Seine Begründung: um der Liebe zu den leidenden Menschen

willen, ist es richtig, das Gebot »Du sollst nicht morden« zu übertreten. Du wirst dadurch schuldig, aber es gilt: »bei dem Mörder ist die Schuld, bei Gott ist viel mehr Gnade.«

Aus alledem ergeben sich folgende Bilder für das christliche Denken. Für Paulus war ein Staat ohne Gott nicht denkbar. Er erlebte: der Kaiser galt als Gott, der jüdische Gottesstaat musste sich dem beugen. Er ahnte die Christenverfolgungen unter Nero und glaubte. »dass dieser Zeit Leiden nicht ins Gewicht fallen gegenüber der Herrlichkeit, die an uns offenbar werden soll« (Röm 8,18). Er verhält sich pragmatisch und hatte damit wohl Recht um des Lebens der Christen willen.

Ebenso hatte Luther Recht, als er die Kirche aus der Staatsgewalt heraus haben wollte. Er scheiterte allerdings mit diesem Versuch. Karl Barth hatte auch Recht, als er den Widerstand an konkrete Verhältnisse koppelte und nicht einfach einen Freibrief ausstellte. Schließlich hatte auch Bonhoeffer Recht, sich im konkreten Fall auch über das fünfte Gebot hinweg zu setzten.

Gehorsam gegen geltendes Recht, ist eine christliche Tugend um des geordneten Zusammenlebens willen. Ungehorsam und Widerstand sind christliche Tugenden um der Liebe zu leidenden Menschen willen.

Dem allen liegt zu Grunde: Das unbedingte Gebot der Liebe und die unbedingte Absage an einen Gottesstaat in welcher Religion auch immer!

Ich schließe mit drei Zitaten, die nicht aus der Bibel oder der Kirche kommen.

Immerhin hat das den Staat zur Hölle gemacht, dass die Menschen ihn zum Himmel machen wollten. *Hölderlin im Hyperion*

Der moderne Staat trägt den Charakter einer Anstalt im Sinne eines Verbandes mit rational gesetzter Ordnung. *Max Weber*

*Die Kirche steht dem Staat gegenüber im guten Fall wohl-
wollend, im schlechten Fall im Widerstand.* Dietrich Bonhoeffer

Ein Kapitel über die südamerikanische Freiheitsbewegungen und
Befreiungstheologie von Dom Helder Camara, Oscar Romero, Ernesto Cardenal, Che Guevarra und anderen wird in diesem Buch
fehlen. Ebenso je eines über Nelson Mandela und Südafrika und
über Mahatma Gandhi in Indien.

9 Die Bibel gegen Darwin

Wie passen Darwins Evolutionslehre und die Schöpfungsgeschichte
zusammen? Letztendlich geht es um noch mehr: Naturwissenschaft
gegen Theologie, Vernunft gegen Glauben, Materie gegen Geist,
Leib gegen Seele und Selbstbestimmung gegen Gott

Dieser Kampf wird gekämpft, seit Jahrhunderten, unvermindert
heftig, von beiden Seiten, – aber er ist überflüssig! Denn: beide gehören zusammen, so wie Fußballmannschaft und Trainer. Sie sind
darauf ausgerichtet, zusammen zu arbeiten. Sicher, die elf Fußballer
können auch ohne Trainer spielen und der Trainer kann auch ohne
die Mannschaft leben, aber zusammen – das macht mehr Sinn. Gegeneinander zu arbeiten, wäre der völlige Unsinn, wenn es darum
geht, die Welt zu erklären und zu verstehen Mit »Welt« meine ich
alles: Entstehung, Entwicklung, Himmel und Erde, Sonne, Mond
und Sterne, Flora und Fauna und Menschen, Geschichte, Gegenwart und Zukunft. Es ist unbestreitbar: die Theologie, sprich Religion, sprich Philosophie kann die Welt nicht allein erklären.

Die Naturwissenschaft kann es auch nicht allein. Sie brauchen
einander! Leib ohne Seele, Materie ohne Geist, Vernunft ohne Glauben – was sollte das? Anders gesagt: die Naturwissenschaft erklärt,
warum wir leben, aber nicht wie und wozu. Die Theologie, die Religion, die Geisteswissenschaften führen Begriffe ein wie Liebe, Gerechtigkeit, Schuld und Vergebung, Gnade – nicht um die Welt zu
erklären, sondern um sie erträglich, menschlich zu machen.

Noch anders gesagt: Darwin und seine Vorgänger und Nachfolger erklären die Entstehung und Entwicklung des Lebens vom
Urschleim und der ersten Zelle bis hin zur Orchidee, der Miezekatze
und dem Menschen. Da sind Begriffe wichtig wie Auslese, Kampf
um's Dasein, Recht des Stärkeren, Arterhaltung, Artvernichtung,
Vererbungsgesetze, Mutationssprünge. Es geht nicht immer fein
zu, Opfer müssen gebracht werden, Fressen oder Gefressenwerden
gilt in der Natur auch.

Die Bibel mit ihrer Schöpfungsgeschichte, die Bagavatgita der
Hindus, Laotse mit seinen Schriften, der Koran, Buddha oder- für
die Sozialisten unter uns- auch Karl Marx führen in das auch grausame und gefühllose System der Evolution das ein, was wir Ethik
nennen oder Christlichen Glauben oder Religion. Da sind Begriffe
wichtig wie Gefühl und Liebe, Gerechtigkeit und Schuld, Gnade
und Vergebung, Moral und Werte.

Was für ein grandioser Irrtum, dem die Kirche Jahrhunderte lang
erlag (und manche in ihr immer noch erliegen,) und dem heute viele
Materialisten, Atheisten und Naturwissenschaftler erliegen, beides
gegeneinander auszuspielen.

Wir brauchen beides, Naturwissenschaft und Religion, um diese
Welt und uns selbst verstehen zu können und in dieser Welt und
mit uns selbst so leben zu können, dass man dieses Leben auch »gut«
nennen kann.

Das Ganze noch einmal zugespitzt gesagt: Mit den Lehren von
Darwin hat man gute Argumente, » lebensunwertes« Leben zu vernichten, Hungernde verhungern zu lassen und um Katastrophenge-
biete einen großen Bogen zu machen. Denn Schwaches muß sterben,
damit Starkes besser leben kann.

Andererseits gilt: mit Theologie, Religion, Philosophie kann man
keine Raumfahrt betreiben, kein Auto bauen, keine Gene entschlüs-
seln und keine Wirtschaft organisieren!

Die Geschichte der Schöpfung am Anfang der Bibel ist eine Geschichte, die sich an der bekannten Wirklichkeit orientiert, um den
Rest dieser Wirklichkeit, der noch nicht erklärbar ist, zu erklären.

Bei den Germanen wurde die reale Erscheinung von Ebbe und
Flut, die man wahrnahm, aber nicht erklären konnte, mit einem

Mythos erklärt: Die Midgardschlange, aus deren Ei auch die Welt entstanden ist, saugt das Wasser ab, es ist Ebbe. Dann muss sie Luft holen und das Wasser läuft zurück, es ist Flut. Im antiken Griechenland erklärte man das Feuer, von dem man nicht wusste, woher es kam und wie es entstanden war, damit, dass sie erzählten: Prometheus, einer der vielen Göttersöhne, brachte das Feuer den Menschen, indem er es vom Olymp, dem Sitz der Götter, stahl. Die Schöpfungsgeschichte erklärt, mit dem naturwissenschaftlichen Wissen ihrer Zeit, die Entstehung der Welt. Darüber hinaus verwendet sie Bilder für das, was anders nicht erklärbar war, wie das vom Himmelsozean und dem Ursprung des Menschen.

Als erstes Element verwendet sie die Erzählung von Gott, denn Gott oder die Götter gehörten unbestreitbar und nicht hinterfragbar zum Erklärungsmuster der Welt. Götter gibt es. In Babylon waren die Sterne Götter, in Griechenland saßen sie auf dem Olymp, die Germanen hatten die Asen, die Hindus kennen bis zu 20.000 Götter, in Israel ist es Jahwe, im Islam Allah mit 99 bekannten Namen, bei den Christen ist es einfach »Gott«.

Das Erklärungsmuster war Wissen und Erfahrung plus Mythos plus Gott/Götter. Dieses Muster galt in unserem Kulturkreis bis zum Ende des Mittelalters. Auch nach unserem Wissensstand ist an der Schöpfungsgeschichte richtig: die Reihenfolge, in der das Leben entstanden ist, das Wasser als Urelement des Lebens, dass Licht erst Leben möglich macht. Falsch ist: das Himmelsgewölbe mit dem Himmelsozean, die Erde als Mittelpunkt und als Scheibe, das Zeitmaß, es sei denn, wir nehmen das nicht wörtlich sondern als erzählerisches Element, und die Erschaffung des Menschen als besonderen Schöpfungsakt.

Es galt dieses Weltbild im Abendland: Gott ist der Schöpfer, Lenker und Bewahrer, möglicherweise auch der Vernichter von allem was ist. Der Mensch als das besondere Geschöpf hat einen besonderen Status, die Erde ist der Mittelpunkt der Welt und die Welt ist wie eine dreigeteilte Bühne: Himmel-Erde-Totenreich. Dieses Bild galt bis zum ausgehenden Mittelalter.

Drei Erkenntnisse der Naturwissenschaft brachten dieses Weltbild zum Einsturz. Der Psychoanalytiker S. Freud nannte sie die

»drei Kränkungen der Menschheit.« Die Jahre 1616, 1850 und 1920 waren die Schicksalsjahre. Die Täter:

1. Kopernikus, Galileo Galilei, Kepler: nicht die Erde sondern die Sonne ist der Mittelpunkt der Welt.
2. Charles Darwin: das Leben auf dieser Erde hat sich entwickelt, nach Regeln der Evolution. Der Mensch ist das letzte Glied in dieser Kette, er ist mit den Affen eng verwandt. Nichts ist mit »Krone der Schöpfung«.
3. Sigmund Freud: Der Mensch, das intelligente, vernunftbegabte Wesen, ist nicht »Herr im eigenen Haus«. Das Unbewusste bestimmt das Bewusste, Triebkräfte sind stärker als der »Freie Wille«.

Damit war die Schöpfungsgeschichte als Konkurrenz zur Naturwissenschaft endgültig aus dem Rennen. Die Kirche, als die bisher legitimierte Kraft, die Welt zu erklären, wehrte sich. Beim Galilei mit Verbot und Haft und Androhung von Folter, bei Darwin mit »hinhaltendem Widerstand«, letztlich hatte sie keine echte Chance mehr gegen die Aufklärung. Bei Freud setzte sich dann auch in der Kirche neues Denken auf breiter Front durch. Außer bei den Fundamentalisten. Sie leugnen schlicht die naturwissenschaftlichen Erkenntnisse und halten an den alten Bildern fest. Wir finden sie in Sekten, aber auch in der Kirche, bekannt vor allem in den USA. Zu ihnen gehören auch die Kreationisten. Sie sind weiterentwickelte Fundamentalisten, die die Naturwissenschaften schon anerkennen, aber Gottes Wirken für besondere Momente in dem Evolutionsprozess festschreiben: er gab den Anstoß zum Urknall, er ist verantwortlich für das »Intelligent Design«, die Schaffung der Augen z.B. oder des menschlichen Gehirns. Gott als Lückenbüßer – ist das hinnehmbar?

In der heutigen Diskussion sind sich die Geisteswissenschaftler, (dazu gehören die Theologen!) und die Naturwissenschaftler einig: es gibt in dieser Welt zwei Ebenen: die materielle Ebene und die geistige Ebene. Die Naturwissenschaft erklärt die eine, die Geisteswissenschaften die andere. Das bedeutet für mich als Theologen:

Die Bibel steht nicht in Konkurrenz zu den Naturwissenschaften. Ich kann sie ganz unbefangen lesen als das, wozu sie geschrieben wurde: als Hilfe, um zu verstehen, wozu der Mensch berufen ist, wie er sein Leben gestalten kann und soll, und was es mit Gott auf sich hat. Sie, die Bibel, und natürlich auch all die anderen geistlichen, ethischen, philosophischen Schriften – wir haben hier als Christen keinen Alleinvertretungsanspruch! – führen Begriffe und Kategorien ein in das Erklärungsmuster der Welt wie Gott, Gerechtigkeit, Schuld, Vergebung, Angst, Gnade, Liebe – Gefühle im weitesten Sinne des Wortes. Die Bibel macht klar, dass der Mensch beides sein kann, gut oder böse, und sie versucht zu helfen, wie wir damit umgehen können. Für Erfahrungen wie Unglück oder Verarbeitung von Krankheit bietet die Naturwissenschaft keine Lösungen an, Barmherzigkeit kommt in ihr nicht vor. Wir wissen, als Erklärungsmuster für alles taugt die Bibel nicht. Aber als Anleitung, wie das Leben auf der Erde für möglichst viele Menschen, (wenn nicht gar für alle,) gut und wirklich lebenswert gestaltet werden könnte, ist sie einsame Spitze!

Darüber hinaus ist die Schöpfungsgeschichte eine wunderbare Erzählung: Da ward aus Abend und Morgen der nächste Tag!

Inzwischen stößt der Naturwissenschaft, Schritt für Schritt, zu, was sie den Theologen und ihren Kollegen angetan hat. Die Grundlagen ihrer Erklärungsmuster geraten ins Wanken. Albert Einstein war der erste, der mit seiner Relativitätstheorie die als absolut fest geltenden Kategorien von Raum und Zeit eben mal »relativierte«. Der zweite war Max Planck. Er löste die atomare Ordnung von Molekül-Atom-Elektron-Ion auf in unberechenbare Quanten. Die Dritten sind Thore von Uexküll und Erich Fromm, Pioniere der Hirnforschung, der ökologischen Biologie und der Biosemiotik (Wissenschaft vom Ausdruck). Sie erforschten, dass im Gehirn chemische Prozesse ablaufen, die zu unterschiedlichen Ergebnissen führen, je nach dem, welchen geistigen Einflüssen sie ausgesetzt sind. Sie erkannten, dass Gene gar nicht so berechenbar sind, wie das manche gerne hätten. Andere, Heutige, fanden heraus, dass in einer Zelle bis zu 3 Milliarden Erbinformationen gespeichert sein können. Wer will da durchfinden?

In der Folge überlegen heute Naturwissenschaftler, ob sie den Begriff der Seele nicht wieder einführen sollten, auch für Pflanzen. Werden sie irgendwann die Frage lösen können: wie entsteht aus Materie Geist? Spätestens dann, wenn diese Frage beantwortet werden kann, verschwindet auch die Grenze zwischen Naturwissenschaft, also Astronomie, Physik, Chemie, Biologie, und der Geisteswissenschaft mit Philosophie, Theologie und Religion. Bis dahin sind sich die Religionen hoffentlich auch einig, dass sie besser nebeneinander oder gar miteinander bestehen können, als gegeneinander.

Und wenn sie dann auch noch einig sind mit den Naturwissenschaften, werden sie hoffentlich auch mit der nächsten Herausforderung gut fertig, der »Künstlichen Intelligenz«.

10 Judas Iskariot – zu Unrecht verfemt

Es waren zwölf Männer, die mit Jesus durch die Lande zogen. Wir kennen sie alle mit Namen. Petrus war einer von ihnen, Judas ein anderer. Judas schied nach dem Tode Jesu und seiner Auferstehung aus der Schar aus, weil er sich selbst das Leben nahm. Für ihn wählten die anderen Mitglieder der ersten christlichen Gemeinde einen Ersatzmann. Judas wurde zur »persona non grata« erklärt. Er ging in die Geschichte ein als Verräter und damit als der Inbegriff des Bösen. »Du Judas!«, das ist nach wie vor ein verletzendes Schimpfwort. Der Evangelist Johannes ging sogar noch einen Schritt weiter und erzählte über ihn, »Er sei vom Satan besessen«. Der »Judaskuss« ist sprichwörtlich für einen gemeinen Verrat, und der Name »Judas« darf bei den deutschen Standesämtern nicht eingetragen werden, weil »es dem Kindeswohl entgegensteht«. Judasfiguren sind in Mexiko fester Bestandteil der Alltagskultur zu Karfreitag. Sie werden an den Straßen aufgehängt und mit Feuerwerkskörpern zum Explodieren gebracht. Das Bild des Schurken Judas, das seine Wurzeln zweifellos im Neuen Testament hat, wird dann noch gesteigert zum richtigen Feindbild der Christen: Aus dem Verräter wird der »Christusmörder«.

Dieser Steigerung folgt ein weiterer, verhängnisvoller Schritt: Der

Name Judas wird gleichgesetzt mit »den Juden«. Angeblich hat der Evangelist Johannes auch damit angefangen! Es hieß jetzt plötzlich: »Die Juden haben Christus ermordet!« Die Folgen dieses Schrittes kennen wir. Wir leiden immer noch daran. Das Tragische ist: Judas ist unschuldig! Er kann nichts für die Gleichsetzung seines Namens mit den Juden schlechthin, und er hat Christus nicht ermordet. Mehr noch: Er ist nicht einmal ein Verräter! Und »die Juden« sind auch nicht Schuld am Tode Jesu.

Zu fragen ist zu allererst: was gab es da, bei der Gefangennahme Jesu, zu verraten? Jesus war in Jerusalem bekannt, er predigte öffentlich, auch im Tempel. Er zog mit mindestens zwölf Jüngern und auch mit Jüngerinnen, was noch mehr auffallen musste zur damaligen Zeit, durch die Stadt. Es konnte niemals geheim bleiben, wo er sich aufhielt. Was gab es da zu verraten?

Weiter ist zu fragen: War es nicht explizit Gottes Wille, von Jesus selbst auch so ausgesprochen, dass er leiden und sterben musste? Dient der Kreuzestod nicht unserem Heil, also unserem Leben? So lautet doch unser Glaubensbekenntnis!

Eine Welle der Dankbarkeit hätte doch Judas im Nachhinein überschwemmen müssen, dass er Gottes Heilsplan endlich in Gang gesetzt hat!

Wieso eigentlich dann überhaupt »Verrat«? Wieso eigentlich »Schurke« oder gar »Christusmörder«? Helfer Gottes wäre doch angemessener. Und woher kommt die Gleichsetzung von Judas mit den Juden? Der Evangelist Johannes spricht von den Juden, die gegen Jesus waren. Er meint damit aber nur die, die tatsächlich Jesus verfolgten, nicht etwa alle Juden. Denn natürlich weiß er sehr wohl, dass Jesus auch ein Jude ist und seine Jünger und er selbst auch, und dass nicht alle Juden gegen Jesus waren. Viele haben ihm doch zugejubelt und ihm zugehört. Natürlich stimmt es, dass die damals höchste Vertretung der Juden, der Hohe Rat in Jerusalem, Jesus ablehnte und verurteilte und ihn bei den Römern als Revolutionär anzeigte, aber sie haben ihn nicht ermordet. Er wurde gefangen genommen, verurteilt und hingerichtet von Römern, römische Soldaten und der vom Kaiser in Rom eingesetzte Statthalter Pontius Pilatus waren die Vollstrecker. Sie taten das nach römischem Recht. Auch das kommt in unserem Glaubensbekenntnis vor: »gelitten unter Pontius Pilatus«. Christliche Theologen, angefangen bei Paulus, christlicher Glaube und christliche Lieder betonen immer wieder, dass das alles im Einverständnis mit Gott geschieht und uns, den Menschen, zum Heil dient. Auch das spricht gegen Verrat und Mord!

Ich breite jetzt nicht alles an Stoff aus, was man ausbreiten könnte. Ich versuche, nur ein paar Pflöcke einzuschlagen, an denen man sich durch das Dickicht arbeiten kann, dem Dickicht vom Vorwurf des Verrats, der keiner war, dem Antijudaismus der frühen Christenheit, dem Verfolgungswahn gegen die Juden im Mittelalter und dem Neuzeit. So, das war die Einleitung. Jetzt kommt der Hauptteil.

Judas war einer der Jünger Jesu. Das ist bekannt, nicht nur Kirchenmitglieder wissen das. Aber weiß jemand, dass es auch ein Judasevangelium gibt? Wir kennen Matthäus, Markus, Lukas und Johannes. Einige werden wissen, dass es auch ein Evangelium gibt von Thomas, in dem auch von der Kindheit Jesu erzählt wird, und eines von Jakobus: ein weiteres, das dem Petrus zugeschrieben wird, und etliche andere. Leser von Dan Brown (Der Da Vinci Code) kennen Hinweise auf eine Evangeliumsschrift von Maria Magdalena. In der Literatur finden wir sogar eines von Pilatus und eines von Jesus selber. Letzteres hat Norman Mailer geschrieben (Verdammt in alle Ewigkeit) und das des Pilatus stammt aus der Feder von Emmanuel Schmidt (Oskar und die Dame in Rosa).

Für die zuerst genannten Evangelien gibt es Hinweise in der frühchristlichen Literatur, also bei den Kirchenvätern und Fragmente von Handschriften, die in der Wüste Ägyptens oder am Toten Meer die Zeit überdauert haben. Allesamt sind sie aber später geschrieben als die ersten drei Klassiker: Matthäus, Markus und Lukas, alle drei vor dem Jahr 100. Johannes hinkt etwas hinterher, er wird meist auf die Jahre 90 bis 120 datiert. Seit ein paar Jahren, nach neuen Funden in Ägypten und besseren Analyseverfahren zur Altersbestimmung von Papyrusschriften, wird in der historisch-wissenschaftlichen Theologie und der Archäologie diskutiert, ob nicht einige Schriften doch älter sind. Man geht bis zum Jahr 60. Das heißt aber trotzdem, dass viele nicht echt sind im Sinne unseres Urheberrechts. Denn keiner von den Genannten hat nach 100 n.Chr. noch gelebt. In der

Antike war es allerdings keineswegs ehrenrührig, sich eines bekannten Namens zu bedienen, wenn man Wichtiges mitzuteilen hatte.

Von dem Evangelium des Judas wurde 2006 ein handschriftliches Fragment in Ägypten gefunden, schon eine Übersetzung in das Koptische, ca. 1600 Jahre alt. Wenn die in Ägypten im Umlauf befindliche Übersetzung etwa auf die Jahre vor 400 datiert werden kann, dann ist das Original mit ziemlicher Sicherheit noch einmal 100 Jahre älter gewesen. Eine Urheberschaft des Judas bleibt aber weiterhin unwahrscheinlich. Trotzdem ist die Schrift ein wichtiges frühchristliches Dokument. In ihm wird Judas als der engste Freund und Vertraute Jesu beschrieben, der es schweren Herzens auf sich nimmt, das zu tun, was getan werden muss, damit der Heilsplan Gottes seinen Lauf nimmt. Er hat sich geopfert und ist daran dann offenbar zerbrochen.

Aus den klassischen Evangelien wissen wir dies: Judas war einer der zwölf Jünger. Er erhielt den Beinamen Iskariot, weil er aus dem Dorf gleichen Namens, gelegen in Judäa, stammte. Er war damit der einzige im Jüngerkreis, der nicht aus Galiläa stammte. Er und Simon kamen aus dem Kreis der Zeloten, Widerstandskämpfer gegen die römische Besatzungsmacht und gleichzeitig auch Widersacher des Hohen Rates, weil der mit den Römern zusammenarbeitete. Wir würden diese Widerständler heute vermutlich Guerillas nennen, Kämpfer in kleinen Gruppen. Der Krummdolch war ihre Hauptwaffe.

Judas wird von Jesus als Freund und als Bruder angeredet, er ist beim Abendmahl mit dabei und Jesus sagt ihm: »Was du tun musst, das tue bald«. Das klingt nach Verabredung. Er fügt allerdings auch noch hinzu: »Es wäre besser für dich, wenn du nie geboren worden wärest«. Das klingt nach Vorahnung, wie Judas enden wird. Judas genoss offenbar das Vertrauen aller, er verwaltete das Geld. Er war Vertrauter, Jünger, Freund und Bruder, alles Andere also als ein Verräter. Könnte der berühmt-berüchtigte »Judaskuss« nicht ein liebevoller Abschiedskuss unter Freunden gewesen sein? Für die Soldaten hätte doch ein Fingerzeig genügt.

Petrus dagegen war bekanntermaßen ein Verräter. Er wurde aber reingewaschen, rehabilitiert und gewissermaßen erster Papst. Judas wurde zum Schurken. Warum? Der frühe Kirchenvater Origines (185 – 254) nennt in seinen ersten Schriften Judas noch einen Heiligen, der einem Märtyrer gleichzusetzen ist. Sein Tod dient der Verherrlichung Gottes. In späteren Schriften klingt es dann anders. Es hat offenbar einen deutlichen Wandel in der Einschätzung der Rolle und der Person des Judas in den beiden ersten Jahrhunderten gegeben. Genau werden wir das allerdings nie belegen und verfolgen können, es sei denn, es gibt noch ein paar spektakuläre Funde.

Ich versucht, den Konfirmandinnen und Konfirmanden die Figur des Judas und sein Schicksal zu erklärten. Das geschah immer in einer längeren Erzählung. Ich gebe den Inhalt hier in gedrängter Form wider.

Judas war nicht nur ein Zelot, sondern auch ein Sadduzäer. Die Sadduzäer lehnten jede Zusammenarbeit mit den heidnischen Römern ab. Nach ihrem Glauben war auch der Tempeldienst nicht mehr im Sinne Gottes und des Judentums. Ihre Frömmigkeit war radikaler. Sie bestritten auch den Glauben an die Auferstehung der Toten. Sie galten im Volk als sehr fromm.

Judas hatte sich Jesus angeschlossen, weil er hoffte, in ihm den »Messias« gefunden zu haben, den Messias, der dem heidnischen, römischen Spuk ein Ende bereiten und das tatsächliche Reich Gottes hier auf Erden in Israel beginnen lassen würde. Diese Hoffnung und dieser Glaube wurden einerseits von Jesus genährt, zum Beispiel durch die Tempelreinigung und durch seine Weherufe über Jerusalem, auf der anderen Seite aber auch auf eine harte Probe gestellt. Jesus griff die Römer und die jüdische Oberschicht in Jerusalem nicht an. Als immer deutlicher wurde, dass die Herrschenden Jesus nach dem Leben trachteten, Jesus aber immer noch nicht seine Friedfertigkeit aufgab, meinte Judas, seine Sache, die er auch für die Sache Gottes hielt, beschleunigen zu müssen. Er wollte sich der Römer und des Hohen Rates bedienen, um Jesus und Gott zum Handeln zu zwingen. Seine Überlegung war: Spätestens wenn die heidnischen Soldaten Hand an den Gottgesandten, an den Messias, legten, wird, wenn schon Jesus selbst nichts tut, Gott eingreifen. Der Himmel wird sich auftun, die Erde wird erbeben, ein Feuerstrahl wird die Soldaten vernichten, die Macht und die Herrlichkeit Gottes wird allen Menschen sichtbar. Das Gottesreiches bricht an und es wird alles gut. Judas schritt zur Tat, brachte die Soldaten zu Jesus. Sie verhafteten ihn. Nichts von dem, das sich Judas erhofft hatte, geschah. Gott griff nicht ein, vernichtete die Soldaten nicht. Nichts deutete auf den Beginn des verheißenen Gottesreiches hin. Die Jünger flohen, versteckten sich aus Angst auch verhaftet zu werden. Jesus wurde verurteilt und hingerichtet .Als Judas sah, was er angerichtet hatte, als nichts seine Hoffnungen zu bestätigen schien, überkam ihn die Verzweiflung und er nahm sich das Leben. Er war starb als eine tragische Figur und wurde von der Nachwelt, die nach einem Sündenbock suchte für den Tod Jesu, verantwortlich gemacht, und so zur Verkörperung des Bösen.

Das Judasevangelium und einige andere Texte aus der frühen Christenheit belegen, dass meine Deutung und ähnliche, die Judas von dem Verrat entlasten, durchaus verbreitet waren. In unserer Zeit haben das etliche Schriftsteller und Wissenschaftler aufgegriffen. Populär geworden ist die positive Sicht auf Judas auch durch den Roman »Die letzte Versuchung« von Nikos Katzankakis und durch eine Schrift von Walter Jens: » Der Fall Judas«, in dem Jens die Rehabilitation des Judas fordert. Im internen Deutungskampf der ersten drei Jahrhunderte hat sich allerdings die uns geläufige, negative Beurteilung durchgesetzt. Pate standen dabei drei Dinge.

1. Die im 3. Buch Moses beschriebene und im Judentum lebendige Sündenbocktradition (3.Moses 16,1-34): Zwei Ziegenböcke werden vor den Altar gestellt. Der eine wird für Gott geopfert, der andere symbolisch durch Handauflegen mit den Sünden des Volkes beladen und dann in die Wüste gejagt. Er trägt die Sünden der Welt davon. Diese Handlung symbolisiert ein offenbar in vielen oder allen Menschen vorhandenes Bedürfnis, Schuld wegzuschieben und zu verlagern.

Der Sündenbockmechanismus ist bis heute erhalten: im Fußball ist es oft der Schiedsrichter, in Griechenland war es eine Zeit lang Frau Merkel, in unserer deutschen Vergangenheit waren es nach der

Weltwirtschaftskrise die Juden. Beim Tod von Jesus wurde es Judas. Nicht mehr alle Menschen sind schuld, sondern eben dieser Eine.

2. Der zweite Pate war der in der Antike vorhandene, latente, punktuelle Antijudaismus. Vor allem den Römern und auch den Griechen waren waren einige Merkmale der jüdischen Gemeinschaften Anlass, über die Juden zu lachen, sie abzuwerten oder sogar auch anzufeinden: Die Beschneidung, die Speiseregeln, der Monotheismus, der enge Zusammenhalt in der Diaspora und die Unangepasstheit. Die Juden galten als rebellisches Volk. Den Posten des Gouverneurs von Judäa empfanden Römer als Strafversetzung. Im Alten Testament wird Antijudaismus im Buch Esther thematisiert und in der Geschichte von der Flucht aus Ägypten.

3. Der dritte Pate, und wohl der wichtigste, war das Bestreben der jungen Christenheit, sich vom Judentum abzusetzen. Aus dem Judentum hervorgegangen, von den Juden Jesus und Paulus gegründet, am Anfang fast ausschließlich innerhalb der jüdischen Gemeinden gewachsen, galten die Christan als Sekte des Judentums. Das konnte man nicht auf Dauer hinnehmen, man war eine eigene Religion oder Kirche.

In diesem Prozess gab es die Verteufelung des Judas. Das bot sich an. Sein Tun war ohnehin nicht für alle verständlich. Außerdem war er tot und konnte sich nicht mehr wehren. Der Verteufelungsprozess lässt sich in den Evangelien nachvollziehen: Plötzlich gab es eine zweite Todesgeschichte, noch schändlicher als die Selbsttötung. In der Apostelgeschichte wird erzählt, er sei auf den Blutacker gestürzt, in der Mitte aufgebrochen, seine Eingeweide haben sich auf das Feld ergossen. Er war jetzt nicht nur der Kassenwart, sondern war betrügerisch und deshalb an der Kasse interessiert. Er hatte von den Feinden Jesu Geld genommen, die berühmten 30 Silberlinge, den Judaslohn. Bibelkenner hätten wissen können, dass diese Handlung ein biblisches Vorbild hat: der Prophet Sacharja wurde zum Schafehüten gezwungen und als Demütigung mit 30 Silberlingen bezahlt, dem Sklavenlohn. Er nahm das hin, warf das Geld aber hinterher in den Tempel. Dasselbe tat Judas. Ich glaube nicht, dass das Zufall war. Judas wusste, was er tat und sah sich in der Rolle eines Propheten.

Aus der Heilstat, die zweifellos ein großes Opfer von Judas verlangte und einen starken Glauben, wurde die Schandtat. Man verstand ihn nicht oder wollte ihn nicht verstehen. Wie so oft in der Geschichte wurde aus dem Opfer ein Täter und aus dem Täter das Opfer. Schließlich folgte der folgenreichste Schritt: Aus Judas wurden »die Juden«. In der Folge wurden aus dem Christusmörder Judas alle Juden zu Christusmördern. Judas wurde zum Teufel, zum Satan und die Juden dann zu »Satanssöhnen«. Die Grundlagen für spätere Katastrophen wurden gelegt.

Die Kirchenväter, Gott sei es geklagt, hieben in den ersten fünf Jahrhunderten der jungen Christenheit mächtig in die Kerbe, vor allem Chrysostemos und Augustin. Es wurde üblich, die Evangelien auch antijüdisch zu lesen, was besonders an dem Zitat aus der Passionsgeschichte, aus dem Prozess vor Pilatus, deutlich wird. Die Juden riefen: »Kreuzige ihn!« und »Sein Blut komme über uns und unsere Kinder«. »Das sollen sie jetzt schon haben«, riefen die Kirchenväter. Sie, die Juden, waren aus der Gnade Gottes herausgefallen, sie galten als Feinde des Gottes der Christen. In der Offenbarung taucht schon der Begriff »Synagoge des Teufels« auf. Johannes Chrysostemos beschreibt die Synagoge als Bordell und Schenke, als Hort der wilden Tiere, als Dämonentempel und Verbrecherversammlung. Pogrome, Verdammung, Verbote sind die Folge. Von der Verantwortung der Römer ist nicht mehr die Rede.

Zusätzliche Vorwürfe zu dem Christusmord wurden immer wieder erhoben, aus der Luft gegriffen, nie bewiesen, außer durch Geständnisse unter Folter, aber unausrottbar bis in die Nazizeit: Ritualmorde (zum Passafest an christlichen Kindern), Hostienschändung, Talmudjudentum (Scheinjudentum mit »furchtbaren« Geheimlehren) und Brunnenvergiftung (oft bei den Kreuzzügen wieder erhoben). Es ist eine schlimme Geschichte, schlimm für das Abendland, schlimmer für die Christen, am schlimmsten für die Juden. Sie ist leider nicht zu Ende. Ich stelle noch einmal fest: Judas ist unschuldig!

11 Spiritus und Spiritualität – die Suche nach dem Glück

Das Wort »suchen« ist zweifellos die sprachliche Grundlage für »Sucht«. Wenn ich Sucht inhaltlich als die Suche nach Glück oder Erfüllung oder Überwindung der menschlichen Alltagsschwierigkeiten beschreibe, ist also das, was wir als Sucht bezeichnen, ein Weg, den Menschen gehen, um das Genannte zu finden. Es gibt vermutlich auch andere Wege, um zu diesem Ziel zu kommen, die nur ganz anders heißen und scheinbar nichts mit Sucht zu tun haben. Nur scheinbar?

»Spiritus« ist das Grundwort für Spiritualität. Es ist lateinisch und bedeutet schlicht »Geist« oder »Hauch«. Heute ist es die Bezeichnung für Alkohol. Spiritualität ist die Suche nach dem Geistigen, nach dem, das unseren fleischlichen, irdischen, vergänglichen Körper adelt, das uns in Verbindung bringen kann mit dem Jenseitigen, dem Transzendenten, wie es die Philosophen nennen. Die Theologen reden vom Göttlichen, von Gott. Dabei meine ich hier mit dem Begriff »Theologen« alle, die im religiösen Bereich arbeiten und denken, vom Pfarrer bis hin zur Schamanin.

Vom Wort her könnte Spiritualität auch ein Sammelbegriff für Alkoholismus sein. Offenbart das einen tiefen inneren Zusammenhang zwischen Sucht und geistigem Suchen? Und, wenn ja, wäre das fatal?

In der Bibel, also im Christentum, genießt der Wein eine hohe Wertschätzung. Schließlich ist oder symbolisiert er in der Feier des Abendmahls die Einheit mit Jesus und die Nähe Gottes. Im religiösen Zentrum der griechischen Antike, dem Orakel von Delphi, versetzte sich die Pythia, die Sprecherin des Orakels, durch Dämpfe, die aus einer Felsspalte drangen, in Trance. Indianer- oder Südseefreaks wissen, dass der Rausch, erzeugt durch vergorene Säfte, bestimmte Pilze oder Musik und Tanz, in den religiösen Praktiken eine wichtige Rolle spielt. Die Sehnsucht nach der Einheit mit dem Göttlichen, mit den Ahnen, mit den übernatürlichen Kräften treiben die Menschen an, Grenzen zu überschreiten. Letztlich ist es die

Suche nach Glück, Wahrheit und Lebenssinn. Spiritualität hat oft mit Rausch zu tun und damit mit Sucht. Oder ist es umgekehrt?

Die Sprache ist die Kleidung der Gedanken, sagt man. So ist die Sucht in unserem Alltag weit verbreitet. Wir reden von Eifersucht, Rachsucht und Herrschsucht. Da gibt es die Putzsucht, die Genusssucht, die Habsucht und die Magersucht. Eigensucht, Schwindsucht, Trunksucht, Spielsucht und Sehnsucht seien auch noch genannt. Sie, die Sucht, ist in allen Lebensbereichen zu Hause. Die Spiritualität tut sich da etwas schwerer. Sie ist häufig mit Stille und Nachdenken verbunden. Das mögen oder können viele nicht. Sie ist im religiösen Raum zu Hause und in diesem Haus wollen viele nicht mehr wohnen. Aber die Suche nach ihr ist offenbar da. Wie sonst gäbe es in der Esoterikszene so viele Angebote, wie sonst taucht sie inzwischen sogar in der Werbung für Wellnesshotels und Thaimassage auf.

Werfen wir noch einen Blick auf die Sprache. Sie offenbart, dass vernünftige und sogar notwendige Verhaltensweisen in ihrer Übersteigerung zur Sucht werden, dadurch krank machen und letztlich tödlich sind. Aus dem lebensnotwendigen Trinken wird Trunksucht, aus dem das Leben schön machenden Spielen wird Spielsucht, aus dem manchmal wichtigen Fasten wird die Magersucht, aus dem lobenswerten Trieb, das Geld zusammenzuhalten, wird die Habsucht. Das kann ich beliebig fortsetzen. Nur bei der Schwindsucht, wie im Volksmund früher die Tuberkulose hieß, passt das nicht, aber die Eifersucht kann schon wieder jede Liebe zerstören.

Ist das in der Spiritualität auch so? Ganz gewiss. Eine Frömmigkeit, die dazu führt, sich täglich auszupeitschen, wie es die Flagellanten im Mittelalter taten, ist krank, und ein Fundamentalismus, der selbst angeblich göttliche Strafgerichte vollzieht, wie die Hexenverbrennung in der christlichen Vergangenheit und die Gottesstaatverfechter des IS in der Gegenwart, ist tödlich für alle. Es sei auch der Hinweis gestattet, dass Sekten der verschiedensten Art, allen voran Scientology, Menschen in religiöse Abhängigkeit bringen, also in eine Sucht führen und halten. Da gibt es noch eine Ebene, auf der sich Sucht und Geistiges treffen. Für die Sucht ist es die Abstinenz, für die Religion, die Spiritualität also, der Glaube. Beides ist eine Sache des Kopfes. Abstinenz fängt im Kopf an, und der Glaube auch. Der Kopf muss sagen: Ich will das. Nur dann hat beides eine Chance.

Natürlich muss der »Bauch« oder das Herz oder das Gemüt, wo auch immer die Gefühle zu Hause sind, ein deutliches »Ja« sagen. Kopf gegen Bauch geht nicht, in der Abstinenz nicht, im Glauben an Gott auch nicht. Umgekehrt Bauch gegen Kopf reicht auch nicht. Dann artet alles schnell in Gefühlsduselei aus oder eben, schlimmstenfalls, in Sucht. Wir müssen, um erfolgreich und auch noch glücklich dabei zu sein, schon Kopf und Bauch unter einen Hut bringen. Auch sonst wäre es gut, wenn das gelingt.

Meine Gedankenspielerei, die ich allerdings nicht als oberflächliche Spielerei verstehe, ergibt, dass Sucht genauso viel mit unserem Kopf, also unserem Denken, zu tun hat, wie Spiritualität. Beides sind zwar Phänomene, die sehr viel mit den Gefühlen zu tun haben, aber ihr Ursprung liegt in den Gedanken.. In ihnen ist wichtig, was sie enthalten, wonach sie ausgerichtet sind. Damit sind wir bei dem, was heute allgemein »die Werte« genannt wird, und es eröffnet sich ein neues weites Feld. Das werde ich jetzt nicht auch noch beackern, ich sage nur für mich: Meine zentralen Werte sind aufgeschrieben. Einmal vor rund dreitausend Jahren in den Zehn Geboten, dann nach weiterer tausend Jahren mit der Bergpredigt von Jesus. Ich sehe sie verkörpert in dem Tun von Menschen wie Mutter Theresa, Mahatma Gandhi oder Martin Luther King und den Menschen, die sich heute für die Flüchtlinge, die zu uns kommen, einsetzen und aufopfern.

Sucht und Spiritualität sind auf derselben Ebene in uns angesiedelt, sie stehen sich gewissermaßen gegenüber, sie können auch ganz schnell ineinander übergehen. Die Gedanken sind frei, sie kommen und gehen, wie sie es wollen, aber wir haben die Aufgabe und die Gabe, sie zu kontrollieren und zu leiten. Also tun wir das.

V Die Hoffnung lebt

Nun aber bleiben Glaube, Hoffnung, Liebe!
1. Kor.13,13

Unser Reden ist Stückwerk und
unser prophetisches Reden ist Stückwerk.
Wenn aber kommen wird das Vollkommene,
so wird das Stückwerk aufhören...
Jetzt erkenne ich stückweise,
dann aber werde ich erkennen, wie ich erkannt bin.
Paulus im 1.Kor. 13

Alles ist mir erlaubt,
aber nicht alles dient zum Guten.
Alles ist mir erlaubt,
aber es soll mich nichts gefangennehmen.
Paulus, 1.Kor. 6,12

1 Der Mensch lebt nicht vom Brot allein

Diesen Satz finden wir in der Bibel gleich zweimal. Einmal steht er in der Reihe der Ermahnungen, die Moses seinem Volk mitgibt auf die lange Wanderung. Er fügt hinzu: »sondern von jedem Wort aus dem Munde Gottes« (5.Mose 8.3). Viel später greift Jesus diesen Satz auf, um sich gegen die Versuchung des Teufels bei seinen 40 Tagen in der Wüste zu wehren. Der Teufel will unter anderem Jesus verführen, aus Steinen Brot zu machen! Ist Brot das Wichtigste?

Ältere Menschen in unserer Mitte, die Kriegszeit, Bombennächte, Flucht und den Neuanfang in der Bundesrepublik und in der späteren DDR er- und überlebten, wissen aus eigener Erfahrung dies:. Beim Bombardement der Heimatstadt war es überlebenswichtig, einen Platz in einem stabilen Bunker oder Keller zu haben. Das Brot rückte deutlich auf Platz zwei. Für die Flüchtlinge aus Schlesien und Ostpreußen war es zwar auch wieder immer das Brot, aber dann auch die Frage nach der Wohnung: Wo können wir wirklich bleiben und leben? Wenn wir noch weiter zurückdenken und nachfragen, dann werden wir aus der Zeit der großen Arbeitslosigkeit zu hören bekommen: Arbeit war wichtig, wichtiger als alles. Denn ohne Arbeit kein Geld, ohne Geld kein Brot.

Das Wort Gottes kann man nicht essen, darin kann man auch nicht wohnen, und es steht auch nicht für einen Arbeitgeber. War es deshalb ein leeres Wort, dass da Moses und Jesus ihren ratsuchenden Zuhörern auf den Weg mitgaben? Für Agnostiker wird das wohl so sein, für Zyniker auch, für mich nicht. Gott steht für mich für Fürsorge, Schutz, Begleitung und, vor allem, Liebe. Gott ist Liebe, eben der liebe Gott. Die Worte von Moses und von Jesus höre ich demnach so: der Mensch braucht Liebe, um leben zu können, Liebe in ihrer ganzen Größe, die in diesem Wort steckt, und in allen ihren Formen, die wirkliches Leben ausmachen. Natürlich richtet sich das Wort Gottes auch an den Menschen als Weisung für sein Handeln. Die Gebote sind Wort Gottes und sind auch Gebote der Liebe, wenn wir genau hinschauen. Das Wort Gottes stiftet Vertrauen in uns, so dass wir glauben können, und zeigt uns, worauf wir unsere Hoffnungen setzen können. Es öffnet den Blick auf den anderen Menschen und taucht dann in unserem Wortschatz als Nächstenliebe auf. Dabei versäumt es Jesus nicht, auch in diesem Zusammenhang, die Liebe zu sich selbst ins Spiel zu bringen.

Das Wort der Liebe entpuppt sich zu einem Wert, auf dem alles Andere aufbaut. Es kann und sollte Grundlage der Lebensfähigkeit von uns allen sein. Welches neugeborene Kind kann überleben ohne die Liebe der Mutter, der Eltern oder, notfalls auch anderer Menschen? Und wenn kein Mensch da ist, dann springt eben eine Wölfin ein wie in der Sage von Romulus und Remus, den Gründern der Stadt Rom, die der Sage nach von einer Wölfin großgezogen wurden. So war es auch bei Mogli aus dem Dschungelbuch, der bei Wölfen aufwuchs.

Was ist das Wichtigste für unser Leben? Manchmal das Essen. Für uns ist es das oft zu viel, für andere in Afrika, in Indien ist es viel zu wenig. Es ist immer wieder das Brot, das wir zu viel, zu wenig oder gar nicht haben. Oder ist es nicht doch die Gesundheit, die an erster Stelle steht? Wie oft hören wir den Wunsch: Hauptsache Gesundheit? Ist das tatsächlich die Hauptsache? Wir haben oben gesehen, wie wichtig ein sicherer Platz ist und dann eine Wohnung, ein Platz, zu dem man gehört, an dem man zu Hause ist. Es ist doch lebenswichtig. Martin Luther zählt in seiner Erklärung des Vaterunsers beim täglichen Brot vieles auf und endet mit:«...getreue Nachbarn und dergleichen.« Zum Leben, zum täglichen Brot, zum guten Leben gehören andere Menschen: Familie, Nachbarn, Kolleginnen und Kollegen, Freundinnen und Freunde. Wir brauchen ein soziales Umfeld, Fußball kann man schlecht alleine spielen.

Das Wort Gottes als Liebe, das heißt doch auch: wir brauchen Liebe, Liebe, die sich in Worten ausdrückt, in einer Umarmung, in Zärtlichkeit, in einem Streicheln, in Berührungen, in Nähe. Wir sind nicht für das Alleinsein geschaffen, trotz allen Strebens nach Individualismus. Alle, die den Verlust einer Partnerin oder eines Partners durch Tod oder Trennung verarbeiten mussten, wissen, wie schwer das ist, wie sehr die Lücke schmerzt. Bei manchen sitzt der Schmerz so tief, dass sie ihr Leben nicht mehr weiter leben wollen. Die mexikanische Malerin und Dichterin Frida Kalo schrieb nach dem Tod ihres Freundes: »Du bist tot, ich aber muss leben!« Sie schrieb »ich muss«, nicht »ich darf« oder »ich kann«. Es ist ein schwerer Weg, aus dem »Ich muss« wieder ein »ich will« zu machen, ein Weg, zu dem man Hilfe braucht, Hilfe guter Freunde, Hilfe der Familie. Und wieder sind wir an dem Punkt angelangt, an dem wir sagen müssen: »Das Wichtigste ist, andere Menschen zu haben«. Es ist verständlich, wenn jemand in der Krankheit sagt: Hauptsache Gesundheit. Es ist nachvollziehbar, wenn das »tägliche Brot« an erster Stelle steht. Gerade in Berlin drängt sich unaufhaltsam die bezahlbare Wohnung an die erste Stelle.

Wenn ich alles abwäge, neige ich dazu, zu schreiben: es ist die Liebe, der die größte Aufmerksamkeit gebührt. Es ist die Liebe zu sich selbst, die Liebe zu einem anderen Menschen, die Liebe zur Familie, zu Freundschaft, zu anderen Menschen und, wenn man das auch noch kann, die Liebe zu Gott. Ich weiß, dass viele Leserinnen und Leser diesen letzten Schritt nicht mitgehen werden. Das ist so, das kann und darf man nicht erzwingen. Aber es ist ein Fehler. Ich glaube, dass Gott der Ursprung aller Liebe ist und ihn dann mit einzubeziehen, ist nur selbstverständlich. Aber auch das wissen wir ja längst: Selbstverständlichkeiten sind nicht selbstverständlich.

Ich beschließe diesen Text mit dem Hinweis auf die vielen Diskussionen um die »Willkommenskultur« gegenüber den Flüchtlingen. Auch sie brauchen all das, was aufgezählt wurde und auch all das, was zwischen den Zeilen steht. Sie haben aber das meiste aufgeben müssen, haben es verloren. Aber sie brauchen es. Ist es da so schwer zu sagen: Wir haben so viel von allem, lasst uns teilen, so dass alle genug haben?

Mit diesem Gedanken könnte ich meine Schrift abschließen und »es gut sein lassen«. Ich mache das aber nicht, sondern füge noch drei Abschnitte hinzu. Zwei spiegeln meine Art zu glauben wider, ein dritter lässt meine Gedanken durch die Zukunft laufen, in der die Kirchen hoffentlich noch mehr zu ihren Ursprüngen zurück finden. Ich hoffe sehr, dass christlicher Glaube bleibt und weiterhin maßgeblich wieder prägend wird für das, was unsere Mitmenschen für wichtig und lebenswert halten. Auf, lasst uns daran arbeiten und dafür beten, lasst uns hoffen, glauben und lieben.

2 Qo vadis ecclesia?

Thesen zur Zukunft der christlichen Kirchen

Quo vadis? (Wo gehst du hin?). Dass sie, die Kirchen in Europa, zur Zeit auf der abschüssigen Straße unterwegs sind, steht außer Frage. Die Mitgliederzahlen sinken sowohl in der evangelischen als auch in der katholischen Kirche in Deutschland. Und in den Nachbarländern ist es auch so. Ein Stillstand der Abwärtsbewegung ist nicht in Sicht, obwohl sich beide Kirchen um Reformen bemühen. In beiden Kirchen ist viel von Erneuerung die Rede, es wird auch viel Neues versucht, aber bisher stellt sich kein Erfolg ein. Das ist traurig, nicht nur für die Kirchen, wie ich meine, sondern auch für das gesamte Klima in unserem Lande. Natürlich weiß ich aus der Geschichte, dass es nicht immer ein Gewinn für die Menschlichkeit war, wenn die Kirche an der Macht war. An den Folgen der Inquisition leiden wir immer noch, obwohl kein Christ in unserem Land diese Zeit gut heißen würde. Vielleicht sind die Versuche der Erneuerung doch noch nicht die Richtigen, und wir müssen weiter suchen, wie wir den Genossen Trend umdrehen könnte. Es liegt nicht in meiner Hand, das zu tun. Das einzige, was ich tun kann, ist mitzudenken und das zu sagen, was ich für veränderungswürdig halte und wie Neues entstehen könnte. Aber auch hier ist mir kein großer Wurf gelungen. Ich liste einfach einmal die Gedanken auf, die mir durch den Kopf gehen, wenn ich an die Zukunft auch meiner Kirche denke. Die Liste ist nicht sehr gut geordnet, sicher auch nicht vollständig, in manchen Punkten vielleicht auch zu oberflächlich oder sogar falsch oder unverständlich. Aber es ist immerhin ein Versuch, auf die Frage quo vadis? wenn schon nicht eine Antwort zu geben, dann wenigstens einige Richtungsweiser für den Weg aufzustellen.

1. Religion und Naturwissenschaft sitzen in einem Boot. Das ist auch gut, so können sie gemeinsam an der Verbesserung der Verhältnisse arbeiten. Die eine gegen die andere auszuspielen ist Unsinn.

2. Die Religion gegen die Naturwissenschaften auszurichten, bedeutete die Unterdrückung von Denken, Forschen, Verbessern, Fortschritt. Die Naturwissenschaften gegen die Religion ins Feld zu führen, heißt letztlich, die Seele verhungern zu lassen. Beides ist nicht der Menschlichkeit dienlich.

3. Weil es immer um den ganzen Menschen geht, die ganze Natur und die ganze Welt, brauchen beide einander als Ergänzung. Religion kann die Evolution und die Naturgesetze nicht erklären und die Naturwissenschaften kennen Begriffe wie Glaube, Hoffnung, Liebe nicht. Wir brauchen beide zur Erklärung der Welt.

4. Wir müssen die Bibel so lesen, wie sie geschrieben worden ist, als Wort Gottes und als Spiegel ihrer Zeit. Mit anderen Worten: Menschen haben ihre Erfahrungen mit Gott aufgeschrieben

und durch diese Texte spricht Gott zu uns. Als Beispiel mag dienen: Aus Jahwe, dem Gott, von dem Moses redet und der auch ein Kriegsgott war, wird der gnädige, liebende Gott, von dem Jesus spricht.

5. Mit fundamentalistischem Denken wird die Bibel verfälscht. Die Schöpfungsgeschichte spiegelt das Wissen der Zeit vor 5000 Jahren wieder, nicht die Wirklichkeit, die wir heute kennen. Entwicklung, Fortschritt, Evolution sind Begriffe, die auch in der Religion Gültigkeit haben. Auch die Bibel und ihre Aussagen und Erzählungen haben eine Geschichte hinter sich.

6. Wir (mit »wir« meine ich uns Christen) müssen Symbolik wieder ernster nehmen, der Intuition mehr Raum lassen und der Seele mehr Futter geben. Unser naturwissenschaftliches Denken braucht diese Korrekturen. Rituale können sicher abstumpfen, aber sie können auch Leitlinien sein, die Freiheit ermöglichen.

7. An erster Stelle der christlichen Tugenden stehen: Nächstenliebe, Achtsamkeit und Gewaltlosigkeit.

8. Wir sind berufen, Hirten zu sein, nicht Herrscher. Wir sollen behüten, weil wir selbst behütet sind, immer und überall.

9. In den Gottesdiensten und Bibelstunden soll es nicht um theologische Richtigkeiten gehen, sondern um Hilfen zum Glauben, um Rat für das Tun, um Trost gegen den Schmerz und Hoffnung für morgen. In manchen Augenblicken sind kleine persönliche Fragen wichtiger als das Schicksal der Welt. Volkstümlich gesprochen: Möglichst jede und jeder soll etwas mit nach Hause nehmen können.

10. Glauben ist ein Gemeinschaftsprozess. Ich brauche die anderen Glaubenden, die Gemeinde. Ebenso braucht die Gemeinde mich. Zusammen zu arbeiten ist schön und gut, zusammen zu glauben und zu beten ist wichtig.

11. Gottesdienste, Seelsorge, Trauerarbeit, Bibelstunde, Arbeit mit und für Kinder sowie Jugendliche, Seniorengruppen, Hausbesuche und, und, und,- all das ist wichtig. Geselligkeit und Feierfreude auch!

12. Dankbarkeit fördert die Lust und den Willen zur Verantwortung, damit es morgen wieder etwas zu danken gibt.
13. »Wir sind allzumal Sünder« ist sicher richtig. Richtiger noch ist: Wir sind Menschen! Nicht die Sünde ist unser wichtigstes Problem, sondern die Verantwortung für andere Menschen. Um die Sünden kümmert sich der vergebende Gott, uns hat er das Kümmern um Menschen und die Erde aufgetragen.
14. Wir wissen, dass jeder Mensch einzigartig ist. Damit wissen wir auch, dass alle verschieden sind. Trennendes soll man sehen, Gemeinsamkeiten sollte man betonen. In einer guten Fußballmannschaft sind die Aufgaben und Talente unterschiedlich, das ist auch in der Gemeinde so.
15. Es ist ein Gott, wie wir es auch nennen: Urmacht, der ganz Andere, die Transzendenz, Vater oder Mutter... Gott war immer, ist es auch jetzt und wird immer sein.
16. Gott hat uns Menschen die Welt anvertraut. Wir haben die Freiheit, zu tun, was wir wollen. Wir haben die Fähigkeit, gut und böse zu unterscheiden. Wir können uns nicht aus der Verantwortung stehlen.
17. Gott ist nicht der Rächer und der Strafende, so sehr sich das Menschen auch immer wieder wünschen. Er ist der Liebende, der Fehler und Zweifel nicht straft. Dass wir lieben können, verdanken wir ihm.
18. Gott ist nicht der »Herr«, auch nicht die »Frau«. Er ist Gott und Göttin. Er ist Lebensursprung, Lebensgrund, Lebensziel.
19. Gott ist das »Grundgesetz«, Jesus ist die »Ausführungsbestimmung«. Er ist Vorbild, Leitbild, Antreiber, Helfer, Ratgeber, Retter.
20. Unser Wirken in der Welt, in unserem »Mikrokosmos« und, so weit wir das können, im »Makrokosmos« ist die Fortsetzung des Wirkens von Jesus.
21. Um unserer Verantwortung gerecht zu werden, können wir alle Kompetenzen erwerben. Was einer nicht kann, kann die andere. Oft ist es wichtiger, das Können anderer zu achten, als das eigene zu loben. Die Richtschnur für alles ist und bleibt die Liebe.

22. Wir sind fehlbar, verwundbar, sterblich. Wir können heilen, helfen, trösten, hoffen, lieben, Mut machen. Wir können verletzen und zerstören. Wir können aufbauen. Wir können weinen und lachen. Wir können zweifeln und glauben. Oft schließt das eine das andere nicht aus. Wir sind eben Menschen und sollten um unser Menschsein wissen. Erkenne dich selbst!

23. Freude ist lebenswichtig. Glückseligkeit verspricht Jesus seinen Zuhörern in der Bergpredigt. Alles, was wir tun, sollte Freude bereiten, auch die Arbeit, letztlich auch die Trauer, auch Kirche und Gottesdienst. Wir könnten es so einrichten, wenn nur alle wollten und wir selbst auch.

24. Zu Gottes Liebe gehört die Gnade. Gottes Gnade ist unabhängig von menschlichen Urteilen. Wir können uns in allem seiner Gnade sicher sein. Immer und überall.Ich höre jetzt auf. Es sind 24 Gedanken geworden, es könnten mehr werden. Manche werden sagen, es könnten auch ein paar weniger sein. Ich belasse es bei 24.

3 Ich singe Lieder und Psalmen

Ich singe gerne und ich singe bei sehr vielen Gelegenheiten. Im Gottesdienst und bei gottesdienstlichen Feiern wie Taufe, Trauung und auch Beerdigungen wird gesungen und ich singe mit. Ich singe auch beim Tanzen mit, wenn ich die Schlager oder Tanzlieder auswendig kann. Am Lagerfeuer singe ich nicht mehr, weil ich nicht mehr an Lagerfeuern sitze .Das war einmal und war sehr schön. Ich habe bei den vielen Wanderungen viel gesungen. Es wandert sich leichter. Und wenn ich jetzt morgens die Zeitung aus dem Briefkasten hole und die Treppen raufsteige zu meiner Wohnung im 6. Stock, dann singe ich auch ein Lied vor mich hin, zur Zeit ein Weihnachts- oder Adventslied, oft auch ein Wanderlied. Aber da, auf der Treppe, summe ich nur, laut zu singen wäre mir peinlich. Im Kindergarten, in der Jugendarbeit, im Konfirmandenunterricht haben wir gesungen, nach Möglichkeit auswendig. Immer wenn sich eine Chance zum Singen ergibt, singe ich gerne mit und freue mich, wenn wir ein passendes Lied finden und dann auch noch auswendig singen können.

Wie ist das nun mit den Psalmen aus der Bibel? 150 sind aufgeschrieben. Wir wissen, dass sie als Lieder geschrieben worden sind. Aber wir kennen keine der alten Melodien. Viele Komponisten haben sie vertont, aber meines Wissens keinen einzigen Psalm so, dass man ihn als Lied in der Kirche singen könnte. Die Psalmen werden, wenn sie im Gottesdienst vorkommen, gesprochen als Gebete. So sehe ich sie auch an.

Wenn es mir gut geht, ich fröhlich und zufrieden bin, von Glück rede und gelungenen Unternehmungen, dann singe/bete ich den Psalm 23:

Gott ist mein Hirte, mir wird nichts mangeln.
Er weidet mich auf grüner Aue und führt mich zum frischen Wasser.
Er erquickt meine Seele. Er führt mich auf rechter Straße um seines Namens willen.
Und ob ich schon wanderte im finsteren Tal. Ich fürchte kein Unglück.
Denn du, Gott, bist bei mir. Dein Stecken und Stab trösten mich.
Du bereites vor mir einen Tisch im Angesicht meiner Feinde.
Du salbest mein Haupt mit Öl und schenkst mir voll ein.
Gutes und Barmherzigkeit werden mir folgen mein Leben lang und ich werde bleiben im Hause Gottes immerdar.

Nun ist mir nicht bewusst, dass ich Feinde habe, ich wandere auch nicht immer durch finstere Täler, auch nicht im übertragenen Sinne, aber ich höre es gern, dass Gott auch dann da ist. Denn dass er da ist, wenn es mir gut geht, das zu glauben, fällt leicht.

Wenn Schwieriges vor mir liegt, wenn Entscheidungen anstehen, die nicht so einfach aus dem Ärmel geschüttelt werden können, wenn Kraft und Einsatz und langer Atem verlangt werden, dann bete ich den Psalm 121. Er hat seinen Sitz im Leben für lange Reisen und Wallfahrten. Er entstand in einer Zeit, in der man nur in den befestigten Städten sicher war, in der die Götter für viele Menschen auf den Bergen wohnten, in der der Sonne und dem Mond und den anderen Gestirnen göttliche Eigenschaften zugesprochen wurden.

Ich hebe meine Augen auf zu den Bergen. Woher kommt mir Hilfe?
Meine Hilfe kommt von Gott, der Himmel und Erde gemacht hat.
Er wird deinen Fuß nicht gleiten lassen, und der dich behütet, schläft nicht.
Siehe, der Hüter Israels schläft und schlummert nicht.
Gott behütet dich! Gott ist ein Schatten über deiner rechten Hand,
dass dich des Tages die Sonne nicht steche noch der Mond des nachts.
Gott behüte dich vor allem Übel. Er behüte deine Seele.
Gott behüte deinen Ausgang und Eingang von nun an bis in Ewigkeit.

Kann man von der Liebe und der Zuwendung Gottes zu jeder und jedem von uns eindringlicher reden als mit diesen Versen?

Wenn es mir nicht so gut geht, wenn ich traurig bin oder sogar verzweifelt, wenn ich gern vieles von dem, was ich zu tragen habe, einem anderen aufladen möchte, dann gibt es da auch einen Psalm. Er kann helfen, die schweren, steinigen Wege zu bewältigen. Es ist der Psalm 139, aus dem ich zitiere.

Gott, du erforschst mich und kennst mich.
Ich sitze oder stehe, so weißt du es: Du verstehst meine Gedanken von Ferne.
Denn es ist kein Wort auf meiner Zunge, das, du Gott, nicht schon wüsstest.
Von allen Seiten umgibst du mich und hältst deine Hand über mir.
Führe ich gen Himmel, so bist du da.
Bettete ich mich bei den Toten, so bist du auch da.

Nähme ich die Flügel der Morgenröte und blieb am äußersten Meer,
so würde auch dort deine Hand mich führen.
Spräche ich, Finsternis möge mich decken und Nacht statt Licht um mich sein,
so wäre Finsternis nicht finster und die Nacht leuchtete wie der Tag.
Finsternis ist wie das Licht.
Erforsche mich Gott und erkenne mein Herz.
Prüfe mich und erkenne, wie ich es meine.
Und sieh, ob ich auf bösem Weg bin und leite mich auf ewigem Wege.

Es ist schön, hilfreich und tröstlich, solche Lieder und Gebete zu kennen. Das Buch der Psalmen ist eine Fundgrube dafür. Aber Vorsicht, es gibt auch Psalmen, die mir nicht über die Lippen kommen. Da wird geredet von Rache an den Feinden, die Gott vollziehen soll, da werden Wünsche nach Vernichtung und Tod ausgesprochen. Sie sind von den Menschen geschrieben, für die Gott ein strafender, ein rächender und ein Kriegsgott war. Ich schreibe »war«, denn er ist es nicht. Seit Jesus können wir das alle wissen, er ist der Liebe Gott.

4 Vergewisserung

Gott spricht: »Fürchte dich nicht. Ich habe dich erlöst. Ich habe dich bei deinem Namen gerufen, du bist mein.« (Jes. 43,1)
Ich sage: »Ich bin getauft. Ich bin ein Kind Gottes. Gott beschützt mich.« Deshalb höre ich gern, was Jesus über das Sorgen sagte:

Sorget euch nicht um euer Leben, was ihr essen und trinken werdet.
Auch nicht um euren Leib, was ihr anziehen werdet.

Ist nicht euer Leben mehr als Nahrung und der Leib mehr als die Kleidung?
Sehet die Vögel unter dem Himmel an,
sie säen nicht, sie ernten nicht, sie sammeln nicht in die Scheunen;
und euer himmlischer Vater ernährt sie doch.
Wer ist unter euch, der seines Lebens Länge eine Spanne zusetzen könnte,
wie sehr er sich auch darum sorgte?
Und warum sorgt ihr auch um die Kleidung?
Schaut die Lilien auf dem Felde, wie sie wachsen:
sie arbeiten nicht, auch spinnen sie nicht.
Ich sage euch, dass auch Salomo in all seiner Herrlichkeit
nicht gekleidet gewesen ist, wie eine von ihnen.
Darum sollt ihr euch nicht sorgen.
Denn euer himmlischer Vater weiß, dass ihr all dessen bedürft.
Trachtet zuerst nach dem Reich Gottes und nach seiner Gerechtigkeit,
so wird euch das alles zufallen. (aus Matthäus ev., 6, 25 –33)

Gott hat Ja zu mir gesagt, zu allem, was mich ausmacht, zu meinem Tun und Denken zu meinem Reden und Schreiben. Mein Name steht im Buch des Lebens.

Gott hat Nein gesagt zu meinen Fehlern, zu meinen falschen Wegen und zu meinen Irrtümern. Alles falsche Geschehen gilt nicht vor ihm. Ich bin erlöst, obwohl ich gesündigt habe und sündigen werde, solange ich lebe.

Ich danke Gott, dass es so ist, dass er auch mir gnädig ist, dass er mich liebt, dass er dies alles durch Jesus gezeigt hat.

Ich habe auch immer wieder Zweifel gehabt und werde sie weiter haben, Zweifel an dem Sinn des Glaubens, Zweifel an der Richtigkeit meines Tuns, Zweifel an den Zusagen Gottes.

Ich weiß, dass ich zweifeln darf und damit nicht aus der Gnade falle. Jesus segnete alle, auch die, die zweifelten, also auch mich. Ich versuche, Gottes Liebe weiterzugeben und das, was ich kann, zum Frieden beizutragen.

Ich begehre auf, gegen eine Sprache, die nicht mehr zu unserem Alltag gehört.

Ich begehre auf, gegen Traditionen, die nur noch Last sind.

Ich begehre auf gegen Formeln, die keinen Inhalt mehr weitertragen.

Ich begehre auf gegen die Dogmen, die den Geist einsperren wollen.

Ich vertraue bei all dem auf den Geist Gottes, den Jesus uns zugesagt hat. Vielleicht gelingt es mir ja durch ihn, so zu schreiben, dass es anderen Menschen hilft, auch glauben zu können.

Ich erhebe keinen Anspruch darauf, dass meine Gedanken für alle Anderen auch gelten. Wenn es so ist, ist es schön, wenn nicht, ist es auch gut. Ich meine, dieses Buch meinen Freundinnen und Freunden schuldig zu sein. Ich meine es gut. Ich vertraue auf Gott, denn Pfingsten gilt uns allen, also auch mir.

Nachwort

Ora et labora« stand auf den Broschen der Diakonissen, die früher in Gemeinden als Gemeindeschwestern arbeiteten. »Bete und arbeite« verstanden sie als Leitbild für ihr Leben. Wie viel Hilfe und Trost und wieviel Rat und Mut haben die Schwestern dieses Frauenordens gebracht und gespendet! In Ihrer Tracht und mit ihrer Haube belebten sie das Stadt- und Gemeindebild wohltuend. In der alten Form gibt es sie kaum noch. Das Gelöbnis der Ehelosigkeit und der ständigen Hilfsbereitschaft erscheint nicht mehr zeitgemäß. Und dennoch gibt es sie immer noch, diese Menschen, die in Begegnungen deutlich werden lassen, dass sie mit Gott im Einklang leben und deshalb auch für andere Menschen, besonders wenn sie Hilfe brauchen, da sind. Wir nennen sie »Ehrenamtliche«, wobei die Ehre vor allem darin besteht, dass sie für ihre vielfältigen Dienste nicht bezahlt werden. Das ist aller Ehren wert und ohne ihre Dienste gäbe es die Kirchengemeinden kaum noch.

Wenn ich das »ora et labora« bedenke, fehlt mir ein drittes Wort. Beten und arbeiten, das ist mir zu wenig für gutes Christsein. Da muss doch noch stehen: freue dich, lache, feiere die Feste des Jahres. Menschen, die bewusst mit Gott leben und arbeiten, haben doch allen Grund, fröhlich zu sein! Wie oft spielen in den Reden Jesu und in seinem Handeln die Feste und das Feiern eine Rolle! Seine Verheißung, glaubende Menschen seien glücklich zu nennen und selig, hat Bestand und Gültigkeit. »Ora et labora et jubilate« sollte es heißen: beten, arbeiten, jubeln. Ich kenne eine Diakonisse, die so sichtbar diese Dreiheit lebte, dass einem das Herz aufgehen konnte. Sie war für mich ein Vorbild.

Wir wissen, was Jesus tat und was er gepredigt hat. Damit wissen wir, was Gott uns zumutet, aber auch gibt. Es ist viel mehr, als wir in der Regel merken, bedenken und glauben. Wir erleben schmerzhaft, wie die Zahl der Christen immer kleiner wird in unserem Land. Wir finden bisher keine Mittel, den Rückgang wirksam aufzuhalten. Wir können aber auch sehen, das in anderen Ländern die Zahl der Christen wächst, vor allem in Afrika. Es wird auch bei uns wieder so sein, vielleicht auf ganz anderen Wegen, als wir sie uns heute vorstellen wolle. Menschen sollten dieses »bete und arbeite und freue dich« bewusst leben. Sie könnten so viel mehr Gutes ausrichten, als sie meist glauben.

Der Schweizer Pfarrer und Theologe Kurt Marti hat einmal geschrieben:

Ihr fragt, wie ist die Auferstehung der Toten? Ich weiß es nicht.
Ihr fragt, wann ist die Auferstehung der Toten? Ich weiß es nicht.
Ihr fragt, gibt's die Auferstehung der Toten? Ich weiß es nicht,
Ihre fragt, gibt's keine Auferstehung der Toten? Ich weiß es nicht.
Ich weiß nur, wonach ihr nicht fragt: die Auferstehung
der Lebenden!
Ich weiß nur, wozu Er uns ruft: zur Auferstehung heute
und jetzt!

Mein Schweizer Kollege hat ja so recht. Wir haben alle Chancen dieser Welt, sie besser zu machen.. Nur tun müssen wir es und alles wird endlich gut. So wahr uns Gott helfe.
Christian Wossidlo, im März 2020

Bücher des Autors

Mit den Augen der Engel
(m)eine Geschichte der Kirchengemeinde Neutempelhof
Berlin, 1904, 644 Seiten
zu beziehen über die Paulusgemeinde Tempelhof, Badener Ring 23,
12101 Berlin

Gott ist blau
Der liebe Gott, der Alkohol, die Abstinenz und ich
Verlag TrokkenPresse, 2015, 188 Seiten
ISBN 978-3-9813253-4-8

Alles in Ordnung im Tempel?
40 Anmerkungen nach 10 Jahren im Guttemplerorden, Distrikt
Berlin-Brandenburg
Verlag TrokkenPresse, 2018, 108 Seiten
ISBN 978-3-7813851.7-9

80 –
statt einer Biographie
80 kleine Geschichten und Berichte von 1937 bis 2017
copyright Christian Wossidlo, 2017, 332 Seiten
nur über den Autor zu beziehen